植民地教育支配とモラルの相克

植民地教育史研究年報◉2015年……… 18

日本植民地教育史研究会

皓星社

植民地教育支配とモラルの相克

2015　植民地教育史研究年報　第18号　目次

巻頭言 「戦後80年」に向けて ……………………………………………… 渡部宗助　3

Ⅰ．シンポジウム　植民地教育支配とモラルの相克
植民地教育支配と「モラルの相克」………………………………………… 佐藤広美　10
朝鮮近代教育史における「信教の自由」をめぐる問題
　　―植民地教育支配とモラルの相克― ……………………………………… 李省展　31
朝鮮総督府学務官僚　大野謙一の植民地教育・植民地支配観 ………… 井上　薫　48
米軍占領下沖縄におけるモラルの相克―小説「ガード」から考える― … 一盛　真　64
「満洲」という歴史体験と感情の記憶
　　―「モラルの相克」から考える遺産の超克― …………………………… 田中　寛　82
シンポジウムの趣旨と感想 ………………………………………………… 佐藤広美　103

Ⅱ．特別寄稿
偽満洲国教科書と「産業開発」の関連性
　　―「第二期満洲産業開発」と「新学制」に重点を置いて― ……………… 斉紅深　108

Ⅲ．研究論文
植民地朝鮮の大和塾における不就学学齢児童の「錬成」
　　―「国語講習会」に注目して― …………………………………………… 有松しづよ　132

Ⅳ．研究資料
日本統治下朝鮮の学校経験―鄭在哲氏の場合― …… 佐藤由美・芳賀普子・李省展　156
日本統治下朝鮮の学校経験―大阪・済州　梁秉柱氏の場合― ………… 佐藤由美　173

Ⅴ．書評
安川寿之輔著『福沢諭吉の教育論と女性論
　　―「誤読」による〈福沢神話〉の虚妄を砕く―』…………………… 松浦　勉　192
岡田泰平著『「恩恵の論理」と植民地―アメリカ植民地期フィリピンとその遺制』
　　……………………………………………………………………………… 松岡昌和　199

Ⅵ. 旅の記録
台湾教育史遺構調査（その8）公学校とその母体となった宗教施設
　………………………………………………………白柳弘幸　208
日本統治期台湾の高等女学校訪問記（その1）……………滝澤佳奈枝　216

Ⅶ. 気になるコトバ
戦争・漫画／マンガ……………………………………………松岡昌和　224

Ⅷ. 彙報
　………………………………………………………………岡部芳広　229

編集後記………………………………………………………………………235
著者紹介………………………………………………………………………236
『植民地教育史研究年報』投稿要領…………………………………………239
CONTENTS ……………………………………………………………………240

巻頭言

「戦後80年」に向けて

渡部宗助＊

　「恥ずかしき事」の多い昨今である。「馬齢」－馬には申し訳ないが－を重ねると、歩行中の「放屁」は日常茶飯事である。尤も、源内の「放屁論」によれば「庇」も捨てたものではない。「おなら」とも呼ぶように、その音と形－音を形で表現する技法も興味深い－によって3つのランクがあると言う。それによれば我が「放屁」は「中等」でそんなに気にしなくてもいいらしい。スカンクの自己防衛策としてのそれは有名であるが、「屁っぴり」の音曲で身を立てた芸達者もいたらしい。役にたたない儒学者のことを「屁っぴり儒者」と言うが、その名付け親の事まで紹介してくれて飽きさせない。

　この程度の「恥ずかしき事」は「屁」とも思わないのが通常だろうが、最近のある発言は「恥ずかしき事」と言うよりは大いに「恥ずべき事」として記憶し、歴史の記録に留めたい事であった。

　「戦後70年」の10月11日、各メデアは一斉にユネスコの世界記憶遺産登録のニュースを報じた。日本の「東寺百合文書」と「舞鶴への生還」(シベリア抑留に関する資料)も登録されて、日本の「記憶遺産」は5件になったと言う。2年に一度行われるこの2015年の登録の中に「南京大虐殺の記録」があった。それに対して日本政府が「政治利用だ」と抗議・遺憾を表明し（正式文書は見ていないが、外務省の外務報道官の「談話」が報道された）、外交ルートを通じてその審査のあり方について申し入れを行ったと言う。ここまでなら「さもありなん」と少なからぬ人々が各様に受け止めたことであろう。

　ここで「恥ずべき事」と言うのは、「遺憾」表明それ自体ではなく、

＊日本大学文理学部(非常勤)

官房長官がこの件に関わって「ユネスコへの拠出金（分担金）の停止、減額を検討する」と表明したことである。国内問題での「恥ずべき事」は数々あるけれども、この表明は国際的な文化活動に対する政府高官の「恥ずべき事」の2015年のワースト・ワンではなかったか。

その背景には政権政党外交部会の意向があったことも数日後には判明した。日中戦争中1937年12月の「南京虐殺」の事実は、我々日本人の多くは極東国際軍事裁判で知らされたことであるが、国際的には今や「アウシュヴィッツ」と同様に記憶されるべきこととして通用していると思う。日本国の中には「あれはなかったこと」にしたい、あるいは自らの「記憶」から消し去りたい、という人々がいることは承知している。あれは、文字通り「皇軍の蛮行」ではあったが、それは「上官の命」に忠実に従っただけだという思いが、当事者・皇軍関係者とその上層部の深層心理に澱のように長い間働いたであろうことも想像できる。

虐殺された民間人を含む中国人犠牲者の人数等において、日中間に隔たりがあることも承知していたが、だからと言って、これに託けて「ユネスコ加盟分担金の停止・減額を」というのは、余りにも飛躍し過ぎて呆れてしまった。このユネスコへの分担金云々は、本音では「親分」と言うべき米国に倣いたかったのかも知れない。米国はユネスコの運営に不満を懐いて、1985年1月ユネスコを脱退したのである。ユネスコを良く知る松浦晃一郎（前ユネスコ事務局長）も腹に据えかねたのであろうか、「軽々に分担金の減額や停止を言うべきではない」と釘を刺した（「朝日」10.14）。総理の「暴言・暴走」にブレーキをかけたり、もみ消したりするのが「官房長官」の仕事だと思っていたが、担当の外相を差し置いてこのような醜悪な発言をするのを「庇」とも思わない体たらくが現政権党政治で横行しているということなのだろう。韓国、中国は、「従軍慰安婦」問題でも「記憶遺産」登録を申請すると予測されるが、それも「カネ」で阻止しようとするのだろうか？それは「恥の上塗り」の歴史的遺産になるであろう。

「分担金云々」発言の10日後位だったろうか、韓国訪問を前にした志位・共産党委員長が「日本政府は侵略戦争の反省以上に植民地支配の反省が遅れている」と記者会見で述べたという。「村山談話」（1995）は「今

次大戦時」の「植民地支配」と「侵略」について「反省」したが上の会見発言はその地点から、政治家としてさらに一歩踏み出したものであったと思う。「侵略戦争」自体の反省は十分かという問題は勿論あるが、「侵略戦争」と「植民地支配」の関係に言及したことに注目したい。「侵略戦争」と「植民地支配」というこの２つの歴史的政治事象は、歴史的概念としてある程度定着していると思うが、改めて両者をその関係性において捉える必要があるように思う。日本の多くの良心的な研究者でも、「侵略戦争」と言えば、多分「日中戦争〜太平洋戦争」(1937年〜1945年)を想起するのではなかろうか。吉田裕『アジア・太平洋戦争』は良くできた新書だと思うが、敢えて「Pacific War」に代わる呼称として「アジア・太平洋戦争」を用いている。同じシリーズの加藤陽子『満洲事変から日中戦争へ』と併読せよとのメーセージでもあろう。A総理の「戦後70年談話」の下敷きを用意したと思われる有識者たちも、この期の「大東亜戦争」は侵略戦争であると認めていたようだ。

　しかし、「日露戦争」は、「植民地支配のもとにあったアジアやアフリカの人々を勇気づけました」という、A総理の「談話」(8月14日)のあの部分はアドリブではあるまい。これも有識者の入れ知恵であったろうが、「日露戦争」と「植民地支配」との関係を正面から問うべき土俵を用意してくれた意味はあったと思う。

　「日露戦争」は、日本海海戦がクローズアップされることが多いが、「韓国」(当時)を前線基地にして日本軍が侵攻した「満州」(東三省)の遼東半島や奉天が「日露」の最激戦地だった。「韓国」を踏み台にすることなしに、日本は対露戦争に「辛勝」することができたであろうか。

　その10年前には、朝鮮半島への覇権を争う「日清戦争」を敢行し、日本は台湾、澎湖島を割譲させた。そして敢えて言えば、両戦争ともに、相手の清国軍やロシア軍が日本に「侵攻」したわけではなかった。「日清戦争」でも最大の犠牲を強いられたのは「韓国」で、30万人と言われている。勿論、それが全て日本軍によるものとは言えないが、これらを軍事戦略(史)家は言うだろう、「攻撃は最大の防御なり」と。

　「日清戦争」の結果、日本は清国の思惑もあって、「化外の地」という「台湾」を割譲させた。この時点から日本は、台湾を植民地として統治・

支配することを開始した。その時、壮烈と言うべき「抗日武装闘争」＝「植民地戦争」のあった事が案外と見過ごされて、その後の台湾植民地教育が語られて来たように思う。僕が台湾のことを調べ始めた半世紀前、「匪徒刑死者」数のデータを見て、Ｂ６判カードに必死にメモしたことがあった（当時は複写が普及していなかった）。それは「匪徒刑罰令」（1898）前後のものだったが、「万」を下らなかったと言う記憶がある。僕はこれを生かす機会もなく今日まで来てしまったが、北村嘉恵さんの『日本植民地下の台湾先住民教育史』（2008）の第一章（「殖産」と「治安」の間）は、大江志乃夫の「台湾植民地戦争」から説き起こしていた。自らの怠慢を棚上げしてのことだが、我が意を得たりの感があった。カードのメモを手がかりに、出典『台湾匪乱小史』（台湾総督府法務部、1920）を見た。今は国会図書館所蔵本なら居ながらにしてデジタルで見ることができるが、当時は東大経済学部本を用いたことも判った。それに拠れば、1895年〜1903年間の「匪徒」被死刑者総数は3,372人、捕捉・検挙された「匪徒」6,814人だった。「匪徒」と見なされた者の約半数が死刑に処された。この数は、曲がりなりにも形式的には「匪徒」の定義－「何等ノ目的ヲ問ハス暴力又ハ脅迫ヲ以テ……多衆結合スルヲ匪徒ト為」－に従って「裁判」を経た結果と思われ、実際のところは1898年から1902年の５年間に「叛徒」12,000人を処刑・殺害したと当局は認めたと言う（藤村道夫『日清戦争』）。この侵略戦争と言うべき「台湾植民地戦争」は－大江はそれを1914年までと規定したが－、日本の台湾「植民地支配」の序曲であり、その地続きにその後の「植民地支配」の歴史があった。しかも台湾原住民の「反乱」は絶えることなく続き「５年小乱、10年大乱」とも言われた。大乱の頂点が「霧社事件」（1930）であった。

　小沢有作は何かの機会に、表現の正確さを欠くが、「植民地支配と言うのは、戦争の日常化、常態化だ」と言う意味の発言をしたことがあった。それは、何処を念頭に置いてたのか、恐らくは「日本植民地」全てということであったろう（文章化したものがあったか不明である）。
　韓国・朝鮮の場合は、併合前の「保護」期の1907年に韓国軍を解散させて、日本は韓国駐箚軍と韓国駐箚憲兵隊を配置し、韓国「義兵闘争」と対峙した。これも「侵略戦争」の一形態としての「植民地戦争」と言

うべきものであった。「憲兵」は、本来軍隊を取り締まる軍事警察を任務とするが、韓国では統監時代から日本の駐箚憲兵隊に「治安警察」を担わせた。日本人顧問・統監府内部警務局長（松井茂）指揮下の韓国人を含む「韓国警察」を信用できなかったのであろう。

　それはあまりにも「義兵闘争」が激しかったからであり、国境守備を主な任務とする駐箚軍だけではそれを抑えることはできなかった。朝鮮駐箚軍司令部編『朝鮮暴徒討伐誌』（1913）に拠れば、1907年（明治40）から1911年（明治44）までの5年間に「朝鮮暴徒」と日本の守備軍・憲兵隊・警察との衝突件数は2,852回、「衝突暴徒数」（延べ数か）は141,815人とある。その1年前の1906年（明治39）を含め1911年（明治44）までの6年間に、この「軍・憲・警」によって殺戮された「暴徒」は17,779人と記録されている。1908年（明治41）が最多であった。これが「戦争」でなくて何であろうか。それを日本側から裏付けたのが「明治40年41年韓国暴徒鎮圧事件ニ従事シ功労アル者ニハ…金圓ヲ賜与」するという、日清戦争後の勅令115号（明治28.7）を準用した事である（明治41.7勅令282）。つまり「暴徒鎮圧事件」とは「戦役・事変」と同類と言うわけである。韓国・朝鮮においても「植民地戦争」があり、その地慣らし・地続き上に「植民地統治・支配」があったのである。

　「併合」後の朝鮮では、「朝鮮憲兵隊」という軍隊組織が「治安維持」を主任務とし、併せて行政警察、司法警察を担う暴力的と言うべき統治・支配（憲兵政治と通称）を行ったのである。因みに初代の朝鮮憲兵隊司令官は明石元二郎で後に台湾総督も務めた。思えば、朝鮮「文化統治」を含む全期間、朝鮮総督はオール武官であった。

　「侵略戦争」と「植民地支配」の関係は、前者の直接的延長上に後者があって、「植民地支配」は日常的には潜在的「戦時態勢」に支えられていたと言えよう。非日常的な「侵略戦争」は見えても、日常的潜在的な「戦時態勢」は「一旦緩急」がないと見えにくい。「植民地支配」への反省云々も、このような客観的な暴力的装置を射程に入れるべきであろう。日常的な「馴化」活動と「差別・被差別」意識はそのような体制下で再生産されたと思われる。

　今日の日本社会は、現政権が「軍事化の道」へ大きく舵を切った中に

ある。「価値観」の共有を強要すれば、必然的に異なる価値観を排除する。言論抑圧・統制然りであり、「ヘイトスピーチ」のような民族的差別言動はその裏腹にある。そして軍事組織とその行動、「戦争」は価値観の多様性を拒否する典型である。

「教育・(E)・科学(S)・文化(C)」よりも「軍事」優先を貫くために、「カネ」をちらつかせば何とかなるだろうと言うのは歴史への背理であり、かつての「侵略戦争」と「植民地支配」の反省をも忘却の彼方に押しやる。「戦後の70年間」は曲がりなりにも「戦争放棄」の理念を培い、「侵略戦争」と「植民地支配」の関係を問うまでの「知性」を持ち得て来た。「戦後80年」を展望すれば、主権者はさらにその意味を世界に向かって発信するだろう。今、僕らはその分岐点に立っているように思う。

「法の支配」・「立憲主義」そして「人間の尊厳」よりも、「国際政治の現実を見よ」と説く有識者とメデアの連合を破るには、「屁っぴり」腰では戦えない。僕らの「植民地教育史研究」もこの重大事態にどう立ち位置を定めるかが問われているように思う。「侵略戦争」から「植民地支配」への反省なくしては「アジアから信を得る」研究は難しい。それにはさらに四半世紀以上の「戦後100年」を要するかも知れない。「侵略戦争」の殺戮後、姿を変えた潜在的「軍事態勢」に守られた「植民地支配」があり、「植民地教育・文化」があったことをもう一度想起し、「肚」を据えてその実像をリアルに迫りたいと思う。

Ⅰ. シンポジウム

植民地教育支配とモラルの相克

植民地教育支配と「モラルの相克」

佐藤広美*

1 なぜ、「モラルの相克」か

　日本植民地教育支配にとってモラルは決定的な問題ではなかったのか。私は、最近、このように強く思うようになってきた。

　植民地支配とはつまるところモラルの支配（＝モラルを支配する）であり、植民地支配者のモラルの優位性を明示する事ではなかったのか、と。植民地を支配するためには、軍事的な、そして経済的な支配力が絶対的に不可欠であったことは間違いないことだが、同時に、支配者にとってはその軍事的経済的支配力はモラルの文明史的な「高さ」において実現され保持されている事を示す必要性に駆られたと思えるようになった。天皇制国家道徳の「普遍性」のアジア民衆への顕示であり、この天皇制道徳こそが欧米近代文明の水準に並ぶことを可能とさせ、さらにそれを超え、そして、東洋文化を一気に世界史の舞台に登場させ（つまり、これを興亜という）、欧米帝国主義・植民地主義の「野蛮さ」を排除し、欧米帝国主義支配からの真の「解放」を実現しうると観念されなければならなかった、のではないのか。植民地教育とは、その軍事的経済的な技術力を支える知識とともに、そのモラルの形成を担うために最大限に活用され、かつ、アジア民衆へ天皇制道徳の「優位性」を示すことに利用された、という認識であった。

　しかし、その植民地におけるモラルの実態は、実際のところどうであったのか。その多くは理念を裏切ったと言えるのではなかったか。そのモラルは空疎であり、ひどく観念的ではなかったか。そのモラルの内実を

*東京家政学院大学

明らかにしなければならない。

　植民地支配者である日本人のモラル、その優位性は破綻を示し、モラルはひどく腐敗していっただろう。私は、この天皇制道徳に支えられた植民地のモラルがいかに破綻と腐敗に行き着いたのかの過程を、ていねいに検証することが必要であると思っている。

　つまり、宗主国側におけるモラルの葛藤と苦悩と堕落を描きだしたいということだ。植民地支配を遂行するためには、それ相応のモラルの形成と堅持が宗主国側に求められたはずであった。そのモラルの内実とはどのようなものであったのか。いかに形成されるべきものであったのか。その理論化の過程を検証してみることである。

　そして、その破綻の過程には、どのような苦悩や葛藤があったのか。いや、苦悩や葛藤など、そのような精神の動揺など、そもそも存在などしなかったのかもしれない。そうした精神の強度や脆弱さ、そのものを明らかにすることである。

　たとえば、本シンポジウムでも話題になったが、こう考えてもよいだろう。日本人教師が植民地住民やその住民の子どもたちに、誠実に、彼等のためを思って日本語教育を教えるという行為である。その個人的な「善意」をどう評価すべきなのか。さらに、その個人的善意（モラル）が、結局は、国家の植民地支配政策という国家モラルに回収されてしまう、という事実をいかに考えるのか、ということである。天皇制国家道徳に回収されてしまうような葛藤の不在という問題を明らかにするということである。

　また、もっと重視される必要があるのは、アジア民衆という被支配者側におけるモラルのありようが検討されることである。被植民地住民は、植民地支配モラルにどのように向きあったのか、どうかである。アジア民衆は、天皇制道徳のこの「優位性」をいかに受け止めたのか。そこに隠された「腐敗と破綻」をいかに見抜いたのか、その点の実証である。被植民地住民の抵抗としてのモラル、あるいは屈服や無関心も含めての普段の日常生活におけるモラルの堅持について、である。

　総じて、日本植民地教育における支配・被支配者双方におけるモラルの相克を全体にわたって克明に描くことであった。

　植民地教育における「モラルの相克」を描きだすことで、植民地教育

の本質をより深部において捉えることが出来るのではないのか。これが私の仮説であった。

以下、台湾、朝鮮、中国占領地、そして日本国内における植民地教育に関するモラルの言説を、それぞれ断章風に重ねていきながら紹介し、「モラルの相克」が意味する重要性を提示していきたい。

2　台湾の民族運動と植民地教育—蔡培火について

台湾の植民地教育については、私は、「『同化』と『文明化』—矢内原忠雄の植民地教育論」[1]の中でやや詳しく触れている。矢内原は、1937年7月の日中全面戦争勃発の直後に、「国家の理想」(『中央公論』9月号) を書き、政府を批判し、東京帝国大学経済学部の教授の地位を追われる。矢内原が国家の侵略戦争を批判し、自らの良心を守りぬくことが出来た最大の原因は一連の日本植民地政策批判研究にあったと確信し、彼の植民地教育論に焦点をあてた論文であった。ここでは、その矢内原が深い敬意を表明し注目を怠らなかった台湾の民族運動家である蔡培火の植民地教育論[2]に少しく言及してみたい。

蔡培火 (1889年〜1983年) は、台湾議会設置運動の代表的人物として著名であり、ローマ字や白話字の使用を台湾総督府に要請し、同化政策を徹底的に批判し続けた民族運動家であった。岩波講座『教育科学』の付録『教育』(1931年11月) に掲載の蔡培火の論文「台湾の民族運動」は、日本帝国主義の台湾支配の問題点を批判し、民族運動の必然性に論究している。

同論文で、蔡は「政治的圧政と経済的搾取の作用を、甲社会群から乙社会群に加へるとき、乙社会群が、此の外圧に対する義憤と共同利害の苦痛に覚醒して、防御的若しくは反抗的態度を採つて、その所属社会群の安全を擁護」し、「正義を立て」「自由を建設」する「本質的存在たるの栄誉を有つ」[3]とのべ、日本政府の台湾統治に対する「政治的酷圧」「経済的虐取」の実態を問いかけた。そして同化政策については「島内住民の9割以上が使用する台湾語は教育上顧みられず、日常必須の漢文を必須として教えない、6, 7歳の頑是なき幼児に対して、国語以外の言語

を用ひずして、手真似で教へる、かう云う乱暴な教育法で、物の分かりやう筈がない」とのべ、「過去の台湾為政者達は、台湾本島人をして、政治的には奴隷化、経済的には無産化、教育的には無能化せしめ」[4]たと日本政府の台湾植民地政策をきびしく糾弾している。

　蔡の著作『日本々国民に与ふ』(1928年) に、矢内原忠雄は序文を寄せている。矢内原は、この本を「政治的自由の欠乏」を実感する台湾人自身による日本文で書かれた初めての書物だとのべ、彼が主張したローマ字運動について、「教育の目的が知識の普及民衆の啓蒙にある以上、ローマ字運動の抑圧禁止は甚だしく野蛮なる教育政策と称しなければならない」と蔡を強く擁護した[5]。

　蔡は、『日本々国民に与ふ』の中で、「我々の児童は、一歩校門に入ると、……6ヶ年の間、家庭で学んだ言語も全部拠棄せしめられ、只だ物言へぬ口と事解せぬ耳とを持つて、教師の指導を受けねばならぬ」とのべ、「国語中心主義は、我々の心的活動を拘束抑制し、従来の人物を凡て無能化して、一切の政治的社会的地位を挙げて、母国人の独占に任さねばなら」ないと、国語強制による台湾人への決定的な不平等の成立の実態を告発している[6]。

　教育科学研究会の幹事長である留岡清男は、1937年出版の蔡の著書『東亜の子かく思ふ』の書評を『教育』に書いている。同書は、出版まもなく台湾で発売禁止となり、日本国内の新聞紙上でも誹謗記事が出されていた。留岡は、蔡を擁護し、蔡の「言説のどこに反逆的な危険な分子があるといへるだろうか」と疑義を提示し、対支文化政策に対する蔡の批判とその提案とは、「最も多く傾聴すべきもの」とし、「反逆よばはりする連中は、……みづからの近視眼的偏狭さを自省すべきである」[7]とのべた。

　留岡が傾聴すべきとした日華親善策についての、蔡の批判は以下の通りである。1937年4月から台湾の新聞紙面から漢文を排除する措置について、『東亜の子かく思ふ』はいう。

「本年4月1日から、我が台湾島内では、言論報道機関たる新聞紙面から、漢文を排除せねばならぬやうな状態に逆転して了ひ、この為めに国語を解しない多数年長の島民、即ち今まで漢文のみを通じ

て言論報道に接してゐたものが、急に暗黒の世界に顛落して、今もその境涯に在ります。形式は各民間新聞社の自発的申合せによる廃止とはいふものの、この重大事実の発生を見たことは、単なる台湾小民の生活上の便不便、困る困らぬの問題としてでなく、大日本帝国の国策問題として、特に日華親善の絶対必要性に鑑み、両国間の関係の好転を期し、両国民の接触往来を自由円滑に図らなくてはならぬ際に、漢文廃止に拍車を加へたといふことは、東亜の平和とその指導誘致の地位に立つべき日本帝国の朝野の為めに、敢へて反省を切望する処であります。当局の方は同化政策の徹底を期するにあるであらうが、斯る無告なる小民の生活を度外視したやり方は、長者仁者としての徳を中外に景仰せしめる為めに、圧力が強過ぎはしませぬか。況や漢文を失はしめられた年長の小民達が、さう役人の期待する如く、左から右へと直ぐ、国語を憶へて同化させられることはあり得ませぬ。斯る仕草は、威を示すに充分であり、徳を失するにも充分であるが、政策的成功を期するには僅かの実益さへも疑はしいのであります。私はこの事を、我が島の小民の為めに言ふのではなく、我が日本の将来、我が東亜の大局を思うて申すのであります。」[8]

　私は、蔡培火が日本人のモラルに訴えて教育の機会均等の侵害を告発し、日本語の強制と漢文剥奪の植民地教育政策を批判した、この点を注目したい。そして、この蔡の主張に、少なからぬ日本人が関心を示し、蔡の主張を擁護しようとした良心の存在の事実を重く受け止めたいと思う。同時に、蔡の運動は「啓蒙主義的運動の域を出ず、閉鎖的であった」(近藤純子)という指摘もある。このモラルの限界への検討も怠ってはならないであろう。

3　植民地朝鮮支配と学務官僚──モラルの葛藤と狂信化

3-1　幣原坦の場合─モラルの葛藤？

　朝鮮の植民地教育とモラル問題については、学務官僚の教育観を対象

にして考えてみたい。この場合に、うってつけの対象になるのが佐藤由美の仕事『植民地教育政策の研究　朝鮮・1905-1911』(2000年)[9]である。本書は、朝鮮植民地の教育学務官僚である幣原坦、三土忠造、俵孫一、隈本繁吉、小田省吾ら、の教育観を検討している。なぜ、学務官僚なのか。「実際、学務官僚たちは、朝鮮の教育をどうするのかをめぐって試行錯誤の連続であった」。佐藤由美にとってこの学務官僚の「試行錯誤」こそ、魅力あるテーマであったのだ。そして私が注目するのも、この「試行錯誤」に隠されたモラルの存在如何ということでもある。

　本書は、植民地朝鮮にいて教育政策を立案し実施するために重要な役割をになった日本人学務官僚の教育観の検討を行う。学務官僚への注目は、「人物を通して政策の展開を見ること」で「今生きている私たちとの接点」を見いだせるからだという。

　佐藤由美には、植民地教育史研究のあり方に対する深いこだわりがあった。「私たちが個人レベルで反省すべきことは何なのか、過去の植民地支配の問題を、どうすれば今日の私たち自身の問題として捉えることができるのか」(4頁)というこだわり。「教育学研究である以上、私たちの今後の生き方に何らかの示唆を与えるような研究でありたい」(323頁)という思い。すなわち、自分自身の「生き方」を探るために、植民地教育政策史を学務官僚の教育観と交差させなることで検討を試みたということであった。そのために、本書の叙述は、学務官僚を「無個性な官僚として描くのではなく、彼らが異文化をどのように受け止め、どのように政策に反映させたのかという思索の跡を辿ること、朝鮮が自らの手で近代化する可能性を奪ってしまうことにどれだけ自覚的であったのか、彼らの盲点は何であったのかを探求する」5頁)という課題に焦点化されたのである。

　本書は、学務官僚の「盲点」を見出すことで、今後の「生き方」に何らかの示唆を得ようとする試みであった。

　さて、では実際のところ、本書の成果はどうであったのか。

　本書は、教育者・歴史学者としての側面を有する幣原坦に特別の注目を与え、幣原が児童を愛し、韓国の文化を尊重したにもかかわらず、何故、日本語の普及が韓国語の収奪につながることに無頓着でいられたのかという問いを立て、その理由を以下のように結論的に述べている。

「日本政府に自己の能力を認めてもらうことにやり甲斐を感じ始めたときに、『母国語による韓国の近代化』を推進する幣原の姿は薄れていき、植民地教育行政家としての側面が強くなっていった。仮に幣原が教育者や歴史学者としての『良心』を持ち続けたとしても、……（結果的には）後の朝鮮植民地支配に繋がる日本の対韓教育政策の枠組のなかに位置付けられていたのである」(52~53頁)

この記述は、あまりにあっさりとした結論になっている。日本植民地教育政策に従事したことと教育者・歴史学者としての良心との間の問題。良心との「葛藤」がほとんど語られていない。これはいったいどうしたことだろう。

この記述には、おそらく二つの問題がある。

一つは「教育観」を分析する手法の問題。佐藤由美は先行研究批判を明確にしていない。たとえば、小沢有作の「幣原坦論序説」(1974年)[10]がある。小沢は、幣原を日本人顧問のなかで朝鮮史を本格的に研究した数少ない珍しい存在としたが、その研究の観点は、朝鮮が自主独立の力を内在させず、日本が保護・指導すべき対象であるという統治者の観点に貫かれていたときびしく批判した。『殖民地教育』(1912年)、『満洲観』(1916年)、『朝鮮教育論』(1919年)、『南方文化の建設』(1938年)、『大東亜の育成』(1941年)と続くかれの著作は日本の植民地の拡大に忠実に応じた、政治の要請に密着した理論であったと結論づけている。佐藤由美は、まず、この小沢の指摘に何らかの異論をぶつけるべきではなかったのか。そして、自らの「良心」の存在という仮説を小沢に付き合わせて論じるべきであった。

二つ目は、そもそも「良心」と「盲点」という問題を設定することの妥当性についてである。はたして、「盲点」といえるような精神的営みやそれにふさわしい事実があったのかどうか。私には、深い疑問が残ったからである。

佐藤由美は、かつて小沢有作が指摘した日本人における「植民地意識の二重構造」[11]をどう考えるだろうか。朝鮮や中国の古典文化に親しみ、尊敬の念を持ちながら、他方に現実生活における近代化の遅れを理由に

植民地支配の支持を子どもたちに養成するという、「意識の二重構造」の問題である。日本人は、それぞれに違った精神を分裂させたまま、平気で同居させる能力をもっているのではないのか。そして、その同居にさしたる矛盾も感じず、苦しさをもたないという二重の分裂した意識。だから植民地教育支配の政策遂行は、本人にとってけっして苦渋の選択という要素はほとんどなかった。戦後もその二重構造は変わらずに続き、したがって植民地支配の反省も極度に弱いか、無いかということになる。幣原坦はその典型的な人物のような気がしてならない。

意識の二重構造の存在それ自体はすでに自明のことであり、問題はその先、つまり、その二重する意識の間にどれだけの「葛藤」や「対立」が生じていたのかが問題とされるべきではなかったか。幣原が朝鮮の現実と児童の生活をよく見ており、朝鮮文化を尊重したことは間違いないとしても、問題は、そうした意識が総督府がすすめる植民地教育政策といかに対立する矛盾を生みだし、幣原の内面に深刻な葛藤をもたらしたのか、どうかであったように思う。その点への突き詰めこそ求められていたのではないだろうか。

「モラルの相克」とは、そうした課題へのきびしい接近を促しているように思う。

3-2 渡邊豊日子と塩原時三郎―モラルの狂信化へ

では、朝鮮学務官僚に「モラルの相克」を見出すことは無理なのだろうか。私は、別の視点からこの問題を考える手がかりを得たいと思っている。それは、植民地支配の時期的転換を重視し、学務官僚の思想上における決定的な「変容」を探り、そこにモラルのいっそうの狂信性（＝破綻）を取り出す、ということである。

詳述はできないが、第2次朝鮮教育令期（1922年～）と第3次朝鮮教育令期（1938年～）における二人の学務官僚、渡邊豊日子（在任1933年8月～36年5月）と塩原時三郎（1937年7月～41年3月）の教育思想の違い（変容）ということである[12]。渡邊は、「内鮮融和」政策下、農村振興・自力更生運動が起こり、教育政策を産業政策の「近代化」と密接な関連において展開しようとした宇垣一成総督下の学務局長であり、その思想的核心は民衆の「自発性の形成」を持ち込んだ「教育

の普及論」であった。塩原は、日中戦争勃発後の兵站基地化に即応する「内鮮一体」化をすすめる南次郎総督下の学務局長であり、それは戦時転換を画する塩原自らの造語「皇国臣民」教育論であった。塩原にとっての最大の課題は、陸軍特別志願兵制度の創設（1938年2月）であり、朝鮮青年を「皇軍の兵士」（徴兵制度）にまで仕上げる教育であった。「朝鮮人の皇軍兵士化」は楽観的な見通しを許さない、まさにその成否は「皇軍の純一無雑性を妨げない」皇国臣民の信念の養成にかかっていた。

　二人の学務局長の思想の違いを端的に示せば、渡邊の植民地教育観には「欧米文明の一翼としての指導者日本」という観念があり、それに対して、塩原のそれには、戦時体制再編の危機意識が如実に反映した「欧米文明を超える指導者日本」という信念が確固として存在していた、というところにあるだろう。

　渡邊は、1935年の朝鮮教育会主催の夏期大学の講習会で、以下のようなあいさつを述べていた。

「我が国のみ尊いといふ考へに陥らずに、矢張り広く知識を世界に求めて行くことが極めて大切であろうと思ふのであります。日本精神の優れた幾つかの特徴の中に世界の文化をよく咀嚼してそれを自分のものに為して行くといふその事柄が日本精神と申しますか、或いは大和民族と申しますか、さういうものの優れた所の性能も一つであるといふことを堅く信じてをるのであります。」[13]

　また、総督府による住宅政策や民衆の健康管理について次のようにいう。

「今日下層階級の人々の為に、住宅改良とか、工場取締法の実施とか、健康保全の途を講ずることは、文明国の社会施設中、最も有力なるものとなつて居るのであります。……個人の健康は直ちに、社会の福祉国家の隆盛に至大の関係を有するものでありますから、私共が国家社会に対する義務として、当然に自分自身の健康管理に心掛けねばならぬと同時に、又国家は国民個々の健康に対し重大なる注意を払い保護を加ふるの必要が起こるのであります。」[15]

渡邊の考えは、日本精神による近代欧米教育思想の受容の主張であり、欧米近代教育思想を日本植民地支配に利用しようとする意図の表明であった。これは、朝鮮人の尊厳を認めるための欧米思想の受容ではけっしてなく、朝鮮植民地支配の合理化のための欧米思想の受容という意味であった。
　渡邊の健康管理論は、もちろん、萬邦無比の皇民精神を容れる植民地身体の形成論なのであって、文明国（＝福祉国家）の一員であるからこそ植民地支配が可能でもあり、正当化もされるという考え方であった。
　しかし、日中戦争の開始は、朝鮮植民地教育支配の思想の転換を迫った。これまでの学務局に曲がりなりにも存在した欧米思想の受容の精神（モラル）は許されることではなかった。
　日中戦争勃発時、塩原は世界の思想状況を以下のように述べる。

　　「今や我々東洋人は、西洋文明の外形のみの絢爛さに惑わされて居るべき時ではありません。東洋人は東洋人として持つ所の本来の精神なり文明なりを強く振返つて見ると同時に、益々其の精髄を発揮して誤れる白色人の思想や文明を排撃し、東洋人として自覚を高調しなければならない」[15]

　これは、渡邊がいう欧米思想の排撃では国家・学問の進歩発展はない、という考え方の対極にある思想である。
　陸軍志願兵制度実施の「決断」を経て、塩原は以下のようにいう。

　　「然るに志願兵制度が昨年から出来ましてあの数百人の青年が皇軍の中に入つて貰へるやうになつたといふことは何を意味するかと言えば、あの兵隊がはいつても我が軍の純一無雑性を少しも妨げない、皇国臣民の組織する陛下の軍隊たるの性質があれ等の者がいつてもそのために少しも害せられない。純粋さが失はれない。害せられないとすれば出来るだけ多くのところから採つて来た方がいいのであります。従つてこれは内鮮を全く一体と認めてゐるところの証拠であります。」[16]

朝鮮人の皇軍兵士化、これは窮極の同化政策の姿であったろう。純一無雑性とは、朝鮮人民族としての固有のモラルを捨て去り、全く別の民族性に染まらしめること以外にはありえない。

渡邊豊日子から塩原時三郎への学務官僚における思想的変容は、植民地教育支配のモラルの内実と狂信化を検討する重要な素材となるように思われる。

4 中国占領地と「戦地の子ども」
―南支派遣報道部員・国分一太郎の場合

国分一太郎（1911 年～ 85 年）の『戦地の子供』（1940 年）[17] を取り上げてみたい。

1937 年 7 月以降、日本は対中国侵略戦争を本格化する。日本軍は、南京、徐州・広東・武漢などを次々に占領し、汪精衛政権と手を結んだ。1939年 1 月、国分は、南支派遣広東報道部員として赴任し、宣撫の任務にたずさわり、この『戦地の子供』を書いた。帰国は 1941 年であった。

従軍作家で『麦と兵隊』（1938 年）で知られる火野葦平が、同書の「まえがき」を記し、「支那人をあたたかい目で凝視してゆく」とのべている。火野は、国分の『教室の記録』（1937 年）に言及しつつ、以下のように書いている。

「『教室の記録』の中にはいたるところに意義深い示唆に富んだ文字が見られる。それは教育者を教へるところの尊い文字である。その本の中で『生活にぴつたりしない言葉、それで私達はいつも教育してゐたりするものだ。その言葉は軽々しいものだ』と国分君は反省する。それからぢかに子供とともに生きる生活の中に於て、時折り『子供の心にふれぬ日が多くてこの頃はいつも淋しい』と歎息をする。国分君が自分の身体にあるだけの情熱と良心を傾けて、形式的な円やかさでなく、生活に即し、子供の心奥にふれて生きたいと願う心はたぐひのない精神の美しさである。『教室の記録』の作

者は、そのやうな心をそのまま抱いて戦乱の支那に渡り、変らぬ熱情をもつて支那人に対した。殊に支那の子供達に対した。このやうな真摯な熱情が遂にこの一冊の『戦地の子供』を生んだのである。」[18]

　国分は、1930年に山形の教師となり、生活綴方教師としての実践を行った。鈴木道太、村山俊太郎らとともに北日本国語教育聯盟を結成している。この間、教員組合運動に参加し、検挙されている。相澤ときと共著『教室の記録』[19]を出版するが、これが契機で懲戒免職となる。職を失い、国分は、南支派遣報道部員として広東に赴くことになる。『教室の記録』では、国分は、以下のように記している。

　　「生活にピッタリこないことば——それで私たちはいつも教育してゐたりするので。そのことばは実に軽々しいことばだ。」(32頁)、
　　「学校ことばで育てられかへつていく子は、うすぐらい庭で、わらしごとしてるおぢいさんにどんな『生活ことば』で言葉をかけられるであらうか。」
　　「国語読本のことばは、よしや生活的でなくても、それは国の意向といふ圧力で、強制的におぼへさせられてしまふ。」(33頁)、
　　「この次の綴方には学校生活にあつたかなしみ、いかり、よろこびなどについて、その時の生活をしつかり裁断して僕の前にもつてきてもらはう。子供の心にふれぬ日が多くて、この頃はいつもさびしい」(39頁)

　ここには、国語読本にまつわる観念性と強圧性を批判し、生活と真正面に向きあう生活綴方教育実践の思想が見てとれる。
　そうした国分が、「聖戦の実態」を宣撫するために、南支派遣報道部員として中国大陸に赴くわけであるから、明らかな思想転向を指摘できる。しかし、問題は、戦地の実態（子ども）を国分がどのように描いたのか、その内容の吟味である。
　国分は、『戦地の子供』の「子供のみなさんへ（序にかへて）」で、戦地の子供はどうしてゐるか、戦に負けた国はどんなに惨めなものか、を考えたり、さとったりすることを呼びかけている。そして、このアジア

大陸をけっして戦地になどはいたしません、支那の子供たちを、もう決して二度と「戦地の子供」などにはいたしません、と心に決めることを願って書いた[20]、と述べている。

さて、注目したいのは、障がいをもった子どもたちを描いた「きのどくな人達」のところである。一部を紹介してみる。

「もつと驚いたのは、長堤の通でみつけた子供です。手も足も、あたりまへの人のやうにはありません。いつたいどうしてこんな風になつたのでせうか。小さい時の悪い病気がもとなのかもしれません。

その子は、僕たちが小さい頃、草の生えた土堤をわざと、ころがつて降りた時のやうにして、自分の体をローラーのやうにころがしながら、自分の心の望む方向へ、横向に進んでいくゆくのです。とても元気な声を出して、道ばたにゐる人々をよけさせ、次々ところがつてゐるのです。

手もなく、足もなく、横にころがつて道をゆく。御飯をもらひに行くのかもしれません。こんなにしてまで、街をあるく位ですから、きつと父や母もないにちがひありません。

それでもりつぱに生きようとしてゐます。せつかくもつて生まれた命を、あくまでも生かさうと、ありたけの力をふるつてゐます。

これを見ては、道ゆく人々も、涙をこぼさずにはゐられません。地面によこたはつてゐるのですから、誰も目をとおしてながめますが、心の中では誰も見下げてはゐないでせう。なるべく広く道をあけてやつてゐます。

かうまでして生きてゐる、こんなに苦んでまで、人間のあつまりである社会（世の中）を好いてゐる——その少年を見て、私は心の中に何か強いものがわいて来るのでした。

私たちは生きねばならぬ。命ある限りは、自分たちの世の中を愛さねばならぬ——かういふことを考へさせられました。」[21]

「とにかくきのどくな人々です。

みなさんは、かういふ人々とも、新しい東アジアの友達として、力をあはせていかねばならないのです。

これらの気の毒な人々から、私たちが学ばねばならぬこと——それは先にもかきましたやうに『これでも生きていく、世の中をたのしんでいく』といふ強い心です。」[22]

『戦地の子供』は、全編、「占領者・支配者の憐愍と同情」（渡部宗助[23]）をもって書かれている。占領者の同情、この問題をどう考えるのか。

国分は、帰国後、1941年9月、『教育』に「アジア的人間像の創成」を書く。アジア的人間像とは、「東亜のこと、アジアのことを、いとも容易にわがことと考へ、いとも情熱的に祖国のことと一つにして考へ得る人間＝国民」のことである。中国大陸では、そうしたアジア的人間像の創成を裏切る現実があり、国分はその現実をつぶさに見てきたのではなかったか。「東洋人たるの自覚を忘却し」「欧米人に対しては先進民族としてこれを阿諛し」「肇国の大理想を忘れ、侮支拝欧の弊に陥つた事」として、国分はこうした日本人を、「不良邦人、非愛国者的人間」と蔑んだ。そして、南支派遣報道部編輯の「兵隊」の手記作品を読みながら、以下のような展望を記す。

「資本主義をいそいでとり入れた過去を持つ国では、大てい農民の解放を置忘れの形にしてしまふといふが、この大陸でもすべての百姓は貧しいといふこと。日本の百姓が貧しいといはれた程以上に貧しいといふこと。例へば、米が高価なために嘆く農民がゐるといふこと。つまり高い小作料を地主たる土豪劣紳や封建的支配者に納め、又は飯米を日常に用ひる商品に換へてしまひ、百姓が米を買つて食はねばならぬやうな状態になつてゐること。だからたださへ貧しい農民が、この戦争のため一層の苦渋をなめてゐるといふこと。米つくる人々に半斤一斤の米を分けて与へる宣撫がじつに効果をあげるといふこと。」[24]

国分の記述には、私たちが検討を怠ってきた重要な問題が隠されているように思われる。

思想転向と植民地占領者の同情（モラル）の表明。検討の素材は、この国分のほかにも収集可能ではないだろうか。占領者であるがゆえの社

会認識のあいまいさと同情（モラル）との矛盾、とその破綻。私たちはこの問題のきびしい実証に入り込まなければならないであろう。

5　京都学派「世界史の哲学」と教学官近藤壽治

　最後に、国内に転じて、侵略の教育思想とモラルの問題を論じておこう。

　1941年12月8日、太平洋戦争（当時、「大東亜戦争」という）が勃発した。戦争勃発にあわせ、知識人による「大東亜戦争」の思想的意義を論じる座談会が二つ行われた。一つは、雑誌『文学界』に掲載された「近代の超克」（出席者は、小林秀雄、亀井勝一郎、他13名）。もう一つが、雑誌『中央公論』に掲載された、京都学派四天王と言われた高坂正顕、高山岩男、西谷啓治、鈴木成高による座談会である。後に『世界史的立場と日本』（中央公論社、1943年）[25]として出版された（「世界史的立場と日本」1941年11月、「東亜共栄圏の倫理性と歴史性」1942年3月、「総力戦の哲学」1942年11月）。

　ここでは、京都帝国大学文学部哲学科出身（1912年卒）で、京都学派の思想的影響を受けた文部省教学局の近藤壽治（1885年～1970年）の教育思想を扱うので、後者の「世界史の哲学」を見てみよう。

　「世界史の哲学」が取り出す中心概念は、西洋（ヨーロッパ）と非西洋（非ヨーロッパ）である。これまでにヨーロッパを中心とする「世界」概念が成立し、歴史はヨーロッパを中心とする統合と集中化の無限の過程と理解され、歴史は「西洋化の過程」と見なされてきた。ヨーロッパ以外の諸地域は西洋に服属されていく「世界一元論」という解釈が成立してきた、と「世界史の哲学」は解く。この「世界一元論」に異議を唱えるのが「世界史の哲学」である。今後の世界史はヨーロッパに普遍的価値が一元化されるのではなく、さまざまな「特殊的世界」の自立を前提にする世界多元化社会の解釈が到来するというのが世界史の哲学であった。東亜新秩序の建設こそは、この特殊的世界を体現するものであり、日本の指導の下にアジア諸民族が有機的な関係をもつことこそ、普遍的な価値を得るというのが世界史の哲学の説くところであった。

　ヨーロッパ中心の単線的な歴史観に対抗する、真に多元的な歴史観の

登場のように見えた。それが「世界史の哲学」であった。一元的歴史観から多元的な世界史像への移行、それが京都学派の主張のように聞こえた。根本的な歴史観の変更であり、日本の、そしてアジアの歴史的特殊性が尊重される、そうした思い込みを可能とさせるものこそ、「世界史の哲学」であった。日本は多元的歴史を切り拓く国家主体として観念される、そこにこそ世界史の哲学の核心的主張があったのだ。

特に、注視したいのは、この「国家の特殊的自立」にむけて、世界史の哲学が「モラリッシュ・エネルギー」(moralische Energie) の重要性を論じたことである。

国家の存立追求の根底にあるものこそモラリッシュ・エネルギーであり、この世界史における特殊的使命に向けて国民を一致団結させ、国家を現実に創造していく活力となるものこそモラリッシュ・エネルギーであった。国家がモラリッシュ・エネルギーにたって活動するときには個人は国家に参与でき、国家への参与そのものが報酬であると実感でき、そうして国家に主体的に統合していくことが可能となる、と主張したのである。

自己のモラリッシュ・エネルギーを大東亜圏内のいろいろな民族に伝え、それを彼らの裡から喚び覚まし、彼等に民族的な自覚を与へる、あるいは民族として主体性を自覚させる。京都学派の「世界史の哲学」は、モラルを武器にして、侵略戦争と植民地支配の意義を説いた、ということだろう。

京都学派の座談会は以下のようにいう。

「高山：モラリッシュ・エネルギーの主体は僕は国民だと思ふ。民族といふのは19世紀の文化的概念だが、今日は過去の歴史はたとひどうあろうと『民族』といふものでは世界史的な力がない。本当の意味で『国民』といふものが一切を解決する鍵になつてゐる。モラリッシュ・エネルギーは個人倫理でもなければ人格倫理でもなく、また血の純潔といふやうなものでもない。文化的で政治的な『国民』といふものに集中してゐるのが、今日のモラリッシュ・エネルギーの中心ではないかと思ふ。

高坂：さうなのだ。民族といふものも単に民族としてだけではつまらない。民族が主体性をもつた場合にそれはどうしても国家的民

族の意味をもたねばならぬ。それが主体性をもたず、自己限定性をもたない民族、つまり『国民』にならぬ民族は無力だ。その証拠にアイヌみたいなものは結局独立した民族の意味をもたず、他の国家的民族の中に吸収されて了ふ。ユダヤ民族にしても結局さうなりはしないか。世界史の主体は、そんな意味で国家的民族だと思ふ。」[26]

　ヨーロッパ中心の普遍的な「世界」概念を否定し、それぞれの地域の特殊的文化主体性を尊重する多元的な世界史像を構想し、その多元性を担う国家こそモラリッシュ・エネルギーを保持しなければならない、という哲学に植民地侵略思想の核心があったのだということをまずは確認したと思う。この多元的世界史像の提起は結局、西洋ではない日本中心の世界覇権構想でしかなかったこと、そして、モラリッシュ・エネルギーを持ち得ない（弱小）国家は消滅して構わないという侵略戦争肯定論に直結していたことも重大だろう。

　この京都学派の「世界史の哲学」の影響を受けた文部省教学局の近藤壽治の主張を見てみよう。近藤は、京都帝大卒業後（1912年）、欧米留学等を経て、1928年台北帝国大学に赴任し、『人間学と国民教育』（1933年）を著す。1934年、文部省督学官に転任、以後、教学局教学官を務め、『日本教育学』（1935年）を出版し、1943年には教学局長に就いている[27]。

　際だった近藤の特長は、『臣民の道』（1941年）に対する彼の解説である。他の文部官僚が行った解説との違いは何か。それは、世界史は欧米文明の普遍化であるという文明の一元化支配観に対する徹底的な批判を行い、そうして『臣民の道』がいう世界新秩序建設の意義を論じた点にあった。

　近藤は、「世界史の普遍的な見方」を批判する。「世界史は同一の方向に向かつて進みつつある」、あるいは「国民的な特殊性はこの普遍なるものへの進歩発展の段階にあるもの」という考え方を拒否した。『臣民の道』が説く新秩序建設（東亜共栄圏）は、世界史の普遍的な見方を否定し、西洋とは異なる多元的な社会の創造に寄与するというのだ。

　「生命があり、現実的なものは必ず具体的なものであり、特殊的なものであるといふことも考へねばならない」。「そこに今日では文化

がそれぞれ国家的な特殊性を有ち使命を持つもの即ち国民的な特色を持つて存在し得るものであるという見方になつて来た」と世界史の中の日本の特殊性を強調する。

「日本人の建設する文化といふものは日本人の歴史、日本人の使命といふものに立脚した自主的なものでなくてはならぬのであります。この見方が正に世界史の転換といふことの重大な意味でなければならぬ」[28]。

この記述は「世界史の哲学」と全く同じものであろう。

「我が臣民の道といふものはこの意味に於て我が国の特殊なる道徳であると同時に世界の道徳に対しても亦普遍的地位と優越なる役割を持つものであるといふことを自覚し、確信を持つて居らねばならぬ」。「これは特殊にして普遍的なものであり、この道によつてこそ我が国民の所謂大国民たるの襟度と教養とを得ることが出来るものと信ずる」[29]。

太平洋戦争の勃発後、1942 年 5 月、近藤は、より分かりやすい表現で、西洋一元史観を批判する。

「然るに近世に入つてからヨーロツパ各国が一つの世界といふものを形成して、所謂ヨーロッパ世界といふものを形成して、これに依つて文化或は科学技術が著しい発展を遂げ、特異な世界形成を整へるやうになつてから、ヨーロッパ世界が西洋世界であると考へられるやうになつた。更にはそれが総ての世界を支配するものであるといふやうになつて来た。従つて歴史的には世界といふものは地球上に色々多数の世界があり、それに相応した世界観があつたにも拘らず、現代に至つてはこのヨーロッパ世界が唯一の世界として地球全面を支配するやうに考へられて来た。」

「その結果はその文化史的な年代に於ても遙かに古く、又その人口に於ても遙かに多数を占めて居る東亜の、或は亜細亜の世界といふ

ものは全然表面に出ること出来ず、其処に存する学問文化は世界的な真理として認められないやうな状況にあつたといふことが、職て政治的、経済的には東洋の植民地化といふ形態を取つて現はれて来るやうになつた。」[30]

「大東亜戦争」の世界史的意義が、まさに、「東亜が一つの世界」であり、「世界存在」「優秀なる伝統」「特殊の文化」を世界に知らしめる契機であり、「真に正しい世界」「新しい世界」を創造する世界史的意義を有すると説くのであった。

こうして、後藤は、そのためにこそ、人間（モラル）の形成の問題を主張するのである。「根本たる八紘為宇の世界観こそ西洋の合理的経済的世界観の上位にあることを知り、これを建設発揚して行くといふことの意義を把握し邁進せねばならぬ」。「それにはどうしても人間の問題にまで進まねばならぬ。文化建設に携わり、国防の充実を図るといふ、人間自体の問題が第一でなければならないのである」とする[31]。

「自主性をもつ国家は世界に適応するのみならず、進んで世界を造るのであります」「自主性をもたぬ国家は単に世界に適応することに終始し、世界秩序の建設に参与することも出来ない……のであります」。日本はアジアで唯一自主性を持った国家であり、自主性を持たぬ他のアジア諸国は日本に適応し、日本がみずからの国家の上に位することを当然とするのであった。自主性（モラル）の名による、侵略主義の肯定を説くのであった。[32]

モラルの感覚を歴史から引き出すことで、人々の自発性を誘い、そうして、政治を暴力と侵略の舞台に作り上げてしまうこと。京都学派の哲学と近藤壽治の教育政策思想は、モラルを歴史解釈の中心に据える植民地支配思想であったといえよう。なぜ、侵略と植民地支配のためにモラルを引き出す必要があったのか。そのモラルとは、いったい、どのようなものであったのか。京都学派の「世界史の哲学」と戦時教育政策思想との関連とともに、その内実について本格的な検討が必要になってきているものと思われる。

【註】
1 佐藤広美「『同化』と『文明化』―矢内原忠雄の植民地教育論」『差別と戦争』松浦・渡辺編、明石書店、1999年、
2 佐藤広美「植民地教育政策と教育科学」『総力戦体制と教育科学』大月書店、1997年、参照。近藤純子「蔡培火のローマ字運動―台湾日本教育史の一研究」『アジアの友』1986年1月、参照。
3 蔡培火「台湾の民族運動」岩波講座『教育科学』第2刷付録『教育』1931年11月、28頁
4 同前、31頁
5 矢内原忠雄「蔡培火『日本々国民に与ふ』序」1928年3月、『矢内原忠雄全集』第5巻、岩波書店、1963年、462－463頁、
6 蔡培火『日本々国民に与ふ』香柏社書店、1928年、47-50頁
7 留岡清男「蔡培火著『東亜の子かく思ふ』」『教育』1937年11月号、122-123頁
8 蔡培火『東亜の子かく思ふ』岩波書店、1938年、176-177頁
9 佐藤由美『植民地教育政策の研究[朝鮮・1905年―1911]』龍渓書舎、2000年、なお、佐藤広美「書評　佐藤由美『植民地教育政策の研究』」『日本教育政策学会年報　教育改革と教育政策』、第9号、2002年、参照のこと。
10 小沢有作「幣原坦序説」『海峡』創刊号、1974年、
11 小沢有作「植民地教育認識再考―日本教育問題としての植民地教育問題―」『「大東亜戦争」期における日本植民地・占領地教育の総合的研究』科研費研究、槻木瑞生研究代表、2001年、
12 詳細は、この拙稿を参照してほしい。佐藤広美「植民地朝鮮における教育行政官僚の思想―渡邊豊日子と塩原時三郎を中心に」『「大東亜戦争」期における日本植民地・占領地教育の総合的研究』科研費研究、槻木瑞生研究代表、2001年、参照。
13 渡邊豊日子「朝鮮教育会主催夏期大学　開催の辞　閉会の辞」『文教の朝鮮』1935年10月、6-13頁、
14 渡邊豊日子「健康の増進について」『文教の朝鮮』1933年12月、33頁
15 塩原時三郎「東亜に於ける日本帝国の使命」『文教の朝鮮』1937年12月、30頁、
16 塩原時三郎「国民精神総動員運動について」『文教の朝鮮』1939年8月、6頁、
17 国分一太郎『戦地の子供』中央公論社、1940年、
18 火野葦平「国分君のこと」『戦地の子供』所収、
19 国分一太郎・相澤とき『教室の記録』扶桑閣版、1937年、
20 国分一太郎『戦地の子供』の「子供のみなさんへ（序にかへて）」
21 国分一太郎『戦地の子供』96-97頁
22 同前、100頁
23 渡部宗助解説「国分一太郎　きのどくな人達」（中内敏夫編集・解説）『近代日本教育論集　第1巻　ナショナリズムと教育』国土社、1969年、国分のこの著作に関心を持ったきっかけは、渡部の解説にある。
24 国分一太郎「アジア的人間像の創成」『教育』1941年9月号、24頁
25 京都学派の「世界史の哲学」については、以下の文献が参考になった。酒井直樹『近代の批判：中絶した投企―日本の1930年代』『死産される日本語・日本人』新曜社、1996年。吉田傑俊『「京都学派」の哲学』大月書店、2011年。

26 高坂正顕・鈴木成高・高山岩男・西谷啓治「世界史的立場と日本」『中央公論』1942年1月、185頁
27 近藤壽治については、拙稿を参照してほしい。佐藤広美「大東亜教育論とは何か　アジア太平洋戦争下の教育学を考える」『年報　日本現代史』第7号、2001年。
28 近藤壽治「臣民の道について」『日本教育』1941年11月臨時特輯号、59頁
29 同前、69頁
30 近藤壽治「日本教育と興亜教育」『日本教育』1942年5月、18頁
31 同前、19頁
32 近藤壽治「日本世界観と教育」『日本諸学講演集』第3輯・教育学篇、1942年12月、63頁

朝鮮近代教育史における
「信教の自由」をめぐる問題
―― 植民地教育支配とモラルの相克 ――

李省展*

はじめに

　近代とは何かという問いに、その指標に関する議論が存在する。その議論は、近代的生産様式の確立、市場経済、産業化、科学技術の発展など様々な方向から可能であろう。政治制度という観点からいえば、主に18世紀に生起した市民革命をその起源とする民主的な政治制度の樹立が近代の一つのメルクマールであることは確かである。アメリカ革命そしてフランス革命を経る中で、社会を構成する市民的価値としての自由・平等・博愛が意識され始めてきた。また市民的価値という観点から論じれば、その重要な位置を占めるものに人権意識の発展が挙げられる。特に「良心」や「内心の自由」の源流ともいえる「信教の自由」、さらにはモラルをめぐる論議が西洋近代における中核を占めていることは否めない事実である。したがって産業化や科学技術の発展という指標以外に、今回、植民地教育史における近代化そして産業化というテーマの一環として、植民地教育支配におけるモラルの相克の問題がシンポジュームのテーマとされた意義は大きいといえよう。
　今回筆者に課せられたテーマは、東アジアの近代教育の発展という広がりの中での、朝鮮におけるモラルの相克である。特に、1910年代の「改正私立学校規則」をめぐる論争と1930年代に帝国日本の植民地において生じた教育現場における神社参拝強要とミッションスクールの葛藤を中心に、「信教の自由」という切り口で論じるつもりである。

---

*恵泉女学園大学・大学院教授

1　東アジアにおける西洋近代教育の扶植と受容をめぐって

　近代東アジアを語るとき、単純に近代的要素にのみ着目することはできない。西洋近代が内に市民社会、外には帝国主義という矛盾した二重構造を有していたからである。西洋近代が生み出した市民的価値自体も、それがアジア、アフリカなどの西洋の植民地において無条件に適用されたわけではなかった。18世紀以降の西洋の進出は、帝国主義、近代そして植民地主義が折り重なる、複合的な運動であったといえよう。また西洋の進出は紛争や戦争という暴力を伴ってなされたことも否めない事実である。東アジアでは1840年のアヘン戦争、幕末の日本が攘夷を放棄する契機となった1863年の薩英戦争と下関戦争、朝鮮では1866年のフランスによる丙寅洋擾、1871年のアメリカによる辛未洋擾などである。これらの西洋の軍事的圧力を用いた、開港の要求により、東アジア諸国は世界資本主義経済への編入を迫られることとなった。

　ウエスタン・インパクトともいわれたこの西洋の暴力性を伴った進出は東アジア諸国に多くの開港地を出現させた。中国では租界と称され、上海、天津、広州、アモイ、天津、漢口、煙台などが、日本では、居留地と称され、横浜（神奈川）、神戸、川口、築地、長崎、函館、新潟が開港され、西洋人が開港地を拠点に貿易などに従事するようになった。朝鮮は中国や日本とは異なり、江華島事件の翌年の1876年、後発資本主義国の東アジアの一角を占める日本と修好条規を締結し釜山、仁川、元山が開港されていったのであった。その後朝鮮は80年代に続々とイギリス、フランス、アメリカなどの西洋諸国と通商修好条約を締結することにより開港地を馬山、木浦、鎮南浦、群山、城津と増やしていきそこには居留地が形成されていった。ソウル近郊の楊花津には開市場も形成され、世界資本主義と近代的な「万国公法」（国際法）の世界へと編入されていった。

　このようにして19世紀中葉から始まり19世紀末には、東アジアの沿岸には多数の各国別の租界・居留地、共同租界などが出現していき、疑似西洋的空間が形成されていったのである。西洋の外交官や商人の長期間滞在は開港地に教会を出現させ、現地へのキリスト教宣教を加速化さ

せていった。アメリカを例にとると、中国人労働者が大量動員された大陸横断鉄道の貫通（1869年）とともにアメリカ中西部のいわゆるフロンティアは消失しつつあった。それとともに太平洋の彼方へフロンティアは拡張され、市場経済の拡大にともなって「文明」の扶植、19世紀中の「世界のキリスト教化」[1]が西洋社会で意識化されていったのである。このような一連の動きが、イギリスやアメリカなどの世界宣教熱が開港場に教会を生じさせ、さらにミッションスクールを生み出していった。多くの教育宣教師以外にも日本在住宣教師のジェームス・ヘップバーン（ヘボン）（James Hepburn）や在朝鮮宣教師のホーレス・アレン（Horace Allen）が医療宣教師であったように19世紀の近代宣教は教会を頂点とし、学校や病院をその下位におく三位一体的構造を有している。そしてイギリスやアメリカの宣教師は商人や外交官と違い、現地社会に長期滞在し、現地社会の上層部の人々のみならず、より多様な人々と接触を持続的にもち、西洋文化やキリスト教を組織的に現地社会へと扶植していったのである。そしてそれらの動きは、中国においては「開港場知識人」[2]を出現させ、日本においては、挫折を経験した佐幕派の武士層の新たな精神的支柱となり、朝鮮においてはソウルの貞洞監理教会に集まる知識人[3]を生み出していった。

　このような潮流を背景に、ミッションスクールは租界・居留地、あるいは外国公使館周辺などの疑似西洋空間に設立されていく。その設立経緯に関しての詳論はここでは避けるが、中国では、煙台近郊の登州にカルヴィン・マティア（Calvin Mateer）が男子校を設立し、日本では、1870年にキダー（Mary Kidder）が横浜にフェリス女学院の前身となるミス・キダーの学校を設立、同年、ミセス・カロザース（Julia Carrothers）が築地に女子学院の前身、A六番学校を設立している。また朝鮮では、1885年に、ソウルの公使館が集中していた貞洞にメソジストのアペンゼラー（H.G.Appenzeller）が学校を設立、翌年国王に認可され培材学堂が誕生している。また同じ85年に長老派のアンダーウッド（H.G.Underwood）がアンダーウッド学堂（後の儆新学校）を設立した。

　日本のミッションスクールは先に示された通り、先駆的女子教育にその特色をもつ。関東学院（バプテスト）や明治学院（長老派）などの男子校も存在はしたが、男子は主に、国家の教育制度へと囲い込まれていっ

た。文部省が作られ、学制がひかれたのとほぼ同時期にフェリスと女子学院の前身の女子校が創設されている。これは政府による女子教育への取り組みが遅れたことを意味するとともに、日本ではミッションスクールと政府主導によって各地に生まれた国公立の学校とミッションスクールが最初期から競合関係にあったことを物語る特徴的な出来事であった。

日本のケースと比較すると中国と朝鮮のミッションスクールとの違いが鮮明となる。近代教育という観点からすると、政府主導の新教育の設立は科挙を頂点とした儒教教育の全面的な改廃は遅れ、結局朝鮮では甲午改革（1894－95）の最中に、中国ではそれより10年遅れ清末の1904年であった。

したがってその意味でも、東アジアにおける近代教育という大きな枠組みからすると、ミッションによる教育のもつ意義は大きいといえる。

2　東アジア宣教と西洋の「道徳的優位性」

米国北長老派のミッションは、中国では山東省が拠点となり、日本では明治学院など東京、大阪などの大都市とならび金沢、福岡、下関などの地方都市が拠点となった。朝鮮では平壌を中心とした西北地方とソウル、大邱が中心となり、教会のみならず、ミッションスクールや教会立の初等学校を数多く創設している。

北長老派の宣教本部はニューヨークにあり、そこには東アジアと関係の深い二人のセクレタリー（主事）がいた。アーサー・ブラウン（Arthur Brown）とロバート・スピア（Robert Speer）である。ブラウンは中国・朝鮮の宣教を管轄し、スピアは日本宣教を管轄している。ブラウンは宣教に徹したが、スピアは北長老教会の総会長も務め、アメリカのキリスト教界に多大な影響力をもった人物である。このスピアも、日本のみならず、東アジア全般の宣教に関して深い関心を有している。

スピアが20世紀初頭に執筆した『宣教と近代史』（1904）という二巻にわたる大著において、太平天国や義和団さらに、朝鮮の東学、日本の改革（明治維新）に関して言及している。そこにおけるスピアの議論で

特徴的なものは、ミッションと帝国主義との親和性である。それは現代におけるグローバリズムの議論を想起させるものである。

スピアの20世紀初頭の帝国主義を新帝国主義（New Imperialism）とし、次のように述べている。

> 西洋の膨張は止むことは無い。宣教運動は完全に停止されることがあるかもしれないが、西洋の東洋に対して行使される偉大な計画は継続するであろう。それは必然である。西洋の人生観、新帝国主義、商業の需要、移民あるいは植民地主義の潮流、抑えることのできない世界の諸勢力の交錯、神の確かな意志が、西洋と東洋を今までに無く接近させ、全東洋が確立してきたものは揺り動かされるであろう。[4]

スピアは、西洋文明はどのような欠点があろうともキリスト教文明であり、全ての西洋世界の動きは、それ自体のためにキリスト教宣教を必要とすると述べており[5]、ミッションを西洋の帝国主義的膨張の中核に位置付けるばかりか、「西洋の運動で唯一正当化できるものは道徳である。商業あるいは政治は歴史の審判に耐えられない。喜びもしない人々に対する西洋の進出を正当化できる唯一の根拠は、西洋道徳の優位性にある」[6]と述べている。

スピアのこの言説は明らかに、西欧の東アジア進出を是認する論理としてキリスト教道徳の優位性を主張しているものとして把握されるべきである。

ブラウンも同年に発刊された『遅れた中国における新勢力』[7]において中国を近代世界へと変質させる三大勢力に、西洋の貿易と西洋の政治と西洋の宗教の三つを挙げ[8]、福音宣教に関しては次のように述べている。

> 創造主の意図をはかり知ることは困難であるが、その意図は未だに達成されていない。数えきれない人々の中の三分の二以上の人々が、神が人間に啓示した人生における高度の理想と必然的な運命を未だ耳にしていない。

このように宣教本部は、西洋の東洋に対する道徳的優位性への確信を有しており、それは文明化の使命として結実し、それはまた西洋文明の東洋文明に対する優位性の確信をともなっている。現地へと送り出された宣教師たちは、宣教師を輩出したステューデント・ボランティア運動のスローガンでもあった「今世紀（19世紀）中の世界のキリスト教化」にみられるように、現地のキリスト教化を第一の使命と考えており、基本的には宣教本部の考えと軌を一にしていると考えていいだろう。

3　朝鮮におけるミッションスクールの展開と 10年代の「信教の自由」をめぐる問題

　北長老派の朝鮮における草創期のミッションスクール発展のモデル校は平壌において創設されたといっていいだろう。メソジスト派は培材学堂、梨花学堂のようにソウル中心とした教育展開であり、それは、1886年に培材学堂は国王から扁額が与えられ実質上認可されたことに見られるように、逸早く王権と結びついてソウルがモデルとなり発展していった。北長老派のミッションスクールもアンダーウッド学堂、貞信学校のようにソウルにも有力な学校は存在したが、特に、アンダーウッド学堂は、孤児院的な性格を併せ持っており、慈善と教育が未分化であるとウイリアム・ベアード（William Baird）は批判し、キリスト教発展の著しい、西北地方の中心の平壌に活路を見出していく。そのような経緯を経て男子校の崇実学堂、女子校の崇義女学校が平壌に創設された。

　崇実学堂は高等教育機関へと発展し、メソジストの協力も得て、大韓帝国により認可された朝鮮最初の4年制大学・連合崇実大学（Union Christian College）の創設（1908年）を見るが、それはベアードが以下に述べているような、日本の植民地主義との近代教育へのゲモニーをめぐる関係が反映している。

　　　日本人の流入による新たな状況の出現が、（連合の）必要性を更に高めている。教育のある日本人が流入してくるが、彼らは上級学

校創設を企んでいる。日本人が及ぼす影響は、反宣教師であり、しばしば反キリスト教である。かつてのような朝鮮は、すでに過去のことである。教育を受けなければ、朝鮮人はこの新たな影響に対して立ち向かうことはできない。キリスト者に対する指導的な地位を確保しようとするならば、朝鮮人キリスト者指導者はかつてより、はるかに良い教育を受けなければならないだろう。そうすれば朝鮮青年は最も設備が整った学校にいくであろう。－中略－広大な面積の土地が未来の日本都市のため占有されている。このような（日本人との）接触に、ほとんど準備ができていない私たちの人々（朝鮮人）は、彼らより強みを持つ国民との接触を望まないであろう。キリスト教に非好意的な政治権力を保有し、より優れた教育を受けた侵略的な人々の中で、朝鮮教会とその人々が自己を保つことができるように、私たちができる限りの利点を彼らに与える必要がある。－中略－朝鮮教会のもつ重要性は、新たな環境に彼らを適応させるために、（教派連合による）多大な経費をつぎ込むのに十分な理由を与える。宣教師の助手となるよう訓練するという現在の政策に引き続いて、必要ならば宣教師の後継者となるよう訓練するという、長期的展望に立った政策を採る必要がある。このためには善悪を判断でき、敵の多い、滑りやすい所でもしっかりと立てるような、強い人間を育てる必要がある。[9]

このベアード言説に表れている「善悪の判断ができ」、「侵略的人々」である「敵」（日本）に囲まれた状況の中でも、しっかりと自己を確立できる強い人間の育成は、まさに本論のテーマである「モラルの相克」を象徴する言説であるといえよう。

この連合崇実大学はアメリカのミズリー州のパーク・カレッジをモデルとしている。学長ともなったマッキューン（G. S. McCune）は、パーク大学の卒業生でもあったが、このパーク・カレッジはアメリカの「宗派大学」[10] モデルと単に一般化できない性格を持っていた。このパーク・カレッジはアメリカの中西部開拓に適合的な長老派の実験的性格を持つ教派大学であった。パーク・カレッジは「貧乏人の大学」（Poor Man's College）とも称され、貴族的な教養に基礎を置くリベラルアーツでは

なく、労働が重視され、勤勉であることとともに、深い信仰に根差した職業教育が展開されていた。また、パーク・カレッジには働きながら学ぶことができる教育補助システムが構築されていた。崇実学堂や連合崇実大学でも勤労が重視され、午前中は学内労働で収入を得て、午後に学ぶという教育補助システムが設置されており、中産階級以下の子弟も学ぶ機会を得ていた。後に崇実専門学校となるが、農科を設置したことも、植民地朝鮮の現実を見据えての教育的展開であったといえる。

　帝国日本による朝鮮の植民地化は、朝鮮における近代教育の展開に新たな局面をもたらした。ミッションスクールは日本の進出に対する単なる懸念の段階から、植民地支配下においてのより明瞭かつ実質的な総督府による植民地教育の展開との競合関係に入らざるを得なかった。それはプロテスタント諸教派を超えた教育運動として展開され、朝鮮に一つの強力な大学の創設運動の招来をきたした。この運動はまた中等教育以下の教育機関の再編をも目指すものであったのである。その設置場所を巡って平壌とソウルの対立構造が宣教師間に生ずるが[11]、結果的には1917年にソウルに延禧専門学校（Chosen Cristian College）の創設を見ることとなった。第一次朝鮮教育令における大学設置に関する法令を欠くことから、本来は大学の設立を目指すものであったが、結果的には専門学校として創設せざるを得なかった。しかしこれは20年代の李商在、李昇薫などの朝鮮人キリスト者が深く関与した民立大学期成会による民立大学設立運動が挫折する中で、植民地朝鮮における高等教育機関設立運動としては朝鮮教育史上大きな意味を持つ教育運動であったといえよう。

　この教育運動と並行するように、総督府側の私立学校に対する規制は厳しくなっていき、それはミッションスクールの存在理由をも揺るがす「改正私立学校規則」（1915年）をめぐる総督府と長老派ミッションの対立へと発展していった。それは総督府により「宗教と教育の分離」政策と称されたが、基本的にこの政策は1899年の帝国日本における「文部省訓令第12号」の焼き直しでもあったといえる。これらの教育政策は、教科としての宗教教育のみならずに課外での宗教儀式をも禁じるものであった。ミッションスクールでは聖書を教えることができず、毎日の礼拝をも不可能とする、ミッションスクールに対する弾圧政策であった。1899年は日本では「第二の開国」ともいわれた「内地雑居」が実

施された年であった。これは、居留地に封じ込められていた外国人と日本人の混住が実現することから、日本政府がキリスト教勢力の拡大を恐れて採用した教育政策であった。男子校には徴兵猶予の特権の剥奪、上級学校への進学上の不利などの悪条件にも拘らず、一部日本のミッションスクールの多くは各種学校となりこの教育政策に抵抗した。キリスト教指導者と宣教師が文科省との折衝を試み、指定学校制度が導入されることにより、徴兵猶予の特権の回復と上級学校への進学も認められ数年を経て実質的な解決を見たのであった。「内地」では実質的な解決を見た政策を露骨に植民地教育の導入・拡充のために、朝鮮に適用したのがこの「改正私立学校規則」であったといえる。

移行まで10年間の猶予が与えられ、その間にミッションの中等教育機関は高等普通学校への転換が求められたのであったが、その間、総督府とニューヨークの宣教本部間で書簡のやりとりが総督府官僚の小松緑とブラウンの間でなされ、両者の間で熾烈な論争が展開されている。この論争を通じて、ミッションは帝国日本の朝鮮支配への合法性に対して容認の姿勢を鮮明にしていくが、他方で、特に長老派は宗教的良心の問題と認識し、「信教の自由」と私立学校における宗教教育の自由に依拠しながら徹底的な、場合によっては閉校をも辞さない姿勢で臨んでいったのである[12]。しかし、これは3・1独立運動の勃発によって新たな局面を迎えることとなった。

原敬の英米の協調路線上で抜擢された斎藤実総督の登場による「文化政治」の展開により、「内地」同様の指定学校制度がとられ、この新たに設けられた制度下での、北長老派全ミッションスクールの指定学校化が推進されていった。これは、ミッションは一方で宗教教育の自由を勝ち得たが、反面、結果としての植民地教育制度へのミッションスクールの編入を意味するものであったのである。しかしここで重要なことは、明治学院と関係の深い植村正久が「文部省訓令第12号」をめぐって、公立学校教育における宗教性（特に神道）を批判しているが[13]、その面に関しては、深く掘り下げられることなく、未解決のまま事態が進展しまったと考えられる。そしてそれは、帝国日本の教育における特殊性ともいえるのだが、30年代の植民地のミッションスクールへの神社参拝の強要というかたちで再浮上するのであった。

4 30年代の神社参拝の強要と「信教の自由」

　朝鮮における神社参拝問題では最後まで神社参拝に抗した平壌の山亭峴教会の朱基徹牧師の獄中での殉教がよく知られているが、神社参拝問題としての発端は、北長老派の教育宣教師、特にピョンヤンの宣教師と朝鮮人キリスト者教員の拒否行動に端を発しているといっていいだろう。

　駒込武の研究[14]が「台湾から朝鮮への飛び火」と表現したように、32年から散発的な神社参拝をめぐる問題は発生していたが、台湾における神社参拝問題で行政的手腕を発揮した安武直夫が平安南道知事として平壌に赴任後の35年11月に、平安南道公私立中等学校校長会終了後に平壌神社参拝を提案したことが、事の始めとなった。参拝を拒否したのが、崇実学校・崇実専門学校のマッキューンならびに崇義女学校教師鄭益成などであったが、後にマッキューンと崇義女学校のスヌーク（V. L. Snook）はこの事件を理由に校長職から解任されている。この騒動は長老教会にも飛び火して、朝鮮社会を巻き込む一大事件へと発展し、その結果として植民地期にあっても、教育界にあって存在感を十二分に示してきた長老派系列のミッションスクールの「教育引退」という名目での全面撤退を招くこととなった。

　北長老派の宣教師ソルトー（T. S. Soltau）は、安武の台湾での実績を知りつつも、「内地」の青山学院の阿部義宗、明治学院の田川大吉郎の神社参拝への穏当な見解を披瀝しながら、神社参拝の拒否は「宗教的良心による躊躇の問題」として受け止められるのではなく、政治的な反日感情として解釈されることへの懸念を明らかにしている[15]。

　神社参拝をめぐっての対応に関しては北長老派内部でもさまざまな意見が存在したが、容認派の代表的人物はソウルの延禧専門学校のアンダーウッド（H. H. Underwood）と徹底的な反対派は崇実専門学校のマキューン、そして朝鮮ミッション議長のホルドクロフト（J. G. Holdcroft）であった。それは1920～30年代のアメリカにおけるファンダメンタリスト論争と称されるリベラルとファンダメンタルな信仰の対立構造を反映している。実際ニューヨークの宣教本部に二人は神社参拝問題の聴聞

会に召喚され、それぞれの意見を披瀝している[16]。さらに朝鮮を去ったホルドクロフトは、長老派の分裂を受け設立されたファンダメンタリスト系の独立宣教会のセクレタリーに就任していることも、アメリカ本土における宗教事情と朝鮮宣教を結びつける注目すべき事実であるといえよう[17]。

　ホルドクロフトは、35年9月23日に安武直夫と面会した際に神社に神霊（Spirits）が存在するかどうかについて執拗に尋ねているが[18]、宣教師にとっての神社参拝は単に行政上の問題ではなく、まさに宗教か否かの核心的な部分が問題であったのである。さらに渡辺豊日子学務局長とも面会をしたことが宣教師資料で明らかにされている[19]。そこにおける宗教の自由に関するやり取りにも非常に興味深いものがある。

　総督府側は、個人の宗教的自由は完全に保障されているが、これは教育に関する事柄であるので、教員・学生に要求されているのは宗教とは次元を異にすると説明している。これに対してホルドクロフトは個人、教員、学生が宗教的自由を侵害されていると思うならば、強制されないことが宗教的自由の核心であり、宗教と教育の問題は個人の「良心」というところで重なっており、分離することは不可能であると反駁を試みている。それに対して総督府側は宗教の自由は認めつつも、学生であれば、退学処分を、教員であれば資格剥奪を示唆するのみであった。ホルドクロフトがこれに対し、真の宗教の自由の核心は、罰せられないことであると反論している。

　神社に祭られている神霊の問題に関しては、総督府側から、神社に神霊は存在しないという長老教側の声明に対して異議を唱えたが、渡辺局長は学生指導に関しては、キリスト教学校側の責任で、神社に神霊は存在しないと指導しても良く、儀式は宗教的なものでなく、愛国的なものであると指導してもらいたいという、神社参拝を拒否されるよりは、あくまでもキリスト教学校側の責任での上述のような指導は認めるという妥協策を提案している。さらに検閲を条件に、キリスト教系の新聞等において神社参拝に宗教的意味はなく、キリスト者は唯一神のみを礼拝し、神社参拝は敬意を示すのみであると報道してかまわないとまで明言している。

　アンダーウッドも神社における参拝は敬意を表するものであり、プロ

テスタントがカトリックの聖母に対して敬意を表するために会釈することと何ら変わることはないと、総督府側の国家儀礼であるという解釈を受け入れ、信仰の問題には抵触しないとして後に賛成派の朝鮮人牧師・信徒とともに神社参拝を行っている[20]。

このような賛否両論があったが、ミッションの多数決による議決により、このような状況下におけるキリスト教教育は不可能であると結論し、長老派傘下のミッションスクールを次々に閉校していった。

ではミッション側の一連の抵抗に対して、神社参拝の強要を植民地における統合の要とし心の支配にまでいたった総督府側の政策の流れとならびにその論理を押さえておきたい。

1930年代になると総督府は「民心作興」運動から、35年初頭に「心田開発」運動へと政策を深化させている[21]。35年4月に宇垣一成総督は「朝鮮総督府 訓令第14号」を発令、官公私立学校長に刻下の急務として日本精神の作興と国民的教養の完成を期して、「国体の本義」の明徴を基礎とした教育の刷新を指示した。5月に政務総監は「学校における敬神崇祖の念 涵養施設に関する件」という通牒を出し、「神棚奉安」を奨励している。同年9月には渡辺豊日子総督府学務局長が各道知事に「学校職員の敬神思想徹底に関する件」という通牒を出している。これは各学校所在地の神社または神祠を中心にして生徒・児童に対して敬神思想の涵養に努力するという内容を含むものであった。いずれにせよ、総督府は民衆の「内心」の問題に着目したといえる。「心田開発」運動では「近代化」の過程で宗教性が薄れていく現実に注目し、民衆統合を図るためにキリスト教、仏教などを含めた諸宗教家との対話を試みているが、やがて「国体の本義」明徴のための神道の教育現場への導入という色彩を強めていく。そして総督府学務局は10月24日から3日間、各道の学務課長と師範学校長を含む視学官を中央に招集し、「国家観念の涵養に関する件、敬神崇祖に関する件、国語使用の普及徹底に関する件、私立学校指導監督に関する件、心田開発に関する件、教化事業に関する件」[22]などに対しての指示を与えている。まさにこのような一連の動きの中で、同年11月、安武直夫平安南道知事が公私立の初等学校と中等学校の校長を招集し、会議の冒頭に、平壌神社への参拝が各校長に要請されたのであった。これが崇実をめぐる一連の神社参拝問題の始まりと

なったといえる。神社参拝問題が事件化された直後に、大野謙一学務課長は次のように述べている。

> 神社参拝の問題は国家的儀礼の問題であり、宗教的儀式ではない。したがって、神社に参拝しないということは国家儀礼に参拝しないということになる。とすれば、日本領土内で日本の国家儀式に参加しないということは、結局日本に服従しないということになる。憲法上も神社は宗教ではないということは明白だ。それにもかかわらず、朝鮮に多くの貢献があるキリスト教宣教師が自身で経営する学校を、この問題によって廃止して帰国するとしても、当局としては如何ともしがたい[23]。

このように総督府の教育政策は心田開発政策の延長線上の統合の強化として「国体明徴」を徹底化するために敬神思想を教育現場に導入したのであった。

結びにかえて

以上の論議を踏まえ、「植民地教育支配とモラルの相克」というシンポジウムのテーマに「信教の自由」をめぐる論議がどのように関連するのかについて述べていこう。

韓国の民主化闘争において日本で重要な役割を担った池明観・元東京女子大学教授は、筆者たちのインタビューの中で、植民地期に普通学校の朝鮮人教員であった氏が、東京についてどのようなイメージをもっていたかとの質問に対して、東京を植民地の現実と比すると自由なところというイメージを持っていたと証言している[24]。これは、西洋列強は内には市民社会、外には帝国主義という矛盾を抱えていたが、類似した構図が、「宗主国」の首都と植民地間にあったことを示すものである。植民地の悲惨な現実に比べると、相対的に自由な雰囲気が東京には存在していたと考えられる。1919年2月8日、当時の帝国日本への留学生600余名が東京に集結する中、神田のYMCA会館に集結し、独立を謳い上

げた。独立宣言文では教育に関して次のように述べられている。

> 行政、司法、警察などの諸機関が朝鮮民族の人権を侵害し、公的に私的にもわが民族と日本人との間に優劣の差別を設け、わが民族には劣等の教育を施し、永遠にわが民族を日本人の使役者にしようとしている。歴史を書き改め、わが民族の神聖な歴史的、民族的伝統と尊厳を破壊し、さらに凌辱を加えている。

さらに非人道的な政策の濫用ならびに、参政権、集会・結社の自由、言論出版の自由などの一切の不許可、甚だしくは「信教の自由」、「企業の自由」に至るまでの拘束について明瞭に指摘し、彼らの言う「民主主義的先進国の規範」に従い、帝国日本の植民地政策を批判している。このような当時の朝鮮人留学生の営みは、まさにE.W.サイードが指摘する「帝国の果実によって帝国を批判する」[25]営みであったといえよう。

現代の地平に立てば他国を植民地とし、他民族に対して支配を企てる営みは、本来は非道徳的な行為である。したがって植民地支配下の「モラルの相克」といテーマにおいては、2・8独立宣言にみられるような被支配者の抵抗にこそ、モラルの豊かな鉱脈が見いだされてしかるべきである。しかしここで非道徳的な行為を道徳的と転化しうる論理を帝国主義に見出さねばならない。その鍵を握る思考が、冒頭に論じたスピアの「道徳的優位性」の論議である。スピアの他者支配を正当化しうる論理は西洋文明の東洋文明に対する優位性の論議、言い換えると「文明化」と深い関係性を持ち、それはやがて「文明化の使命」に対する確信へと帰結していくのであった。それは支配者の目を暗ませる他方で、植民地支配と近代化を無批判に結びつける短絡的かつ無自覚的な思考の揺籃ともなりえるのである。

しかし一方で帝国主義間の「道徳的優位性」をめぐる相克は明白に存在することも確かである。筆者はその相克の一端を、植民地朝鮮における教育の場での総督府の「宗教と教育の分離」政策と「信教の自由」をめぐる葛藤、また教育の場における神社参拝の強要と抵抗に見出した。

2・8独立宣言にみられるように、朝鮮人留学生が人権や一連の民主主義的諸規範から「信教の自由」の拘束を含め、帝国日本の植民地支配

を批判しえたように、「信教の自由」は人権そして民主主義と切り離して論議できない性質を有するものである。人権思想の源流となったバージニア権利章典（1776 年）にすでに「信教の自由」が謳われているように、また私的な個人というところを基盤に据えるならば、ホルドクロフトが指摘するように宗教と教育は個人の良心というところで分かちがたく存在し、強制されないことが「宗教的自由」の核心であり、それはまさに人権の問題であるという指摘は正鵠を射ているといえよう。

　ではそれとは異なって総督府がなぜ、神社参拝を単なる国家儀礼と見做しうるのか、そこを明らかにしない限り、「信教の自由」をめぐる相克は解明されない。それは日本の近代の成り立ちと深く関係している。君主制や帝国憲法の前文のもつ問題、あるいは 1890 年代における「神道は宗教ではない」とする国家神道化への道程を歩む中で「文部省訓令第 12 号」（1899 年）が発令されたことなどが関係している。それに対して植村正久は、国公立の学校からむしろ宗教色を抜くべきだと主張したが、彼の指摘は論議として深められることはなかった。

　バプテスト派の在日宣教師のホルトム（D. C. Holtom）は、1930 年代の植民地朝鮮の現実は「国家神道が宗教であるかどうか議論する権利さえ否定されている」としている。さらに踏み込んで、ホルトムは「体系的な従属化」への圧力にさらされた非日本人にとって「神道の恩恵とは警察力により同調を調達する政治的規律化にほかならない」[26] とまで論じている。このホルトムの論議は、先に示したように、大野謙一学務課長が日本への服従の問題として神社参拝を政治化していく態度と連関するものであるといえよう。すなわち、教育による身体の規律化を通じての政治的統合を実現する手段として神社参拝は用いられたのであり、神道がまた儀礼を中心とし宗教であり、教義を著しく欠く宗教であるからこそ、政治利用に適合的だったともいえるのではなかろうか。

　「信教の自由」は「良心の自由」とも翻訳される。この「良心」はすぐれてモラルの問題であるといえよう。シンポジュームのテーマである「モラルの相克」は他方で支配者側にも適用されうる開かれた問題設定である。支配の最前線に教育者として立たされる日本人教員の中に「良心的日本人」はいなかったのかという問いを発することが可能となる。

　帝国的価値と市民的価値の揺らぎの中に立ち竦み、逡巡する日本人教

員や官僚はいなかったのだろうか。それは確かに新たなモラルをめぐる論議の鉱脈足りうるといえるかもしれないが、それを掘り起こす作業を果たして支配される人々は、どのような思いで受け入れるのだろうか、あるいは受け入れないのであろうか。

【註】
1 Bradley J. Longfield, *The Presbyterian Controversy*, (Oxford University Press, 1991), 186.
2 倉田明子『中国近代開港場とキリスト教―洪仁玕の見た「洋」社会』東京大学出版会、2014年参照。
3 張圭植『日帝下韓国基督教民族主義研究』ヘアン、ソウル、2001年、43〜44頁。
4 Robert Speer, *Missions and Modern History*, (New York and Chicago, Fleming and H. Revel, 1904), 662.
5 Ibid., 670.
6 Ibid., 667.
7 Arthur J. Brown, *New Forces in Old China*, (New York and Chicago, Fleming and H. Revel, 1904).
8 Ibid., p. 3.
9 W. M. Baird to A. J. Brown, 1905. 9. 15.
10 馬越徹『韓国近代大学の成立と展開』名古屋大学出版会、1995年、61頁。
　　馬越徹による「宗派大学」としての一般化は、崇実に限って言えば非歴史的見解であると考えられる。植民地朝鮮の現実に適合的な大学がモデルとして選択されたのであった。
11 この対立は、一つは平壌の福音主義とソウルの自由主義的な信仰の違いに求めることができる。それからこの対立の背景には大学観の違いも存在した。平壌では学生のほとんどがキリスト者またはクリスチャンファミリー出身者であり、キリスト教信仰を基礎としたカレッジ教育が追及されているが、ソウルではより世俗化さらたソウルの現実に対応できる大学が目指されており、ユニヴァーシティの性格を併せ持つ高等教育機関の設立を志向した。
12 李省展『アメリカ人宣教師と朝鮮の近代』社会評論社、2006年、第三章参照。
13 『福音新報』第254号、明治33(1900)年、5月9日。
14 駒込武『世界史の中の台湾植民地支配―台湾長老教中学校からの視座』岩波書店、2015年、594〜597頁。
　　駒込武はこの時期を「同化主義から全体主義」とう大枠を設定する中で、神社参拝問題に限っても「内地」と植民地（台湾・朝鮮）の連鎖・連関構造を描き出すことに成功している。
15 同書、595頁。
16 Harry A. Rhodes and Archibald Campbell edited, *History of the Korean Mission:Presbyterian Church in the U. S. A.* Volume II 1935-1959, (Commission on Ecumenical Mission and Relations, the United Presbyterian

Church in the U.S.A., New York, 1964), 16. 朝鮮ミッションから 7 〜 8 名が、独立宣教会に移籍した。
17　Minutes of the Foreign Department, 1937. 8. 31.
18　駒込武、前掲書、595-596 頁。
19　Holdcroft to McAfee, 1935. 12. 18.
20　Underwood to Koons and Lewis, 1936. 1. 30.
　　在日宣教師のライシャワー（August Reischaurer）は平壌の宣教師はファンダメンタリスト的傾向性が強いとしたうえで、日本人にとっての敬礼は日常的あいさつに過ぎないとし朝鮮での闘いを否定している。駒込武、前掲書、635 ページ。
21　「心田開発」については次の論考を参照。
　　川瀬貴也『韓国朝鮮の文化と社会』第Ⅰ号、風響社、2002 年 10 月、103 〜 128 頁参照。
22　『朝鮮』1935 年 11 月号、151 〜 152 頁。
　　金承台、前掲論文、77 〜 79 頁の論議を参照。
23　『東亞日報』1935 年 12 月 1 日。
24　筆者たちによる池明観氏へのインタビュー、2015 年 8 月 6 日、冨坂キリスト教センター。
25　E. W. サイード『文化と帝国主義 2』みすず書房、2001 年参照。
26　D. C. Holtom, *Modern Japan and Shinto Nationalism*, (Chicago, University of Chicago Press, 1943), 166-168. 駒込武、前掲書、638 頁参照。

朝鮮総督府学務官僚　大野謙一の植民地教育・植民地支配観

井上　薫*

1　大野謙一の朝鮮における官僚経験

　植民地朝鮮の官僚の何名かは、戦後、友邦協会と朝鮮近代史史料研究会による座談会で、植民地在任期の思いを語っている。近年、学習院大学東洋文化研究所によって、分析を加えた解説を付して、これらの録音テープの内容の一部が紹介されている。

　シンポジウム準備において、植民地支配に携わった人物がいったいどのようにその時代のことを振り返っているのか、植民地支配の問題に対してどのような認識をしているのかが、一つの話題となり、シンポジウムの主題「植民地支配とモラル」の中で取り上げるべき課題となった。今となっては、直接当時の担当者に当時を語ってもらうわけにはいかないが、たまたま学務官僚大野謙一の2回分の座談会記録（いずれも1962年12月）[1]がシンポジウム前年に公刊されたことから、これらを手掛かりに、課題にできるだけ迫りたいと考えた。

　さて、大野謙一であるが、1897年生まれ、朝鮮における学務官僚としては、三・一独立運動後である1920年代前半から、朝鮮東部の江原道学務課長として1年3ヶ月（1922年9月～1923年11月）在職したことがあるが、その後約10年間は、江原道地方課長（1923年11月～）、平安南道地方課長（1924年12月～）、総督府殖産局事務官（1926年1月～）、黄海道財務部長（1927年7月～）、忠清北道警務部長（1929年1月～）、慶尚北道警務部長（1929年11月～）と続けて朝鮮総督府官僚としてのキャリアを積み、さらに続く1933年1月～1936年10月の3年9ヶ

---

*釧路短期大学

月の間、宇垣一成総督下で朝鮮総督府の学務課長として在職した[2]。また、朝鮮総督府学務課長経験者で、後に学務局長（1942年10月〜1944年8月）をも担った人物としては唯一の存在である[3]。史料の関係で主に総督府学務課長時代のものとなるが、その施策に現れた教育観・支配観の特徴と問題を考察したい。

なお、大野謙一自身は、総督府学務課長末期の1936年9月に刊行された『朝鮮教育問題管見』[4]を執筆している。大野謙一に関する研究としては、『東洋文化研究』第15号に収録された古川宣子の解説（2013）[5]、朝鮮総督府の学務官僚についてまとめた稲葉継雄『朝鮮植民地教育政策史の再検討』(2010)[6]、朝鮮における在職期間（時代）の異なる学務官僚、弓削幸太郎と大野謙一を比較した長沢雅春（2007）[7]がある。

2　長沢雅春による弓削幸太郎の同化論との相違

長沢雅春は、1910年代から三・一独立運動直後まで学務官僚であった弓削幸太郎[8]と大野謙一の朝鮮教育観を比較研究し、次のような相違があるとする。端的に表現すると、弓削にとって"朝鮮教育"とは「朝鮮人の独立欲を無化解消させるもの」であるが、大野謙一の方は、教育は「民族的自覚を促進」させるとの前提を知りながら「同化」を説くものだという。

どちらも「同化」を目指しながらも、その「同化」のあり方が異なるという。関係個所を引用したい。

「弓削の同化像は、いってみれば朝鮮人が、"日本人になる"ことである。それにたいして大野の同化像は『渾然融合の統一体』というものだが、もちろんその『統一体』の軸足が"日本人"に据えられているのはいうまでもない。だがこの微妙な差異はこの場合重要だ。というのも、朝鮮教育がいずれ招来するだろう民族の覚醒なり自覚を容認した上での『渾然融合の統一体』と、『遂に朝鮮人たることを忘れ単に日本人であると思ふ様』という同化のあり方とでは、そこに朝鮮教育の政策的展開の痕跡を認めるのが妥当と思われるか

らだ。」[9]

　長沢の指摘する、両者の"教育"に対する捉え方の差は、「弓削は、朝鮮教育の役割を朝鮮人の独立欲を無化解消させるものとして位置づけていたが、大野の場合は逆で、そもそも教育は『民族的自覚を促進』させるものだという前提から同化論を説き起こす」所にある[10]。教育により「民族的自覚」が「促進」されると考えることは現実的と思われる。長沢も引用しているが、大野謙一の主張の中では、次のように「植民地」と「新附地」の意味する違いが大きい。『朝鮮教育問題管見』（1936年）から該当箇所を確認したい。

> 　教育と自覚とは同じものの表裏である。即ち人間は教育に依ってその自覚を促進せられ、自覚に因って更にその教育を向上する。従って朝鮮人の教育的向上は朝鮮人の民族的自覚を促進し、互いに相因果して飽くまでその自覚向上を昂揚して行く。この場合若し朝鮮が学者の所謂植民地であったならば、朝鮮民族自覚の究極は、朝鮮及朝鮮民族の日本帝国よりの分離独立であらう。乍併朝鮮は曩にも一言した通り決して日本の植民地ではない。日本帝国の一部たる新附地である。朝鮮人は日本植民地の土民ではない。日本国民の一部たる新附同胞である。従って斯の新附の同胞は、教育に因って大に朝鮮民族たるの自覚を深めると共に、日本国民たるの真の自覚を鞏固ならしむることを得るのである。[11] （※点線下線は井上）

　そして、結論的には、明快な図式で、「所謂植民地教育」と「朝鮮教育」を対比させながら「分離独立」に至るのか、「帝国の隆運」に至るのか、を次のように示した。

　　所謂植民地教育 → 土民の民族的自覚 →精神的反抗・経済的離隔→分離独立
　　朝鮮教育→ 同胞の民族的・国民的自覚→精神的結合・経済的繁栄→日本帝国の隆運[12]

大野は、"植民地ではない"ことを重要視する。そこから、「朝鮮民族」の「自覚」は持ちつつも、「日本国民たるの真の自覚を鞏固」にし「人格的向上と経済的繁栄」に向かう方向が想定されており[13]、ここに「朝鮮教育」の役割がある。

また、大野は、日本の朝鮮統治は欧米の植民地経営とは異なると考えていた。この点について、大野謙一は、欧米流を批判して、別の個所で次のように述べている。

　　学者の同化政策と謂ひ自主政策と称するものは、孰れも欧米流の物質を偏重し、専ら本国の利害に依って、被統治国の政治を作為せんとする思想に立脚し、政治上最も根本的なもの、即ち天運と云ふものを無視して居る嫌がないでもないのである。然るに我が朝鮮統治の大精神たる一視同仁の　聖旨は単なる利害の打算に依って、斯土斯民を作為せんとするが如き浅薄底のものでは決してなく、只管斯の新附の土地、斯の新附の同胞を自然に我が皇道に凝結し、軈て新旧のあやめもつかぬ渾然融合の統一体たらしめんとするにあってそこに所謂植民地と新附地たる朝鮮との根本的な相違があるのである。[14]（傍点は原文のまま）

「欧米流の物質」主義を批判して持ち出された「根本的な相違」は、「天運」そして「一視同仁の　聖旨」という精神論であった。果たして「作為」ではなく「自然」に「皇道に凝結」などできるのであろうか。次のように、「内地延長主義」をとることも否定しているところから考えれば、かなり難しかったのではなかろうか。『朝鮮教育問題管見』でもあまり明確ではないが、上記の文に続けて、次の記述がある（長沢論文では言及されていない）。

　　学者研究の所得たる同化政策・自主政策乃至従属政策の利弊と画一主義・分化主義の得失を施政の実際の上に斟酌することは固より妨げざるところであろう。因みに朝鮮統治に付き内地延長主義なる語を用ひてその当否を論ずる者があるが若しこの言葉が朝鮮の凡ての施政を出来る丈け内地に模倣画一するを以て理想とするの意を含

むものならば、多くの場合それは良好な結果を齎し得ぬものと考へられるのである。この点は内地の行政が既に形式に堕し、画一の弊に堪へ兼ねて居る実情から観ても明かに断言し得るところであらう。[15]

　以上のように、大野謙一は、ある程度は他国の植民地支配についても知っており、単純に「内地延長主義」をとればよいとも思っていない。特に、「模倣画一」という"形式"には批判的である。
　長沢によると、大野謙一の考えでは、「植民地教育」とは異なる「朝鮮教育」が想定されており、「『同胞』として朝鮮人の『民族的自覚』を認めたいわば平等教育」[16]だという。
　天皇を頂点とした残りの人民が「平等」だという観念レベルを越えて、どんな「平等」を実践しようとしたのか、疑問を感じながらも、先行研究である長沢の大野謙一評価を確認しておきたい。

3　『朝鮮教育問題管見』に見る思想的影響

　インタビュー記録を確認した後に、改めて見直してみたときに、この書物でも同様に強調されているところが浮かび上がる。大野自身の考えと通底するところであろうと思われるものを、いくつか列挙しておこう。これらとの関係性を丁寧に明らかにすることは、今後の研究の課題として残したい。
　「附」として収録されている「朝鮮に於ける初等普通教育の将来に対する私見（昭和八年八月二十一日　京畿道主催第八回農業講習会席上に於て）」の冒頭（第一　序言）で、「日本精神」、「教育に関する勅語」意義を語っていること[17]。また、本格的な記述が始まる「第三　日韓併合後四半世紀間に於ける朝鮮教育」の「朝鮮教育の真髄」部分は、上述したように、「一視同仁の　聖旨」を含む"教育勅語"から書き起こされていること。
　「第三」の「二」、「第一期　寺内総督時代」の「一　安産を恵まれた新教育」の大半が、"台湾"の「後藤台湾民政長官の苦心」（1903年の

学事諮問会席上の訓示）であるということ。大野は、「色々の意味に於て洵に含蓄深きものがあ」るとしており（19頁）、「教育の方針」は「生活の状態の如き微細なる点迄も精密なる取調を為し、掌中に見るが如くしたる後にあらざれば方針は立たない」、「然もその方針は一定不変のものではない」（21頁）。「紙上の方針を定めて人口何人に対しては何種の学校幾校（中略）と云ふ様なやり方では当台湾の教育は成功せしむることは出来ない」（27頁）等の記述がある。

「第三」の「五 各時代の特色とその背景」の「寺内総督時代」のサブタイトルが「法制局参事官原象一郎氏の朝鮮教育観」であり、インタビューでも「朝鮮の教育問題でも産業問題でも、何か立案する時根本的なもの、自分のアイデアを持ったときには必ずその本を引っぱり出して読み直して」いるとして、原象一郎の『朝鮮の旅』（1917年）を挙げている[18]。

また、朝鮮での最初の任地（江原道学務課長）では、フランク・トラシー・カールトン（田制佐重訳）の『教育と産業の進化』（大日本文明協会、1921年）から、「勤労作業が教育の何れの局面に於ても、常に高調せらるべきこと」等の知識を得ていることを記述している[19]。

4　大野謙一の録音記録から

4-1　概要

さて、1962年12月の2つのインタビュー記録であるが、いずれも「朝鮮の教育問題」と題して行われた。総督府学務局長の任を終えた1944年から18年以上、総督府学務課長の任を終えた1936年から26年以上、それぞれ経過してはいるが、貴重な発言ではあるので、大野自身が改めて過去を振り返ってどのように「朝鮮教育」というものを評価しているのか、確認したい。

なお、シンポジウム当日に紹介できなかった事例を多数含めたこと、個別の事例については、関連事項をまとめた関係で録音記録の順ではなく、全体としての構成もシンポジウム提言時のものから大きく変えていることをお断りしておく。

内容構成を大きく言えば、具体的な政策への言及では、初等教育機関

の普及、授業料の低減、そのための師範教育の充実、農業教育をはじめとする実業教育の拡大、関係方面への予算確保を実施したことを自負しており、教育と産業の必要性と意義を語る場面が多い。教育の領域に当初から明るかったわけではないようだが、『朝鮮教育問題管見』でも一定理解できるよう、かなり調べた（調べさせた）形跡はある。また、1922年に朝鮮総督府の地方官僚としての職を得てから、外遊期間を除いて1944年8月、47歳で学務局長を退官するまで、朝鮮各地での多様な行政に携わり続けたという意味でも、様々な官僚経験が朝鮮に対する自己の考えをしっかり持つことに繋がっており、かなりの朝鮮通と言える。所々、当時の総督府内外の状況の中で、特異な発言、少数意見であっても動じない素振りも見せる。そして、朝鮮人を「異民族」と見做していなかったことを何度も強調しており、この点についても本人の立場は戦後のインタビュー時でもぶれていないようであった。

　すべての内容について紹介できるスペースはないので、特徴的と思われるいくつかを項目立てて内容を考察したい。

4-2　朝鮮での仕事

　朝鮮に初めて赴任したときから、「朝鮮に骨を埋めよう」と考えていたという（『東洋文化研究』15＜以下、「東15」と略記＞、277頁）。（朝鮮人と？）「早く一緒の気持ちにならなきゃいかん」と考えたと語っている部分もある（同上）。総督府官吏になれば時に廻ってくる海外出張についても、他の植民地、占領地、「満洲」などを見た上で欧州へ出張したいと早くから上司へ伝えていた模様（同上）。朝鮮の官僚としての自覚はあったといえよう。

4-3　朝鮮人観、教育観と実務

　インタビュアー宮田節子の質問、「朝鮮の場合は異民族統治でしたね」に対し、大野は「私は……大正十一年に江原道の学務課長をしたとき、それから、昭和八年から十一年まで総督府の学務課長をした時代、それから昭和十七年から総督府の学務局長をした場合……。いろんな立案をするときの、表現は違いましたけれども、私の気持ちはもう「異民族」というような考えはなかったですね。」と答え、「郷里が山口県」だとい

う地理的近さを挙げている（東 15、275 頁）。この「『異民族』というような考えはなかった」との表現は、2 回目のインタビューにも出てくる。「異民族」という表現の否定は、先に見た『朝鮮教育問題管見』でも徹底されていた通りである。

　大野は、「教育」の「根本精神」について、「議論の余地なく、朝鮮を早く内地と同じようにしていこうという精神で一貫」していたこと、これについては、「一点の疑いもさしはさまずに、徹底的に、そういう結果が早く現れるように…中略…ベストを尽くし」たと自負している（東 15、251 頁）。また、他でも、「内地と同じようになるには、やはり教育の力にまたなきゃならん」との考えを再度語り、「まず初等普通教育を万難を排して普及をしていかなきゃいけない。」とその意義を強調してもいる（東 15、253 頁）。また、「初等教育というようなものは泥棒を見て縄をなうような拡張をやっては必ず失敗する」ので、それ以前に「師範教育を準備」したが、その拡張のくだりからは、「自分の腹案」を作り、「計画を立て」て、「予算を取」る実務を積極的に行っていたようだ（東 15、255 頁）。

　また、大野謙一が朝鮮教育政策の中で意識していたこととして、上述した初等普通教育と「師範教育の拡張の計画」（教員養成）のほか、農業教育（「実業教育としては農業教育が先だ」「自然科学に早くなじむような学問だ」という理由から（東 15、255 頁））、工業教育・水産教育（「財務局方面にお願いして、工業教育・水産教育の補助率はだいぶ上げてもらいました」（同上））の実業教育がある。他にも、梶村秀樹が技術教育の問題で、京城大学には理工系の学科が非常に少なかったことについての発言の途中、「だけど、私は極端に理工系尊重論者で、学務課長の時代にも、もう予算の融通のつく限り工業学校、水産学校の新設と農業学校の充実をやったわけですが……。」と反論する場面がある（東 15、288 頁）。なお、古川宣子は、特に大野謙一が言及している、簡易学校、師範学校拡張計画、授業料低減について紹介し、証言により明らかになった点をまとめているが[20]、ここでは省略する。総じて、大野は、自身が"努力した"ことを語っている。

　ところで、「悩んだ」こととして、次の問題も語っている。

私が朝鮮で学務行政に携わっておる間、良心的にいちばん悩んだのは、京城に帝国大学はでき、官立専門学校、公立専門学校がだんだん増えたけれども、大部分は内地人しか入れないじゃないかと。せっかく朝鮮に大学はでき専門学校はできたのに、どうして朝鮮人をもっと入れてくれないか、という要求に対していちばん悩んだんです。（東 15、282 頁）

　ただし、その悩み（入学難、入学における民族差別）の解決はそれ以上語らず、これをそらして、朝鮮人専門学校生の就職斡旋への努力を語ることで話題を変えた。

4-4　総督府学務課長就任の事情　〜　警務部長経験との関係

　大野の総督府学務課長就任の理由・事情について、本人は「ちょうど学生事件があったり、学校のストライキが非常に多かったというので、『朝鮮の青少年の気持ちも多少わかった者』というようなことが一つの選考の条件」だったからではないかと「想像」している（東 15、251 頁）。前職の慶尚北道警察部長（1929 年 11 月〜）在任末期に総督府（着任当時の学務局長林茂樹）から話を受け、当時の警務局長池田清からも推薦を受けた（東 15、182 頁；古川・解説）とのことだが、稲葉継雄によれば、「学務局長の地位は高くなかった」（稲葉、209 頁）が、学務局長と、さらに学務課長と警務関係の役職との関係は深く、朝鮮総督府学務課長の前職は「警務関係」と密接であると指摘する[21]。「私は警務局には籍はなかったわけですが、前に警務部長をやっていた関係、当時の警務局長、池田清さんに始終お会いしておって、時々その相談に呼び出され」たと大野は語っていることからも（東 15、260 頁）、治安関係でも意見を求められていたと想像できるので、本人の意思にかかわらず警務部長の経歴と知見は何らかの統治に還元されていたのではないかと推測される。あまり多くは期待できないが、「教育」以外の多様な大野謙一の側面を明らかにする必要もあろう。ちなみに、大野の前任の慶尚北道警察部（警察部長）からは、1934 年 3 月に『高等警察要史』（全 352 頁）が出ている。統計、本文には発刊 5 年前である 1929 年までの慶尚北道内の民族主義運動、社会運動、耶蘇教自治運動、宗教類似団体の状況のほか、在外朝

鮮人の状況、内地在留朝鮮人の状況のデータが盛られている。大野謙一の関わりは不明だが、対象となっている諸事件への知識や関心は当然あるはずなので、そのあたりを池田が期待し、よく会っていた可能性があるのではないか。

4-5　朝鮮の治安へのスタンス、統治を妨げるもの

インタビュアーの宮田節子が、光州学生事件における治安の立場からの大野の発言を期待した質問に対しては、朝鮮人の問題であるとは語ってはおらず、「古い考え方の内地人」の問題としてのみ答え[22]、自身の具体的な事件へのかかわりについては触れなかった（東15、276頁）。このあたりは"語れない"部分なのだろうか。

なお、"無理解の「内地人」"に対する困り感は、学校教練の配属将校の問題としても出てくる。

> 　私がいちばん困ったことは、学校に配属された陸軍の将校のうち三分の一か半分は非常に朝鮮というものに理解がなくて困りましたね。　ということは、会議の席上などでも「軍人というものは、大和魂がなくては本当の軍人にはなれないんだ」と……「大和魂でない朝鮮の人に学校教練をやってみても、本当の日本の軍人はできない」というような議論をする人があったんです。　会議の席上で私は激論したことがあるんですけれども……そういうような狭い了見でいったい日本というものが本当に成り立つのかどうか、たいへん疑問ではないか。（東15、276頁）

この発言を、"朝鮮通の官僚"の発言としてみると、朝鮮人に求めてもどうにもならない「大和魂」を振りかざしても、"渾然融合の統一体"の妨げにしかならず、統治上何の益もないという、現実的な判断だと考えることができる。

一方、治安の発想はなかったわけではない。治安意識の一端が垣間見られる部分がある。台中へ行った時のエピソードとして、台湾人官僚が使った言葉から、"「お国」（大陸）の人とは違って"との表現から無意識における中華民国への対抗意識を読み取り、そこから、海峡を隔てた台

湾と中国、「満洲」と地続きな朝鮮の地勢との比較へと想像が進む[23]。また、イギリス訪問時にドーバー海峡を見て、イギリスが共産主義の影響をあまり受けなかった理由を自己理解したことが語られている（東15、278頁）。

4-6 朝鮮語

一方、東亜日報や朝鮮日報が進めていたハングル普及運動に対して、大野は、「警務部長をやっていた関係、当時の警務局長、池田清さん[24]に始終お会いし」た中で、例えば、新聞がハングル普及運動により「漢字混じり」を避ける動きに対して、池田らの権力によって圧力をかける方法はかえって反発を買うだけだ、という発想から、「むしろ放ったらかしておいたほうがかえって早くノーマルな状態になるだろう」という発言をしている（東15、260頁）。手段として強硬手段ではなく"放置"を主張したが、結果としては「ノーマル」と大野が考えていた"漢字混じり"に落ち着くことを望んでいることでは一見対立している池田らと変わらない。要は、敢えて対立を際立たせるような方法をとらないということにすぎないのではなかったか。

なお、1934年に簡易学校制度を創設したが、農村での低い識字率という状況から、「親たちがさっぱり文盲ではしょうがないでしょう。だから、その部落の親たちにも諺文ぐらいわかるような機会をあたえるようにとね」（東15、266～267頁）と、農村振興運動の進展過程で朝鮮語を教える動きを奨励した時期もあった[25]。

他でも、「歴史の場合、やはりなるべく積極的に教えなければいけない。それから朝鮮語の場合、朝鮮語は教えないとか、あまり諺文を熱心にやってはいけないとか言うと、これは心理的に結果は反対なんだから、やはり教えたほうがいいというあれでした。」（東15、279頁）との発言もある。

学務課長時代はそうであったということは可能かもしれない。ところで、学務局長時代（1942年10月23日～1944年8月の1年10ヶ月）はどうだったのか。「歴史の場合、やはりなるべく積極的に教えなければいけない」というが、その内容はどのような「歴史」を教えようとしたのか。「朝鮮語の場合、朝鮮語は教えないとか、あまり諺文を熱心にやってはいけないとか言うと、これは心理的には反対なんだから、やはり教えたほうがいい」と語っているが、少なくとも、学務局長になる

1942 年 10 月以前に、国民学校における「朝鮮語」は、教授時数表に時間数配分がされない状況となってしまっていた。主に朝鮮人校長が朝鮮語の廃止を選択した中で、一部で日本人教員は朝鮮語を教えていたという吉野鎮雄の証言をめぐる社会言語的考察を行った三ツ井崇の研究もあるが[26]、もし、それが許容されたとするならば、以上のような考えを持っていた大野謙一学務局長時代であったから、それほど目くじらを立てなかったということなのか。他方で、朝鮮人校長がむしろ積極的に"朝鮮語廃止"を進めていく状況もあり、総督府は「やってはいけないとか言うと、これは心理的に結果反対なんだから」という考えから、あえて黙認し、朝鮮語廃止の全体的な趨勢に任せて放置したという可能性もあるが、いずれも想像の域を出ない。今後の課題としたい。

4-7 神社不参拝事件

平安南道の「神社不参拝事件であれだけ私ども苦い経験をし」たということに、短く触れている（東15、278頁）。かなりの「苦い思い」をしたこの経験からか、1939年前後の総督府北京出張所長時代、「北京神社の創立には真っ向から反対した」こと、また、1943年の「一面一社計画」に、「私は非常に反対した」とも述べている（同上）。これらは、「神社不参拝事件」の教訓ととらえて良いだろう。

かといって、神社政策に反対なのではなかった。明確に「私は、在留邦人の神社崇敬のひとつのあれをしつらえるということは、これはもう非常に賛成」（東15、279頁）と発言し、人目につかない構内神祠という方法でその目的を進めようとしたのであった。また、朝鮮での回想として大野は、「大麻の奉斎というのは、統計とって…私も大麻を神棚にお祀りすることは大に奨励する運動に加わったほうです。」（東15、280頁）とも語っている。

当初計画されていた一面一社政策が十分実施されず、神祠のみが増加した現象（山口公一の研究）[27]の背後に、学務局長時代の大野謙一の考えが重なっている可能性があるが、傍証を要する。

ところで、この件については、回想では語らなかった次の史料を紹介すべきであろう。大野学務課長が語った神社参拝問題についての『東亜日報』の記事である。

「この問題はごく簡単明瞭なことで、つまり、神社参拝の問題は国家的儀式であり、宗教的儀式ではない。したがって、神社に参拝しないということは国家儀式に参拝しないということになる。とすれば、日本領土内で日本の国家儀式に参加しないということは、結局日本に服従しないということになる。憲法上も神社は宗教ではないということが明白だ。それにもかかわらず、朝鮮に多くの貢献があるキリスト教宣教師が自身で経営する学校を、この問題によって廃止して帰国するとしても、当局としてはいかんともしがたい。」[28]

5　むすびにかえて

　以上、見たように、大野謙一の限られたインタビューと著書から、異文化をもつ朝鮮をどのように受けとめたか、どのような葛藤や対立があったのかを不十分ながら考えてみた。
　大野謙一は、朝鮮に長くいた分、朝鮮通であり、インタビューでは、朝鮮の言語（ハングル）使用への強硬な対応を批判するなど、何に朝鮮人が反発するのかについては、理解しているようであった。
　また、当然と言えば当然だが、己が努力した、農村の疲弊が問題となっていた1930年代前半に、農村振興運動による生活基盤への一定の梃入れ、「聖旨」を伝える公立普通学校は制度的"形式"である六年制にはこだわらず、四年制を、さらに二年制の簡易学校の普及を優先したこと、普及した学校で教鞭をとる教員養成（師範教育）の拡大を進めたのは、本人の思いに適っていたとも言え、自信を持ってその施策を誇っている。
　しかし、「教育ニ関スル勅語」を前面に掲げ、その趣旨を、ある意味"押し付け"ている現実には無感覚だった。その典型が、インタビューでは語らなかった神社参拝問題での対応である。「日本の国家儀式に参加しないということは、結局日本に服従しない」との語りは、まさに「服従」を強いたわけで、大野が理想としていた「作為」ではない「自然」な「精神的統合」とは全く異なる。大野の理想としていた「植民地教育」ではない「朝鮮教育」の破綻を意味する。対象はミッションであり朝鮮人で

はないとの批判があったとしても、また、万一、「服従」という言葉が大野自身のものでないとしたところで、大野の対応は非難を免れることはできない。東亜日報社すなわち朝鮮人にとっては、「服従」としか解釈できないものだったためだ。朝鮮人としては「国家儀式」を通して「服従」を強いられた、大野をはじめとした学務当局者が「服従」を強いたわけである。

　この点が大野の限界と言えるのではないだろうか。また、本人へのインタビューだけで歴史や人物評価をする限界でもあろう。

　なお、大野謙一の学務課長時代の学務局長、渡辺豊日子（在職：1933年8月4日～1936年5月21日）とも比較するつもりであったが、力及ばず断念した。今後の課題としたい。

【註】
1　「未公開資料　朝鮮総督府関係者　録音記録 (14)、朝鮮植民地教育―教育実態と政策」、学習院大学東洋文化研究所所蔵　友邦文庫、監修：宮田節子、解説：古川宣子、編集：宮本正明・通堂あゆみ・辻大和、『東洋文化研究』第15号、学習院大学東洋文化研究所、2013年3月
・「朝鮮の教育問題（一）」（朝鮮近代史史料研究会　第227回研究会、1962年12月12日録音）、249～274頁
・「朝鮮の教育問題（二）」（朝鮮近代史史料研究会　第228回研究会、1962年12月19日録音）、275～310頁
2　経歴は「大野謙一経歴表」（古川宣子、「【解説】朝鮮植民地教育―教育実態と政策」、前掲書、181頁）による。
3　稲葉継雄、『朝鮮植民地教育政策史の再検討』、九州大学韓国研究センター叢書1、九州大学出版会、2010年10月、187頁。
4　大野謙一、『朝鮮教育問題管見』、朝鮮教育会、1936年9月（全462頁）。この末尾に、「朝鮮に於ける初等普通教育の将来に対する私見」1933年9月（1933年8月21日、京畿道主催第8回農業講習会での講演／「たゝき大工でも棟梁」1935年12月26日、朝鮮初等教育研究大会）が附されている。ほかにも、「簡易学校の増設方針」『朝鮮』241号、1935年6月などがある。
5　前掲　古川宣子、「【解説】朝鮮植民地教育―教育実態と政策」
6　前掲　稲葉継雄（全217頁）このうち、関連部分は、第5章　宇垣総督時代の朝鮮教育、第7章　朝鮮総督府学務局長・学務課長の人事「学務局長」の項目で約2頁半、総督府学務課長時代を含む朝鮮での経歴と就任経緯についてまとめられている。
7　長沢雅春、「日韓併合下における朝鮮教育の同化思想について―学務官僚弓削幸太郎と大野謙一の場合―」、『佐賀女子短期大学研究紀要』第41集、

2007年3月。
8 弓削幸太郎は、前任の学務課長・隈本繁吉（在任：1910年10月1日〜1911年2月17日）の後、1911年4月11日〜1921年2月12日と学務課長として、またおそらくは朝鮮総督府官僚として同一のポストに最も長く続けて在職した人物である。「歴代総督・政務総監・学務局長及学務課長在職年次一覧」（前掲　大野謙一、『朝鮮教育問題管見』、朝鮮教育会、1936年9月、458〜459頁）
9 前掲　長沢雅春、9頁。
10 同上、6頁。
11 前掲　大野謙一、『朝鮮教育問題管見』、15〜16頁。
12 同上、16頁。
13 同上、16頁。
14 同上、14頁。
15 同上、14〜15頁。
16 前掲　長沢雅春、8頁。
17 前掲　大野謙一、391〜392頁。
18 前掲　「朝鮮の教育問題（二）」、『東洋文化研究』第15号、286頁。
19 前掲　大野謙一、406〜408頁。大野謙一がいかにカールトンの影響を受けているかについては、尹素英、「1930年代植民地朝鮮における新教育運動の変容—簡易学校を中心に—」、『1930年代日本植民地の諸相』植民地教育史研究年報15号、皓星社、2013年3月、34〜35頁で、カールトンの著作内容との関係から明らかにしている。
20 前掲　古川宣子、「【解説】朝鮮植民地教育—教育実態と政策」。
21 前掲　稲葉継雄、213頁。
22 「木浦、群山、あの方面は内地人がいちばん早く入った地方で、どうも古い考え方の内地人が多かったでしょうね。だから、親たちが朝鮮の人を流し目で見ているというか、反対に間違った優越感を持っている人が内地人に多かった。そういうような気持ちがやはり子どもの言動にもうつり、それが学校でも多少出たのではないでしょうか。」（東15、276頁）
23 「「台中州に行ったとき…中略…産業政策や教育のことなどを話しているうちに、劉産業課長（劉茂雲のこと：井上注）がつい……「私どもはお国の人たちと違って」という言葉が出ました。それで私は「ははあ、台湾の人はやはりあの海峡を隔てて支那本土が自分の国だという気持ちがちゃんと無意識のうちにあるんだ」と。それでいて台湾の治安状況が朝鮮よりも概してよかったのは、あれだけの海峡だから、鴨緑江や豆満江を渡るように楽に渡れない。地理的に、台湾統治は恵まれておる。」
24 池田清警務局長の在任期間：1931年6月26日〜1936年4月22日；秦郁彦編『日本官僚制総合事典 1868-2000』を基にした「表1　朝鮮総督府警務局長（警務総長）」、『東洋文化研究』第5号、学習院大学東洋文化研究所、2003年3月、204頁。
25 例えば、「農山漁村振興運動強化徹底方ニ関スル打合事項」（1936年3月、全羅南道）の「啓蒙施設設立ニ指導ニ関スル件」では、①公立普通学校ニ於ケル学術講習会、②更生計画樹立部落ニ於ケル講習会、③施設学術講習会開催認可手続ノ簡素化　により、「更生農家ノ家計簿ノ記帳及計画実績ノ記

入ヲ自ラ為シ得ル極度ノ平易ナル諺文ノ「更生読本」四万三千部ヲ刊行シ更生部落並ニ一般希望者ニ配付」している。ただし、続けて「啓蒙輔導十全ヲ期スル為更ニ昭和十一年度ニ於テ「更生国語読本」三万部ヲ印刷配付スルコトトセリ」とあり、「極度ノ平易ナル」朝鮮語さえ、日本語の普及や次の項目にある「心田開発」とあわせて行われたと見るべきであろう（『農山漁村振興事務便覧』、全羅南道農務課、1937年、264頁）。

26　三ツ井崇、「日中戦争期以降における朝鮮総督府の言語政策と朝鮮社会：日本語「普及」問題を中心に」、『翰林日本學』第23輯、翰林大學校日本學研究所、大韓民國、2013年12月。

27　山口公一、「戦時期朝鮮総督府の神社政策―「国民運動」を中心に―」、『朝鮮史研究会論文集』36、1998年10月。

28　「国家儀式に参拝は当然、廃校もやむをえず―大野学務課長談」『東亜日報』1935年12月1日付（富坂キリスト教センター編、『日韓キリスト教関係資料Ⅱ』、新教出版社、1995年、466頁）。

米軍占領下沖縄におけるモラルの相克
―― 小説「ガード」から考える ――

一盛 真*

はじめに

　本稿に課せられた課題は、植民地教育支配とモラルの相克を、沖縄に即して検討することである。具体的には、他者の暴力的支配の中で生きる人間の葛藤、苦しみの問題として考えたい。暴力的支配のなか、生きていくという当たり前の選択が支配される側の人間同士の対立、殺し合いにまで追い込まれていく、そのような中で人間のモラルはどのように揺れ動き、崩れ、あるいは強固なものとなっていくのであろうか。アウシュヴィッツの焼却棟で、同胞のユダヤ人をガス室に送り、ガス室の清掃と遺体の焼却、灰の廃棄を強制させられていた「特殊任務部隊」のユダヤ人、[1] 東学農民軍の殲滅作戦（ジェノサイト作戦）において日本軍に動員させられた朝鮮人の民兵など、[2] 一概に比較はできないが、暴力的な支配の構造の中で人間が生きていく切実な葛藤がそこには存在したはずである。
　昨年3月のシンポジウムでは「生き残った者（教師）のモラル―仲宗根政善の思想―」というテーマで報告した。しかしながら、そこではうまく戦後の仲宗根政善の葛藤を深めることはできなかった。その原因は仲宗根政善の問題ではなく、私自身の米軍占領という暴力的な支配への理解、そこに生きる人間理解の弱さに敗因があった。そこで、本稿では、一旦「教育支配」から離れ、米軍による支配の露骨な暴力性に焦点を当てて、この問題を考え直してみたい。この作業が、1950年代の仲宗根政善の葛藤を理解することにもつながると考えるからである。その

*鳥取大学地域学部教員

点は、本稿の結論の部分で述べることとする。

　本稿では1954年に琉球大学文芸部の『琉大文学』に掲載された池澤聡の小説「空疎な回想」(後に「ガード」と改変、以後「ガード」と表記する。)を取り上げたい。朝鮮戦争期の『琉大文学』周辺の人々が置かれていた状況は、「学内や学外を問わず米軍CIC（米軍諜報部隊）による監視や、CICと接点を持った学生による監視とそれによる密告が日常的に行われており、その監視の目や密告を気にしながら学生生活を送るという、常に日常的に緊張を強いられる日々を過ごさざるをえなかった時代であった。」[3] 著者である岡本恵徳と語学部国語専攻で同級生であった川満信一は、当時「生活することそれ自体がすでに戦争(朝鮮戦争：一盛)への直接、間接の協力にほかならない社会状況下で、如何にして私達は人間性のモラルを支えたらよいだろう」と述べていた。[4]

　本稿では、暴力を強いるように追い込んでいく米軍支配の暴力性の下、引き裂かれ、対立していく沖縄人の葛藤を考えてみたい。

1　小説『ガード』について

　池澤聡の小説「ガード」[5]は、米占領下の植民地的現実の中で「『生きる』という切実な問題」[6]を扱った作品であり、「射殺するか、できなければ、自分で死ぬはめになる」不条理な当時の沖縄の「生」を鮮明に描いた作品である。鹿野政直は「人間がどこまで堕ちるかどこで踏みとどまれるかの問題を」提起する一方で、「こうした状況が惰性化するかたちで心身に喰いいることに、拒否の意志を表現していた」[7]作品であると述べている。

　表題にある「ガード」とは、米軍基地を現地の沖縄住民から警備する仕事を指す。船越義彰が以下のように、その職業的特徴を説明している。

「戦後の沖縄における軍作業の一つで、門衛、監視人のこと。カービン銃を支給され、MPの補助のもとに、あるいは単独で、米軍基地のゲートの立哨・出入り車両の点検・倉庫の見張りなどをおこなった。戦後の一時期、華やかな職業であったが、いったん問題がおこると、沖縄住民にたいして銃をむけねばならないという、基地の矛盾を背負

った職業でもあった。」[8]

　ガードという仕事は、「被植民地支配のなかで植民者と被植民者との境界に位置」[9]し、植民地支配の暴力の実態が集中的に顕在化する職業の一つであった。本稿では、このガードという仕事をめぐる沖縄人の葛藤を通して、植民地支配のモラルの相克を考えてみたい。

　なお、米占領期「本土」の「ガード」を取り扱った小説に、西野辰吉「C町でのノート」[10]がある。これは東京郊外の米軍基地に忍び込もうとした青年を、日本人警備員が射殺してしまった事件を取り扱っている。しかしながら実際には基地外での射殺であったため、米軍の治外法権が及ばない事件へと発展する。それにもかかわらず、基地に雇われる日本人には、「日本の法」という意識の欠如、C町での事件に対する無関心、人々が「恐怖や不安に無感覚になり、殺されてもしようがない」という意識と「殺してもいい」という意識が成立している問題を描いている。[11]米軍占領下の沖縄で起きていた植民地的な抑圧状況は、占領下の「本土」でも同様の形で現れていた。[12]

　最初に小説「ガード」の筋書きを紹介しておく。小説「ガード」は、かつて中国戦線で何人もの人を殺した経験を持つ研三を主人公とし、「家の貧困、家を背負わなければならぬ宿命」[13]をもつ行雄とのねじれていく関係を軸に話は展開されていく。

　ガードになって既に二カ月がたつ研三は、カービン銃を持ちサーチライトに照らされるなか、同胞である沖縄人から米軍基地をガードするこの仕事に疲労困憊していた。中国大陸で何人もの中国兵を殺した体験を持つ研三は、自らの手がベットリ血塗られている感覚にとらわれ、掌を激しくこすりつける行為を繰り返す。戦時中は中国人を殺すということが日本兵とし評価をうけ、正当化されていた。しかしこの体験は、いまの研三には苦痛と恐怖の記憶でしかなかった。警邏中に「侵入者」があれば銃を撃たなければならないことは、研三にとっては苦痛と恐怖の記憶の再来であり堪えがたい行為であった。

　ある夜、行雄が「侵入者」を射殺するという事件が起きる。射殺した事に対し行雄は動揺し疲弊する。みかねた研三は、行雄を励ますために言葉をかけるが、会話にはならず、そのことをきっかけに２人は疎遠になってしまう。しかし、射殺という行為の代償として、行雄は班長に昇

進し、「生活の保証」を得るという動きの中で、ガードの仲間たちの心の動揺が生ずることになる。当初、事件に戸惑い、行雄に同情していた仲間たちは、「生活の保証」を得るための行為を受け入れ始める。行雄の周辺には仲間が集まり始めた。一方、研三は部隊内で孤立し始める。研三は自らのかつての行為と重ね合わせて、行雄が自らの行為を正当化することに危惧を抱いていた。

　暮れもおしせまったある日、風邪をこじらせながらも見張りに立った研三が「侵入者」に発砲することなく撲殺されるという事件が起きる。そのことを知ったガードの仲間から、「研三は誰一人として射殺なんぞしてやしないんだぞ―君とちがって」[14]という発言が出たことに対して、「こんな社会で殺人する事なしに生きられるのかい？……ここでは、射殺するか、でなければ、自分で死ぬハメになるのは判りきった事ではないか！」という対立する行雄の言葉で小説は終わっている。

2　戦争（殺人）の記憶と植民地的暴力の狭間の葛藤

　この小説の構図は、米軍支配下の民衆同士が、暴力的構造の中で対立させられるあり方を二重の形で描いている。すなわち、同じ沖縄人であるガードと「侵入者」の対立構図。もう一つは、暴力的支配を「銃を撃たない」という行為で拒絶し撲殺される研三と、「生活」のために「侵入者」を射殺する行雄との対立構図である。また、これまでの研究では触れられなかったが、ガード仲間の行雄への同情が「生活の保証」のために正当化さえていく変化の配置は、植民地的支配の下、人間としての尊厳が、「生活の論理」によって、だれにとっても崩れやすい問題として示されている。戦前の「転向」問題と同様に、植民地的支配への「協力」の問題は、それを「悪」と簡単に了解してしまうのではなく、植民地的支配の下、人間の日常的な「生」＝「思想」の問題として考える必要があろう。[15] あくまで研三と行雄という二項対立で文脈は展開するが、現実的な人間としてガードの仲間の言動にも着目する必要がある。以下では、それぞれの葛藤や論理を作品の文脈にそって読み解いていくことにする。まずは、主人公研三の葛藤の論理を読み解いていく。

小説の冒頭は、寒い夜、サーチライトの光の束が移動する中、カービン銃を持ち警備に研三が立っている場面から始まる。サーチライトの描写を通して、研三が自身におおいかぶさる暴力的な支配の恐怖を直感的に感じ取っていることが分かる。

「彼には、それ（サーチライト：一盛）が盗難予防のためだとはどうしても思えない。自分を監視するものだ、としか思えない。
何時でも誰かに監視されているような不安だった。
その彼を支えている唯一のものは、肩にかけているカービン銃だけなのだ。」[16]

サーチライトは暴力的な支配を表象している。沖縄人から米軍基地をガードしているはずの研三自身が、監視されているような不安に追い込まれている。肩にかけているカービン銃だけが「支える唯一のもの」とは、米軍と沖縄人の間にあり、支配の矛盾のなかの「ガード」の孤立を説明している。

「『サーチライトは俺を強制するんだ。夢の中にまで侵入する。眠れないのはそのためなんだよ。人間は弱いよ、確かに。何故なら意思を持っているからだ。機械は意志を持っていない。だから機械は強いんだ。反撥しても無駄だ。慣習や機構というものも、凡そそんなもんだよ……』」[17]

〈サーチライト＝機械〉と〈俺＝人間〉の対比である。ここで機械とは植民地的支配を意味し、その中で、意思を持つ人間は生きていくために葛藤し、生きるために支配を受け入れるという支配される側の弱さを研三は語っている。一方、このサーチライトが気にならないという行雄の発言は、暗に、植民地支配の暴力性に対する感覚の弱さを匂わしているのかもしれない。

研三の支配への拒絶（銃を撃たない）の論理を確認しておく。

「ズタズタに引き裂かれた神経の疲労」、
「ガードになって既に二カ月、それはもう習性のように毎晩決まって襲って来る。そしてその後は不眠に悩まされるのが常なのだ。」[18]

自らガードという職につきながらも、研三の身体そのものは、このガードという職の持つ矛盾と暴力性を拒否している。研三の身体の拒否、そして「銃を撃たない」という意志を支えている重要な原因は、先にも

述べたが、戦争中の中国大陸での体験である。

「南支那では、その手で何人もの人間を殺害したのだ。

研三のその時のその行為は正当化され、高く評価されてはいた。しかし敗戦で、人間によってつけられる価値評価に疑問を抱き、不安を感ずるようになったいまでは、それは苦痛と恐怖の種でしかなかった。」[19]

「南支那で支那兵をゴボウ剣でさした」[20]体験は、戦争中は一人の日本兵士として評価されていた。敗戦による価値観の崩壊により、侵略・支配する側にいた時には感じることがなかったその暴力性が今ではトラウマとなり、苦痛と恐怖の記憶となっていた。

「研三は、急に眼をとじるとズボンに、両手を代わる代わる激しくこすりつけた。その掌が、いまでもベットリ血ぬられているように思えた」。[21]

研三の暴力性への身体的拒否と、加担への抵抗の意思は、自らの戦争体験（殺人）によって支えられていた。しかしながら、身体的拒否と意思があるからといって抵抗が貫徹されるものではない。個人の意思では抗しきれない植民地支配の暴力性の貫徹は、先の〈サーチライト＝機械〉の強さで表象されていた。そのことを研三は理解するがゆえに、緊張と疲労、そして不眠に悩ませられていた。

3 「射殺」をめぐるそれぞれの葛藤

「侵入者」に対する射殺事件をめぐるそれぞれの葛藤をみてみる。

「"ブスッ"と異様に低いが鈍い音とともに、硝煙の匂いがどこからともなくただよって来た。」[22]

その音を聞いて研三は苦悩に満ちた煩悶を繰り返す。

「『誰だろう』」

『誰が射ったのだろう』」

「『俺だったら、俺だったら、どうする！』」

「それは、彼が大戦中、南支那で転戦していた長い期間のあいだついぞ感じたことのない恐怖だった。」

侵略・支配する側に身を置いていた時には感じなかった、「人を殺す」ということへの恐怖がこの時、研三を襲ったのである。そして「人間性の維持への安堵」が、同時に「仲間との分断」をもたらす事実が研三の口から出てくる。

　　「『良かった、俺でなくてよかった』」[23]
　「このような機構の中にいて、自分自身を失わないということは、結局他人の不幸を歓ぶということにしかならない！」

自分の監視区域に「侵入者」が現れたならば、その同胞＝「侵入者」を射殺しなければならない。もし、「侵入者」を見逃してしまえばMPの取り調べをうけ、その職を奪われることになる。当然、その後軍作業に就くことはかなわなくなるであろう。

1946年6月に6,519人であった軍作業員数は、朝鮮戦争期間に増大し、1950年7月には51,686人、ピーク時の52年5月には67,500人を数えた。[24] 教師、公務員の給与よりよかったされる軍作業のなかでもガードの収入は高かった。「一般労務」の「名目賃金2千7、8百円」のところ「ガードは2百5十時間で4千300円程度」であったと言われている。[25] 軍労働者の最低時給賃金が沖縄はアメリカ人12分1、日本人の8分の1、フィリピン人の5分の1に満たない時代においてはガードの職は、沖縄人のなかでは高収入であった。[26]

ガードの詰所に行雄が戻る場面をみておく。ここでは、行雄だけでなく他のガードたちの事件の受け取り方に注意したい。

　　「部屋の中には何かしら重苦しい異様な緊張がだゞよっていた」。[27]
　　「『然し余り好い気持ちじゃないね、同じ島の人間を殺すのだから。いくら勤めと言っても……』」[28]
　　「気のせいか皆が何かを避けているような気配を研三は感じた。」
　　「はっきり"こうだ"と明言できないもどかしさがあった。そしてそれが皆の言葉を曖昧なものにしているのだ。」

研三も含め、同じ島の人間を殺すことの理不尽さとそのことを行った行雄を非難する言葉を「ガード」達は避けた。それは偶然自分ではなかったというだけであることをわかっていたからである。そのため、苦痛に耐えて、蒼白になって入り口に入って来た行雄を、心にもない善意の言葉で受け入れる。

「『いよーッ、凱旋将軍』
「『殊勲甲！』」
　しかし、初めて人を殺した行雄は、そのような言葉を受け止める余裕はない。
「一座の人々もその苦痛にゆがんだ（行雄の：一盛）沈黙に非難の針を感じたのだろう、皆たがいに顔を見合わせるばかりで、白けきった空気に閉ざされた。これまで行雄にそゝがれた皆の同情こめた暖かみのあるある視線が、冷淡と平静とに変わった。」
　ここで行雄の「沈黙の非難の針」とは、行雄からすれば「なぜ自分が、お前たちだったら同じように……」という無言の批判であろう。またガード仲間の反応は、同情にかわり善意の奥にある批判がむき出しになったのであろう。
　一方、小説の中で研三と行雄が直接対話する場面が一か所だけある。この会話を転機に二人は疎遠になっていくのだが、この会話の中に二人の共通の葛藤と相違点が明確になっていることに気づく。
　行雄「『"家の貧困、家を背負わなければならぬ宿命……"』」[29]
　　（略）
　研三「『君はそれでも人間なのか、イヤ今でも人間でいるつもりなのか』」
　　（略）
　行雄「『ジャ与儀さんはどうなんです』」
　研三「『俺か、俺ァ勿論……人間って皆そうさ、人が生れて、そして生きていることを意識したら途端に人間を放棄する。少なくともこのような社会では放棄しなければならないんだ』」
　行雄「『与儀さん、貴方は僕を責めているんですかッ……僕には幼い弟妹と母とが居ります。どうしても殺さねばならなかったんだ。相手を殺さねば僕たち一家が死ななければならないんだ。それでも責めようというんですか』」
　研三「『責めてやしない……。かえって同情しているんだ』」
　行雄「……貴方なんかに同情して貰わなくて結構です。解るもんか、人を殺したことのない人間にこの苦痛が解ってたまるもんか』」
　行雄は、家族の生活のため人を殺すことを決して割り切っているわけではない。そのことに苦しんでいる。それに対して研三は「君はそれで

も人間なのか、イヤ今でも人間でいるつもりなのか」と投げかけてしまう。この発言により２人の会話は成立しなくなる。

この後の研三の言葉に注目したい。

「生きていることを意識したら途端に人間を放棄する。少なくともこのような社会では放棄しなければならないんだ。」

この言葉により、研三は最大限、状況を受け入れ行雄に共感をしめす。２人が置かれている沖縄の状況は「人間を放棄しなければ」生きていけないという事実の共有である。しかしながら、２人は別々の選択をする。

「生活苦」のなか家族を養わなければならない現実と「射殺」に挟まれて行雄は葛藤する。研三との違いはどこからくるものなのか。先に指摘した植民地的支配の暴力性に対する感覚の弱さも重要である。それはおそらく屋嘉比収が指摘したように、「研三より若い世代だと思われる」ことが大切であろう。行雄は、「戦場体験はあっても戦闘の現場で従軍していたことはなく、ましてや人を殺害した体験はないと理解して大過はなかろう。」[30] そのような違いのなかで、行雄の昇進という問題が起こる。

以上の場面で、注意したいのは行雄の射殺事件をめぐり、ガードたちのさまざまな葛藤を通して、微妙な形でガードたちの感情のズレ、対立が生み出されていることである。このような職務の遂行によって、理不尽にも対立の構図が成立させられていく。植民地的支配の貫徹による被支配者の分断の微妙な心理的描写が以上の場面に描かれているのである。

4　「射殺」の正当化

ある日、元憲兵だったという班長が行雄を呼びに来る。この呼び出しは隊内では予想されていたことである。

「『ウン、行雄の奴、喜ぶだろうか、それとも悲しむのかな、表彰されて』

『そりゃ喜ぶに決まっているさ。班長に昇進するのはまちがいないし、それに生活が保障されるものな」[31]

『昇進はともかく、生活が保障されるってことは悪くないねェ』

『冗談じゃない、悪くないどころの話かい。俺たちのようにいつクビになるか知れない不安から脱け出せるんだぜ』」
　射殺への葛藤は払拭できているわけではないが、この「生活の保証」という問題が現実的な形で出てくることによりガード内に動揺がおきる。
　　「『もし、もしものことだぜ……、僕が、イヤ僕だけでなく君でも好い、誰でも好いんだけど……僕がだね、行雄のように働いた場合、やっぱり軍は僕の生活を保障してくれるだろうか」
　すでに一線を超えているのが元憲兵ということも象徴的であるが、この行雄の昇進を境に部隊内の雰囲気が変わる。行雄を「非国民」とかげで口ぎたなくののしっていた男も、「侵入者」を射殺した。すると、行雄と親し気に話をするようになり、「射殺事件」がおこるにつれて行雄の廻に人が増えていく。行雄の表情も血の気が蘇ってくる。一方で研三の廻からは人々が離れ、行雄が仲間をえることにより、行雄自身の行動を正当化していくことを恐れた。研三がかつて中国大陸での体験が、当時正当化されたように、行雄の射殺行為が「生活のため」正当化されていく占領下の沖縄の暴力の実態を感じている。
　既に、隊内の秩序はどうにもならない方向へ動きだし、研三は自分自身への抵抗で精いっぱいのところに追いつめられていく。
　　「彼を支えているものは、もはや彼の論理的な潔ぺきさではなかった。感覚的な恐怖感と、南支那での悪夢のような記憶だけが彼を支えていた。」[32]
　さらには、生気を取り戻し、自己の行為を正当化しつつある行雄の存在は研三にとって不快なものとなっていく。
　　「疲れきった研三の神経には、血の気は蘇ったが陰惨な空気を身につけてしまった行雄の様子は、たえられなかった。
　　何ものにも動かされられないように冷たく据えられた行雄の眼の光は、ことに以前の暖かい眼の色を知っている研三に、大きな圧迫を感じさせた。」
　「生活の保証」のため、人を殺すことを正当化してしまうことは、先に研三が述べた言葉を使えば「人間を放棄する」ということである。生活のために支配される側についた人間をここでは以下のように厳しい表

現で述べている。

「……行雄は全てのものに憎悪を抱くようになっている。組織と盗賊と、家族にさえも……。彼を追いやったすべてのものに——。だが彼に許されるものは人間性への憎悪だけなのだ。全てのものに対するにくしみが彼を駆り立てている。権力者は喜んで良いわけだ。労しないで権力者の代行者を一人育てたんだから。ハハハヽヽヽ"」[33]

しかし、このことは行雄だけの問題ではなく、1950年代の沖縄の現実は、そのような人間の生き方を強いるのである。研三も、「少なくともこのような社会では放棄しなければならないんだ」とそのことは認めている。

かつて日本兵が殺人を正当化していたように、米軍占領下のガードは殺人の正当化を強制されていった。かつての日本兵は、侵略・占領することになれ、暴力性に対して無自覚になるように追いこまれていった。沖縄のガードは同胞である沖縄人を射殺する暴力性に葛藤しつつも、自らの行為を生活のため正当化し、そのようななかで「同じ島の人間を殺す」ことを無感覚になって行くように追いこまれていった。

「だけど、人間（が）することというと、たいして変わらないものだね。俺たちが戦争中にさせられてきたことを、今また彼奴にもくりかえしてやがる」[34]

このガードの会話は、わかりにくいものの、沖縄戦・米軍占領と継続する暴力性の受容と正当化とを意味しているのではないかと考える。

5．植民地的支配の貫徹

研三がガードになって半年、暮れの押しせまったある日、「侵入者」により彼は発泡しないまま丸太ん棒で撲殺される。報せを聞いた仲間は、研三の死をめぐり対立する。

行雄「『だから言わぬことじゃない！』
　　……口惜しそうに怒鳴った。
　　　（略）
行雄『彼奴ァ馬鹿だッ、大馬鹿だッ』

（略）
ガード１『何ッ！』
ガード２『……研三は誰一人として射殺なんぞしてやしないんだぞ―君とちがって』
行雄『俺とちがって？フン、こんな社会で殺人する事なしに生きられるのかい？射殺か、それでなけりゃ、研三のように相手にやられるのがオチじゃないのかい、……。―何？運が悪い？俺が……イヤ俺だけじゃない。射殺した事のある者は皆だ！研三がやられたのは何故だ！何故死んだのは俺達ではなくて研三でなければならなかったんだ！こゝでは、射殺されるか、ではなければ、自分で死ぬハメになるのは判りきったことではないか！』」[35]

　研三が撲殺されることによりこの小説が終わる。ここでの行雄の論理は、射殺したのは偶然自分の管轄で「侵入者」を発見した「運」の問題であり、研三が殺されたのは「人間を放棄」しなかったからであるとしている。その言葉は、先の研三の言葉が重なる。

　「生きていることを意識したら途端に人間を放棄する。少なくともこのような社会では放棄しなければならないんだ。」

　支配に抗うことが死につながることでこの小説は終わる。沖縄人同士を幾重にも対立させ、殺し合う関係性にまで追い込む米軍支配のあり方をこの小説「ガード」は描いてみせた。しかも、この小説では支配する側の米兵が一切描かれていない。[36] 支配する側の「不在性」が支配の強固さを物語っている。そのなかで本論では対立し、葛藤する沖縄人の「生」を問題としてみたのである。

6　「侵入者」の論理

　小説のなかでは語られてはいないが、射殺の対象とされた「侵入者」の論理にも触れておくべきであろう。そもそも「侵入者」とはだれかという視点が重要である。この島の住民からすれば、だれが「侵入者」なのか。その「侵入者」＝支配者から物資をかすめ取ることを「戦果をあげる」と言った。そこには葛藤はなかったと多くの証言は語っている。

「米軍の物資集積所に沖縄住民が忍び込み物資をかすめとる、あるいは軍作業員が『職場』の物品をくすねる行為で、『食べるためにやむをえない』とみなされるそのような行為は『戦果をあげる』と言われ、個人の所有物を盗む行為とは区別された。」「たくさん戦果をあげる者は『戦果アギヤー』と呼ばれ、良い結婚相手の条件にあげる人もいた。」[37]

すなわち、米軍施設からの物資を盗むことは一般の窃盗とは異なり、住民の中では広く容認されるものであった。その語源は「沖縄戦のなかで、日本の敗残兵らは米軍の食料を奪って戦果と称した。このことが住民のなかで『戦果思想』をつちかうものとなった、ともいわれている。」[38]

おわりに―米軍占領下、仲宗根政善の葛藤について―

本稿では、米軍占領下、生きていくために相互に対立させられていく沖縄人の葛藤をみてきた。露骨な暴力性のなかみえてきた問題は、けっして「ガード」という職種にかぎったことではない。ここでは、仲宗根政善のについて考えてみたい。

仲宗根政善（1907～1995年）は、1945年の沖縄戦において県立女子師範学校・第1高等女学校の生徒たちが南風原陸軍病院に動員されたことに伴い教諭として引率した。自らは6月23日に島尻で12人の生徒とともに捕虜となることで生き残る。戦後、教え子194人が亡くなった事実と向き合い、1951年に『沖縄の悲劇――姫百合の塔をめぐる人々の手記』を刊行している。刊行後も亡くなった遺族や教え子たちを訪ね歩き、出来るだけ多くの教え子の悲劇を書き記す作業を重ね、5回の改訂を繰り返した。

亡くなった教え子の親からの拒絶にあい、「戦争へは、お前らが連れて行ったのではないかと言われているような気がする。もとより、戦争へ勇み立って行ったわけでもなく、強いられて行った。しかし、強くは拒否しつづけてはいない。ひきずられた者も、責任がある」と、自らの責任を日記に記している。[39]

特に、渡嘉敷良子については日記の中で耐え難い記憶として何度も語られ、戦後の行動の原点となっている。南部に撤退する時に負傷してい

た渡嘉敷良子を壕に置き去りにした。

「敵として恨んだ米兵がかえって教えを説いた先生よりも親切であった。渡嘉敷からしてみれば壕にほうり捨て去った先生より学友よりは、救ってくれた米兵の方がありがたかったにちがいない。現実の結果としては、これが厳然たる事実である。あの場面は仕方がなかったと、いくらいいわけをしてみても、それはいいわけにはならない。自分を社会からひき離し、戦争からひき離して考えたときのいいわけで許されるべきことではない。」[40]

渡嘉敷良子は、壕から這い出し、米軍に助けられた。そのことを知った仲宗根は渡嘉敷に再会している。「……すまなかった……」としか言葉が出なかったそうである。渡嘉敷は傷が重く再会直後に亡くなっている。

「こんなむごたらしい死があったろうか。この良子は我々が、陸軍病院に置き去りにした生徒であった。あの時どうにも施しようがなかったのだと、いくら弁護してみたところで言訳にはならない。置き去りにしたのは、我々であり軍であった。」[41]

「どうにもならなかったけれどどうにかしなければならなかったのであろう。」

仲宗根は、1952年4月、沖縄群島政府廃止に伴い文教部から琉球大学に転じている。1955年7月から1956年（月日不明）までの期間、副学長の職に就いた。その期間の1956年8月に島ぐるみの土地闘争に関連して、6人の学生を退学処分に、1名を停学処分にしている。そのうち4名は国文科専攻であった。当初は処分すべきではないと副学長である仲宗根も考えていたが、理事会に対してディフェンダーフォーから圧力がかり、8月9日には琉球財団への資金打ち切りの通知がある。当時「琉球大学基本法」には「理事会は民政官の許可を得て完全な管理権を有する（布令66号、1952年2月28日施行）とあった。そのため琉球大学理事会は、退学処分へと厳しい処分を強要された。

処分の後、仲宗根は「本土」の大学を周り、学生の編入先を探している。「『佐久川米子は女子学徒隊の最初の犠牲者であった。今また、私は土地問題の最初の犠牲者を目の前にしているのである』。」[42]

「『罰すべからざるものを罰した罪を、教師は免れることができない』とも思った。」

岡本恵徳は、「あのころ、処分された人たちが『琉大文学』の仲間だったので、仲宗根先生の倫理性に非常に感動しましたが、その限界みたいなものをあのときに感じたのも事実です。事後の処理の仕方は非常に仲宗根先生らしい誠実さがあふれていた。その点、ほかの人たちと比べても際立っていた。ただ、しかし、個人的な倫理では処理できない、それを超えた問題があのとき、突きつけられたのではないかと思う」と述べている。[43]

くしくも小説「ガード」の著者である岡本が語っている「個人的な倫理では処理できない、それを超えた問題があのとき、突きつけられたのではないかと思う」という指摘は、植民地支配下において仲宗根政善が直面した、乗り越えることができない暴力の中での葛藤と分断の事実であった。

ここで、岡本が「その限界みたいなものをあのとき感じた」と指摘している。

「あれだけの反対があったのだから、なんかできたのではないか。というよりもやってほしかったという気持ちですね。先生がとても誠実に対応され、痛々しいという気持ちを持ちましたが、その一方で、けれどもという思いが当時、ありました。」

「……、個人的な倫理の美しさだけでは処理できない問題があるんだとも感じました。」

沖縄戦、米軍支配と継続する暴力性のなか、仲宗根政善のモラルの高さとそれが打ち砕かれ続ける構図は、偶然にも第2次琉大事件以前に小説「ガード」のなかに暗示されていたのではないか。ただし、仲宗根の平和への思想は。小説「ガード」の結末とは異なる形で現在の沖縄に躍動的な形となり現実のものとなっている。日本社会が受け継いでいく良質の思想の源泉であることには違いない。

【註】

1 シュロモ・ヴェネツィア『私はガス室の「特殊任務」をしていた―知られざるアウシュヴィッツの悪夢』(河出書房新社、2008年)。

2 井上勝夫「日本軍最初のジェノサイド作戦」(中塚明他『東学農民戦争と日本―もう一つの日清戦争』高文研、2013年)96頁。

3 屋嘉比収「米軍占領下沖縄における植民地状況―1950年代前半の個と状況について」(岩崎稔他編著『戦後スタディーズ①「40・50」年代』紀伊国屋書店、2009年)169頁。

4 川瀬信(川満信一)「この頃おもうこと」『琉大文学』第8号、1955年2月」34頁。2人の2年時の指導教官が仲宗根政善であった。

5 池澤聡(岡本恵徳の学生時代のペンネーム)「空疎な回想」(『琉大文学』第7巻、1954年11月25日)。後に「ガード」と改題・修正して、『新日本文学』1955年9月号に転載された。現在は、『沖縄文学全集』第7巻(国書刊行会、1990年)、『復刻版 琉大文学』第1巻(不二出版、2014年)で読むことができる。本稿においては、修正後の『沖縄文学全集』収録の「ガード」を使用することとした。

　また、小説「ガード」については、鹿野正直「『否』の文学―『琉大文学』の航跡」(法政大学沖縄文化研究所編・刊『沖縄文化研究』12、1986年3月、後に『戦後沖縄の思想像』朝日新聞社、1987年に再録)。仲程昌徳「沖縄現代小説史―敗戦後から復帰まで」(『沖縄文学全集』第7巻、国書刊行会、1990年)。新城郁夫「戦後沖縄文学覚え書き―『琉大文学』という試み」(川村湊編『文学史を読みかえる5「戦後」という制度―戦後社会の『起源』を求めて』インパクト出版、2002年、後に『沖縄文学という企て―葛藤する言語・身体・記憶』インパクト出版、2003年に再録)。丸川哲史『冷戦文化論―忘れられた曖昧な戦争の現在性』(双風舎、2005年)。宮城公子「暴力の表象と沖縄文学の『戦後』―1950年代をめぐって」(岩崎稔他編『継続する植民地主義―ジェンダー／民族／人種／階級』青弓社、2005年)。我部聖「継続する戦争への抵抗―池沢聡『ガード』論」(『日本近代文学』第78集、日本近代文学会、2008年5月)。屋嘉比収「米軍占領下沖縄における植民地状況―1950年代前半の個と状況について」(岩崎稔他編著『戦後スタディーズ①「40・50」年代』紀伊国屋書店、2009年)。仲程昌徳『小説の中の沖縄―本土誌に描かれた『沖縄』をめぐる物語』(沖縄タイムス社、2009年)。我部聖「解説」『琉大文学』解説・総目次・索引』(不二出版、2014年)等がある。

6 霜田正次「〈座談会〉沖縄の現実と創作方法の諸問題」(『琉大文学』第2巻第6号1958年)64頁。この発言は、小説「ガード」を含め1950年代の沖縄の文学の特徴を述べた発言である。

7 鹿野政直、前掲、142頁。小説「ガード」に植民地支配に対する「抵抗」を読み取ろうとする指摘は、我部聖、前掲「継続する戦争への抵抗」、屋嘉比収、前掲論稿、新城郁夫、前掲論稿でもしている。

8 船越義彰「ガード」(『沖縄大百科事典』上巻沖縄タイムス社、1983年)641頁。「ガード」(S・M・P)は、沖縄住民の基地関連施設からの窃盗を防ぐ目的で1946年8月26日の琉球列島米国軍政本部指令3号「憲兵隊と沖縄民警察との関係」により組織された沖縄の民間人による特別補助警察官であ

る。所属は沖縄民警察部であるが、「米軍憲兵隊の職務」に配属された場合は、米軍憲兵隊の統制と監督下に置かれた。職務は、当初は不徹底なものであったが、朝鮮戦争勃発（1950年6月）を契機に米軍政府からの業務遂行の徹底が厳しく要求された。この点に関しては、屋嘉比収、前掲論稿、158-160頁を参照した。

9 屋嘉比収、前掲論稿、156頁。
10 西野辰吉「C町でのノート」（『群像』講談社、1954年2月号）。後に、『米系日人』（みすず書房、1954年）収録。現在は『コレクション戦争と文学10 オキュパイドジャパン』（集英社、2012年）で読むことができる。
11 成田龍一「解説」（『コレクション戦争と文学10 オキュパイドジャパン』668頁。
12 さらには、現在の辺野古の新基地建設に関わり、警備体制を沖縄出身者から警視庁派遣に変更した問題なども射程に入れて考える必要がある。
13 池澤聡「ガード」（『沖縄文学全集』第7巻）101頁。
14 同上、107-8頁。
15 思想の科学研究会編『転向』第1巻（平凡社東洋文庫、2012年）。
16 池澤聡「ガード」94頁。
17 同上、100-1頁。
18 同上、95頁。
19 同上、96頁。
20 同上、102頁。
21 同上、96頁。
22 同上、95頁。
23 同上、96頁。
24 『沖縄を知る事典』編集委員会編『沖縄を深く知る事典』（日外アソシエーツ、2003年）111-2頁。
25 「軍労務問題座談会（上）」（『琉球新報』1952年6月23日）なお、この記事の存在は、我部聖、前掲論稿「継続する戦争への抵抗」によって知った。
26 『沖縄を知る事典』編集委員会編『沖縄を知る事典』（日外アソシエーツ、2000年）84頁、「軍労働者賃金表（時給）」より。
27 池澤聡「ガード」97頁。
28 同上、98頁。
29 同上、101-2頁。
30 屋嘉比収、前掲論稿、163頁、165頁。
31 池澤聡「ガード」103頁。
32 同上、104頁。
33 同上、104-5頁。
34 同上、103頁。
35 同上、107-8頁。
36 新城郁夫、前掲論稿、82頁。
37 前掲、『沖縄を知る事典』86頁。
38 沖縄タイムス社編『庶民がつづる沖縄戦後生活史』（沖縄タイムス社、1998年）60頁。
39 仲宗根政善『ひめゆりと生きて―仲宗根政善日記』（沖縄タイムス社、2002

年）1980 年 7 月 3 日、262 頁。
40　仲宗根政善『ひめゆりの塔をめぐる人々の手記』（角川文庫、1995 年）167 頁。
41　前掲、『ひめゆりと生きて』1970 年 8 月 17 日、55 頁。
42　沖縄タイムス社編『琉大風土記』（沖縄タイムス社、1990 年）89 頁。
43　岡本恵徳・仲程昌徳「追悼対談　仲宗根政善の戦争・戦後体験と倫理」（『追悼・仲宗根政善』沖縄言語研究センター、1998 年）264-5 頁。

「満洲」という歴史体験と感情の記憶
―― 「モラルの相克」から考える遺産の超克 ――

田中 寛*

1 はじめに

　植民地教育支配研究、植民地教育史研究の中でモラルという概念は越えがたいハードルである。とりわけ日本帝国主義が短命ながら築いた満洲国は日本現代史を語るうえで避けては通れない鬼門である[1]。現代という時代は多かれ少なかれ満洲の階(きざはし)に位置していると言えよう。植民統治をめぐる議論の底には常にモラルというファクターが存在する。接触があればそこには必然的に何らかの摩擦が生じる。大型書店の歴史コーナーにはいわゆる「満洲もの」といってよい書物が並んでおり、歴史関係の雑誌でも周期的、あるいは定期的に満洲についての記事が特集される。かように満洲についてはさまざまな社会、文化、歴史の形象、表徴として多様な言説が語られて来たが、そこは虚実交錯する世界でもあった。モラルの相克という視座は満洲における歴史体験と感情の記憶を再考する重要な装置である。

　大不況と政治体制の一変にかかる国内矛盾の解決を満洲という異空間にもとめ、「北の生命線」とした地には壮大な実験が繰り広げられた。対ソ防衛のための軍事的戦略としての位置づけと同時に経済的要請が強化され、農村の疲弊と余剰人口のはけ口としての満洲確保が満蒙開拓という国策事業に拡張されていく、「清濁」併せ呑む巨大空間であった。そこに虚栄と隠蔽の歴史が潜伏し続けていくことは避けられなかった。

　最初にある広告からみてみよう（原文を現代仮名遣いに直した）。

＊大東文化大学

満洲へ　赤い夕日……と唄われた満洲の荒野も、満鉄創立以来二十年の間に、鉄道の発達、港湾の築造、市街の建設、教育衛生の施設等着々完成し、今や東洋の文化的理想郷たらんとしています。海路大連からでも、陸路朝鮮からでも、一歩満洲の地を踏めば燦然たる文化開発の様に驚嘆を禁じえないでしょう。沿道至る所、固有の寺廟・楼閣・城址等の史蹟に富み、大陸的平原、夏日街頭に溢るるアカシアの薫風、支那祭事の異国情趣、千山の秋色、吉林の雪景等、触目一として楽しからざるはありません。満洲は珍しい風物を無限に蔵して内地よりの旅行者を常に待ち迎えて居ります。

　躍進の満洲へ　国策の把握は満支の認識より
　大陸に関する　一、旅行、通関、貨物等のご質問並びに　二、事情、講演、活動写真の御需めは鮮満支案内所へ
　　　　　　　　　　　　　（いずれも傍点は引用者による）

　昭和初期のある雑誌の掲載広告である[2]。疾走する「あじあ号」の挿絵とともに満洲への進出（侵出）は閉塞した社会の日本人に一筋の大きな光明をあたえた。古くは夏目漱石の『満韓ところどころ』（明治40年）にみられる日本人の満洲認識は、教育、文学、芸術、建築、スポーツ、経済、政治などのあらゆる分野にわたって帝国日本を囲繞する礎石として異文化観を形成していく。上記広告に見られるような観光事業としてのいざないも多くの日本人の目を満洲への夢と育んだ。「紅い夕陽の満洲」という郷愁、メランコリー、"満洲ブーム"とは何か。いまなお存在し、生産され続ける形象、表徴である。
　一方、満洲は国家とは何か、という本質的な提起において、たとえば戦後文学の旗手であった作家高橋和巳は『堕落　あるいは内なる曠野』の結末において、「覇道」という宿命論とともに、主人公青木隆造にこう語らせている[3]。

　　そう、私は、私たちは、わずか十数年の命運しかもたなかったけれども、この地球上に一つの国家を造ろうとしたのだ。彫刻のように半永久的に保存される命数もなかった。

絵画のような色彩の華やかさもなかった。しかし、私は、政治を毛嫌いするいかなる科学者や芸術家にもまして現代を生きた。奢れるものは久しからずの喩え通り、それはつかの間に滅びたけれども、いかなる王道、いかなる仁政もまた、それに先行する覇道の上にしか築かれない。いずれは滅びるものとしてのその覇道に私は荷担し参与した。

(『堕落　あるいは内なる曠野』新潮文庫 pp.164-165)

日本人にとっての「曠野」(「荒野」)は開拓の前線という辺境にあり、まだ見ぬ異国への憧憬、見果てぬ夢をやどした。満洲という呪縛。植民地教育史というもっとも熾烈なフィルターを通して見えてくるものとは何だろうか。この解明には満洲という時空間の虚実を多角的に、かつマクロとミクロの複眼的視点から考察されねばならない。

　一方、これらの感傷、感慨はあくまで占領者の側であり、被占領下の人々の感情は同質のものではありえなかった。例えば、敗戦の色濃き昭和二十年になっても送り出された満蒙開拓団の悲劇を追った宮尾登美子の自伝的小説『朱夏』(新潮文庫1988)には使用人としての日本人と被使用人としての満人の人間関係はそのまま〈宗主国〉日本と〈植民地〉満洲の関係に置き換えることができるだろう[4]。一方で、満洲の遺産を戦後日本経済の復興の原点と評価する風潮も残存する。昨今、植民地研究が支配・被支配という構図から開発という視点で語られるようになった背景も再検討してみる必要がある。

2　戦後七〇年から振り返る満洲
―中国と日本に見る研究の推移―

　戦後七〇年という歳月を経て現在を取り巻く状況は戦後政治においても大きな舵を切ることになった。国際社会の変動と共に、かつての満洲支配をめぐる多種多角的な視点からの再検証が求められようとしている。戦争世代の極端な減少のみならず、間接的な体験をも希薄化する現状において、これまでとは異なる地域・民族・時空間の研究の開拓である。

研究の視点でいえば、世界史という大枠から満洲の通史を考えるという射程、また薄れゆく記憶と発掘する記録との相互検証、満洲の歴史的継承性の問題などがあげられる。さらに満洲国時代の総体的な再検証である。国家形態と国民意識の実態、満鉄に集約される政経複合体の実験的成果、開拓という観点からの農業、産業振興の不可避性から対立と友好のはざまでの歴史の継承である。一方、遺産という視点からは満洲に於ける経済発展が戦後の日本人の流用とどのような関係にあったのか、という問題提起も内包する。そして、満洲国と満洲という地理的空間において、周辺のモンゴル、ロシアとの交渉、関係史も今なお無視できない課題である。

こうしてみると、今後、おそらく「満洲学」あるいは「中国東北学」という領域も視野に入れた研究が要請されるだろう。ただ、そこに通底する視点として、中立的価値に終始することのない、満洲体験という内実の探究、体験と記憶の継承こそが求められよう。

2.1 中国側の満洲国研究

ここで筆者の射程のおよぶ範囲で、中国と日本における研究の成果を瞥見しておきたい。まず中国側の研究であるが、1990年代には王承礼主編『中国東北淪陥十四年史綱要』（中国大百科全書出版社1991）、王承礼・孫継武・孫玉玲・歩平・辛培林他主編『苦難與闘争十四年』東北淪陥十四年史叢書上中下（中国大百科全書出版社1995）が刊行された。後者は1500余頁におよぶ当時の研究を結集したもので、植民地下中国東北部の実態解明が進んだ。孫継武、歩平ら主編による研究季刊誌『東北淪陥史研究』（吉林省社会科学院）が1996年に創刊、後に『抗日戦争研究』（中国社会科学院近代史研究所）に統合されるまで多くの研究を掲載した。教育史研究では2000年代に入りオーラルヒストリーの成果が陸続として出された。斉紅深主編『日本侵華教育史』（人民教育出版社2002）、同『抹殺不良的罪証　日本侵華教育口述史』（人民教育出版社2005）などである。中でも斉紅深主編『見証　日本侵華殖民教育』（遼海出版社2005）は823頁に及ぶ大著で437名もの証言を収める。また、宋恩栄・金子侠・呂達他主編『日本侵華教育全史』全四巻（人民教育出版社2005）が編まれ、第一巻が中国東北部の検証に当てられた[5]。石松

源、賀長瀛共編『譲教育史走進社会』(吉林文史出版社 2011) は文字通り、教育史を社会に開かれた営為として意義付け、この 30 年の日中教育史交流の歴史を記録した。このように、植民地教育を奴隷化教育と意義づける研究は質量ともに日本のそれを大きく凌駕している。

2.2 日本側の満洲国研究

一方、日本側における研究は 1990 年代から長足の進歩を遂げた。日中関係のよき時代、研究者相互の往来も頻繁に行われ、友好ムードの裡に共同研究も順調に推移した。しかし、2000 年代に入ると歴史認識問題が鮮烈に浮上し、これをめぐるさまざまな内外の確執のなかで研究がともすると内向きにかつ個別的に分散する傾向が否めなくなる。加えて研究の多角的視点、手法により総体的な共有の場としての維持が困難になる側面も生じた。そのような中でも満洲研究は進められ、一定の学術的成果をもたらした。

ひとつは教科書書目の集成である。竹中憲一は中国に遺された膨大な教科書を収集し、その体系的構築につとめた。『「満州」植民地日本語教科書集成』全七巻 (緑蔭書房 2002)、および『「満州」植民地中国人用教科書集成』全八巻 (緑蔭書房 2005) の成果がそれである。教科書に記憶された異文化観、異文化認識は、植民地教育の本質を投影するに十分であり、さまざまな問題提起の可能性を秘めているものの、一方で、それぞれの特徴の相互検証は緒に就いたばかりといってよい。なお、竹中憲一訳『「満州」オーラルヒストリー 〈奴隷化教育〉に抗して』皓星社 2004 は、上掲斉紅深編著『見証』のうち 50 余名の抄訳である。

ポストコロニアル研究の一環としての教育史研究は野村章『遺稿集「満洲・満洲国」教育史研究序説』(エムティ出版 1995)、および同編『教育資料集成第一期〜第三期』(いずれも同上) の遺産を出発点として研究が推移してきたが、今後は新世代による日中間の共同研究、定期的な研究交流が望まれるところである[6]。

このほか、満洲 (国) 研究では多彩な成果が生まれた。植民地文化学会・東北淪陥十四年史総編室『〈日中共同研究〉「満洲国」とは何だったのか』(小学館 2008) は総勢 40 名による論考をおさめ、満洲事変以前の中国東北と日本、農業移民、経済と産業、治安と軍事、満洲国の統治、

満洲事変と満洲国の建国、文化・教育・宗教、協和会と五族協和、反満抗日運動と日本人の反戦運動、満洲国の崩壊、以後の中国東北と日本、歴史研究の現状などが議論された。西田勝・孫継武・鄭敏『中国農民が証す「満洲開拓」の実相』（小学館 2007）は中国で出版された『日本向中国東北移民的調査輿研究』（吉林文史出版社 2002）の邦訳である。岡田英樹『文学にみる「満洲国」の位相』（研文出版 2000）は植民地下における満洲の文学世界を詳述した。また満洲のさまざまなトピックを網羅する試みとして植民地文化研究会編『《満洲国》文化細目』（不二出版 2005）も貴重な情報を提供した。西原和海・川俣優編『満洲国の文化 中国東北のひとつの時代』（せらび書房 2005）は、満洲に住む日本人たちの表現、中国人による言葉の闘い、ハルビンという都市のイメージ、中国東北の過去と現在など13編をおさめた多彩な論文集となっている。貴志俊彦『満洲国のビジュアル・メディア』（吉川弘文館 2010）はポスター、絵ハガキ、切手など幻想の王道楽土を象徴するメディア戦略を詳細に検証したものである。このほか、芳地孝之『ハルビン学院と満洲国』（新潮選書 1999）、『満州の情報基地ハルビン学院』（新潮社 2010）なども知られざる側面を浮き彫りにしている。山根幸夫『建国大学の研究』（汲古書院 2003）はこれまでの建国大学研究の集大成ともいえる成果である。満洲国を新しい視点で見直す作業もすすんでいる。小林英夫編『満洲―その今日的意味』（つげ書房新社 2008）、玉野井麻利子編『満洲 交錯する歴史』（藤原書店 2008）、『アジア遊学』No.44 特集：日中から見る「旧満洲」（勉誠出版 2002）などがその重要な指針となるだろう。このほかにも多彩な個別的研究は枚挙に暇がないが、紙幅の関係で割愛する。

2.3 支配・被支配の磁場と「モラルの相克」

ここで気になる点を挙げておきたい。かつて日本社会文学会編『近代日本と「偽満州国」』（ムック 1997）が刊行されたが、そこでは抗日運動や残留孤児問題なども含めて、日本による中国東北部侵略の歴史を明らかにすべく、日中相互に開催されたシンポジウムの第2回から第5回の記録が報告された。17年後に植民地文化学会編『近代日本と「満州国」』（不二出版 2014）として編者と書名を変えて再刊されている（厳密に言

えば増補版)。つまり、「偽」という文字が省かれているわけだが、その趣旨、意図についてはまえがきにもあとがきにも説明がない。中国では現在でも「偽満洲国」と記すのが慣例であるが、この変更にあたっては中国側との名称の「擦り合わせ」はあったのだろうか。「日本と中国の「被害と加害」の歴史を文化的側面から検証する5年間に及ぶ日中共同研究の成果」であり、「「満州国」文化研究の画期となったこのシンポジウムの成果は二十余年たった今でも色あせることはない。「満州国」研究者、文学研究者必携の一冊(「BOOK」データベースからの引用)」と謳ってある以上、何らかの説明が必要であろう。これはまた後述する研究者のモラルとリテラシーに抵触する疑問点でもある。

3　満洲国研究の最前線と欠落した視野

これまでの研究の概観をふまえ、日本における満洲国研究の最前線として数点挙げ、そこに欠落した視野、現状と展望、課題を考えてみたい。まず山本有造編『「満洲」記憶と歴史』(京都大学学術出版会2007)をあげる。満洲が終焉して60年の節目に、〈語り=記憶〉と歴史の交錯する場を「語り」(インタビュー)もまじえて提示したもので、同書は満州事変直前の張学良政権から関東軍による「建国」構想の展開、統治の制度、国土計画、在満日本人作家による活動などについての論文をまとめた山本有造『「満洲国」の研究』(緑蔭書房1995)の発展的成果である。記憶を囲繞する研究であるが、「移民」「残留」「引き揚げ」といった日本側の実態に焦点を当てすぎたあまり、植民地教育についての言及が視野欠落していると言わざるを得ない。

次に塚瀬進『マンチュリア史研究 「満洲」六〇〇年の社会変容』(吉川弘文館2014)を挙げる。すでに『満洲国「民族協和」の実像』(同1998)、『満洲国の日本人』(同2004)などの研究を背景に、14世紀明代から中華人民共和国成立までの六百年間においていかなる要因で「マンチュリア社会」が変容していったか、周辺諸国と相互接触と摩擦から考察した。民族名や国号に由来する満洲と、地名としての「呼称であるマンチュリアという概念を明らかにした。内外の新しい史料を駆使してロ

シア、モンゴル、朝鮮などとの周辺諸国との関連も重視した地域、交渉史研究としての成果を提供する。

加藤聖文他編『挑戦する満洲研究』（東方書店 2015）は 13 名の若手研究家による満洲研究の現状をまとめたもので、実体験のない非戦争世代の研究者が中国の研究者とともにどう満洲に向き合っていくべきかを多角的に問題提起している。

教育交流史研究でも特筆すべき成果が見られる。浜口裕子『満洲国留日学生の日中関係史』（勁草書房 2015）は「満洲事変・日中戦争から戦後民間外交へ」という副題に示すように、これまで光の当たりにくかった人物交流史である。中国東北の教育事業と日本留学制度ではいまなお持続する留学群像を検証する。その淵源として満洲事変・満洲国建国と対日留学生策を再検証し、日中戦争下の満洲国、さらに太平洋戦争下の留学生、そして終戦後の混乱、新中国成立、文化大革命を経て孫平化を始めとするかつての留日学生がどのような運命をたどったかを考察している。とくに最終章の満洲国留学生から戦後民間外交の担い手となった経緯は、満洲国の光と影を映して止まない。こうした教育交流は当時の新聞雑誌に報道された実態の再検証と共に、あらたな現代史を見とどけるモラルの軸足を提供している。

また、三浦英之『五色の虹　満州建国大学卒業生たちの戦後』（集英社 2015）は満洲の最高学府、建国大学に集った若者たちの群像を過去から現在までを追ったドキュメントで、満洲国のもうひとつの教育の光と影を表徴している。建国大学卒業生が高齢化するにつれ、貴重な証言が歴史の真実を問い質している。

つぎに資料集、事典、工具書的成果について三点あげておく。まず貴志俊彦・松村史紀・松重充浩編『二〇世紀満洲歴史事典』（吉川弘文館 2012）である。19 世紀末から東北地方政権・満洲国・中華人民共和国による統治まで、政治・経済・環境・民族・文化など幅広い分野から 800 項目余を厳選し収録し、最新の研究成果を取り入れ、豊富な図版を交えて解説した満洲の、いわば百科全書である。東北アジアの歴史もふまえ、20 世紀満洲の全体像を明らかにしようとした。歴史の「連続性」という観点からは清末から張作霖時代の東三省時代と、満洲国時代との連続性と非連続性、さらに満洲国時代と戦後の国民党、共産党統治時期

との連続性と非連続性を明らかにした点が特徴的である。戦後の満洲の遺産が中国だけでなく、東アジア諸国にも多大な影響を残したことが示されている。日本人にとっての「満洲」にのみ焦点を当てるのではなく、地域としての東北アジア全域、時代としては20世紀全体を見渡すというグローバルなスタンスの重要性を提供している。「満洲」の姿を巨視的な目で見すえながら、戦前の満洲、さらに戦後の中国東北部を通観する意図が明らかで、満洲という遺産を今日的視点でとらえようとした労作である。同書では第Ⅰ期「満洲事変勃発まで」、第Ⅱ期「満洲国時代」、第Ⅲ期「戦後から20世紀へ」の三期にとらえ、従来研究の空白であった項目も多数おさめてある。一方、満鮮歴史地理調査、建国神廟、在満日本人教育、在満朝鮮人教育、在満露西亜人教育などの項目があるものの、中国語（満洲語）教育の実態、満洲国で行われた綴り方教育や教育体制、満洲補充讀本などの教科書編纂事業、南満州教育会教科書編輯部、建国大学における日本語教育など、教育、社会文化方面の項目に十分な専門的目配りがなされているとはいいがたい。

次に満鉄会編『満鉄四十年史』（吉川弘文館 2007）を挙げる。巨大企業満鉄は二十世紀初頭の満洲に設立され、夏目漱石の「満韓ところどころ」にも草創期の事業が描かれているように、壮大な国家プロジェクトで、初代総裁後藤新平の草創期から事業の拡大化を経て終焉にいたるまで鉄道史とともに総体的な近現代史のなかに位置づけた。関連年表、組織図、人物紳士録、全線全駅一覧など資料としても貴重である。満鉄に絡む日米の確執と国際情勢、関東軍の介入、港湾都市大連の建設など満鉄の歴史の全貌を知るためには欠かせない記述がなされている。満鉄という組織機構の解明が主体であるだけに、そこに塗炭の苦しみを味わった民衆の視点が欠落しているのはいなめないが、コラムのなかには満鉄の教育事業への言及があるなど、貴重な記述も少なくない。

最後に竹中憲一『人名事典「満州」に渡った一万人』（晧星社 2012）をあげる。戦前に満州で公刊された在満日本人に関する諸種の紳士録、名鑑、人物評伝等の記事を基本資料として各種資料を加えて編集したもので、配列は人名の五十音順、職業、住所、生年、出身地、最終学歴を記　載した労作である。

満洲という遺構、遺制は見えざる時空間にも波及し続けた。一例を挙

げれば満鉄（南満洲鉄道）東亜経済調査局は1939年に大川周明らが中心となって『新亜細亜』を創刊し、1945年1月までアジア、南方アジア（東南アジア）の各地の事情を詳しく調査、分析したが、これは台湾総督府外事部編『台湾時報』、台湾総督官房調査課編『南支那及南洋情報』などと並んで現地情報の収集のみならず対文化政策、当時の日本のアジア認識にも大きく寄与した。さらに知のインフラとして戦後の日本におけるアジア地域研究、経済研究の大きな下地となっている。こうした「正」の遺産の検証も同時に続けられなければならない。

　満洲という時空間ほど戦後日本人の記憶の中に生き続け、今なおさまざまな憶測や見解で語られる対象はない。一方、満洲国政府の政策内容や多民族国家としての実態、満鉄以外の企業体の活動、都市建設の実態とその遺産、戦争終結後の混乱など、これまで十分に検証されてきたとはいえない。植民地教育についても多角的な検証はなお続いている。満洲という地域を〈国家・地域・民族〉の総体として把握する「満洲学」、あるいは「中国東北学」の発展のためにも残された課題はいまなお山積しているといえよう[7]。

4　植民地支配研究における「モラルの相克」

　植民地教育における「モラルの相克」とは正負の遺産をどう評価し、位置づけるかという営為として解釈されよう。しばしば、植民地支配は苛酷な犠牲を強いる一方で、教育や文化方面において、またインフラ整備などにおいて一定の貢献をなしたととらえる視点がある。その一方で、多大な侵略の被害をいまなおトラウマとして生き続ける当地の感情の記憶とどう向い合うか、という姿勢も問われ続ける[8]。ここで植民地研究に係るモラルの相克を考えるにあたって、二つの対照的な見解についてコメントしておきたい。この「対照性」を考える作業は今後の植民地研究のターニングポイントにもなるはずである。

　ひとつは「支配悪」の立場である。2013年4月30日に大東文化大学で行われた筆者主催の特別講演会「日中歴史認識を議論する」において、王希亮氏は「旧満洲国史研究の若干問題について」という演題でこれま

での研究と今後の課題を集約している。まず、「満洲国政権の性質」であるが、中国側研究者の立場として、満洲国が「偽」であったと認められる根拠として、日本の関東軍が侵略手段を通じ、つくった偽政権であったとしてうえで、その理由として、(1)東北民衆に承認されなかった（国連調査書をみるとわかる）、(2)当時の国民政府や中国民衆にも満洲国の"独立国家"が承認されなかった。(3)当時の国際社会にも承認されなかった。(4)日本の敗戦とともに崩壊してしまった。この四点である。つまり、"満洲国"とは、近代国家政権の特性をもつにもかかわらず、しかし、その一切の運転に関し、日本軍部、関東軍、政府に統制されてきた、すべて日本の国家利益や大陸侵略拡張政策のために奉仕して、純粋的な植民地政権だったに過ぎないと位置づける[9]。

次に満洲国の掲げた、所謂"民族協和"と"五族協和"については

(1) "わが大和民族は内に優秀なる資質と卓越せる実力とを包蔵しつつ……他民族を指導誘掖し……まつろはざるをまつろはせ（服従しない者を服従させ）以て道義世界の完成に偕行せしむべき天与の使命を有る"
  （関東軍司令部：《満州国の根本理念と協和会の本質》）
(2) "日本人は五族の中核であり、指導民族であり、"天孫人種"であると宣揚され、満州の真正の主人であった"
  （関東軍参謀花谷正の談話）
(3) "満州国皇帝は天意すなわち天皇の大御心に基き帝位即きたるものにして、皇道連邦の中心たる天皇に仕え、天皇の大御心を以て心となすことを在位の条件とするものなり"
  （関東軍司令部：《満州国の根本理念と協和会の性質》）
(4) "事実、'民族の坩堝'であった満州国で、日本人はほとんど他の民族と交わり合うことなく、棲み分けて生活していた"
  （山室信一『キメラ 満州国の肖像』）

などの言説をあげながら、虚実の群影をあらためて糺した。次に「満洲国の"建設"と"開発"」については次の五つの視点から日本側だけの国益を目指した国策と位置付ける。

(1) 満洲国の建設や開発の目的は、中国東北地方の工業化が目的ではなく、日本の侵略戦争や国内の必要のためだったことは明らかである。
(2) 重工業、軽工業、農業のバランスが著しい点は満洲国の発展の歪さを象徴する。
(3) 砿工業の増長は機械化を通じ実現したものではなく、東北の労働者の血と汗と命の代価として達成したものであり、搾取の構造は否定できない。
(4) 日本は満洲国の建設開発を通じて大量な戦争物資を得た他、巨大な利益を獲得した。
(5) 従来の東北交通、砿工業などの経済基盤が満洲国建設や開発の布石になったことは否定できず、すべてを満洲国の遺産と意義付けることはできない。

　次に満洲国の人口問題を挙げる。"満洲国は五族協和、王道楽土建設のスローガンのもと、日本の重工業の進出などにより経済成長をとげ、中国人などの著しい人口の流入もあった"(『新しい歴史教科書』)、あるいは"満洲国の秩序ある発展は南は朝鮮の工業化を促し、西は百万を算する華北労働人口に就業の機会を供出し、職を求める華北貧農は列車に満載されて山海関を越えた"(『正論』2006 年 4 月号中村粲論文) などの言説の誤謬を指摘し、そもそも華北農民の東北流入の原因には、(1) 人口が多く、耕地面積も少ない事情があった、(2) 連年の災害が背景にあった、(3) 軍閥混戦から逃れる必然性があった、(4) 従来から華北と東北には血縁、地縁関係があった、などの実態をあげつつ、満洲事変後、華北農民の東北流入は職業や豊かな生活だけが目的ではなかったことを指摘、反論した。
　また「東北における関東軍の戦争犯罪」についてはハルピンの 731 細菌部隊、長春の 100 部隊、チチハルの 516 部隊などを設立し、人体試験、特別移送、細菌兵器、化学兵器など国際条約に反した非人道的な戦争犯罪が満洲国を防衛する盾となったことを挙げている。このほか繁栄の影には"平頂山事件"(日本の満州国承認した翌年 1932 年 9 月 16 日、関

東軍独立守備隊は撫順平頂山で老人、児童を含め三千人の住民を殺害）はじめ、老黒溝、白家堡子、土龙山など多起虐殺事件が起こった史実をとりあげ、健全な国家運営が存在しなかったことを明らかにし、一貫して満洲国に生きつづける負の遺産を強調した。

　これに対してもうひとつの新しい視座の構築がある。2015年11月21日、戦後70年を記念して千葉商科大学において戦後七〇周年記念国際シンポジウム「戦争・対立から平和へ―歴史研究の現場からのメッセージ―」（主催、日本華人教授会議、共催：中国社会科学院近代史研究所、台湾中央研究近代史研究所）が行われた。基調報告をふくめ、15本もの研究報告のなかで、李自進氏(台湾中央研究院近代史研究所)の報告「和解への道：日中戦争への再検討」は印象に残る発表であった[10]。李自進氏の報告は満洲国を対象とするものではないが、報告の中で特徴的な視点は日中戦争における「非対称」的な諸側面、すなわち「国家対国家」「国家対民衆」「民衆対民衆」の再考、さらに加害者と被害者の両側面から従来の研究成果を参照しながら、「開発者と被開発者」という視野を加えることを提起した。一例として、「満鉄経験⇒新幹線の開発」「満洲国革新閣僚⇒戦後の高度経済成長」「満洲国工業化の実績⇒戦後中国の工業化の発展」をあげる。和解への道として日中戦争の再検討を進めるべく、戦争拡大の過程に焦点を絞り、各段階における戦争責任追及を試みること、戦争が既存の中国社会にいかなる破壊をもたらしたか、その破壊がその後の中国の政治動向にいかなる影響を与えて来たかを探究すること、とくに中国共産党の勢力拡大との関わりを再検討すること、とする。その上で満洲開発を研究の軸として東アジア世界における満洲国の位置づけを再検討すること、としている。しかし、そこには植民地教育の記憶を継承しながら、民間における歴史教育、一人一人が歴史者になるという市民意識のうえに立った歴史観（＞歴史認識）が醸成されなければならない。

　満洲に限定せず、従来の植民地研究が支配・被支配の構図で行われてきたのに対し、近年は開発という視点が重視されてきている。これは戦後日本の「驚異的な経済復興」の背景、基盤には満洲での建設効果が大きく寄与したという指摘にも見られがちだが、さらなる検証と議論が必要なことはいうまでもない。

5 「負」の遺産の持続的超克――731部隊の記憶を例に

　満洲には、いまなお忘れ去られない歴史体験と感情の記憶がある。ハルビン社会科学院が中心になってここ数年、731部隊遺跡の修復とともに、膨大な資料の発掘、編纂を行ってきた。その成果が今般、『侵華日軍第七三一部隊罪行実録』（金成民主編）としてまとめられた。実録は日本細菌戦、七三一問題国際研究中心文集、七三一部隊旧跡調査輿研究、戦争輿医学、など総計六十巻にのぼる。そのうち『七三一問題国際研究中心文集』（上下巻）（中国和平出版社2015）は学術研究15本、調査報告10本、文献整理8本、国外研究7本をおさめる。巻末の附表をふくめ総頁1208頁にもなる集大成であり、現代中国が731問題に払う関心の大きさが十分にうかがえる。こうした現況は（一部の有識者、研究者を除いて）ほとんど両国間で共有されることはないに等しい[11]。

　たとえば、松村高夫氏がつとに指摘するところであるが（松村高夫（2014）『「ABC」問題は解決できるのか』ABC企画委員会）、倉沢愛子・成田龍一・吉田裕他編『アジア・太平洋戦争』全8巻（岩波講座2005）には日中戦争、満洲国の論考はもちろん、731部隊、細菌戦、毒ガス戦についての考証が一切収められていない。アジア十五年戦争という長いスパンでとらえた意義は首肯されるが、その基層として、また戦後も亡霊のように生き続ける満洲問題の清算は研究者の間で依然として不十分であり、郷愁の彼方に葬送されている観が否めない。これはこの種の研究が学界の主流に反するものという研究者の保身ないし危機意識にほかならない。小林英夫『関東軍とは何だったのか』（中経出版2015）という専著にさえ触れられることがない。満洲支配の実態がどこにあるのか、曖昧にされたままである。細菌戦、毒ガス戦の研究は学界の異端として敬遠され、ともすれば学者研究の学界から疎外されることもありうる。被害者の側に立った記述、加害批判の論述が封印されることにもなる。こうした状況は自由な歴史研究の幅が少しずつ狭まっていることをも意味している。例えば1990年代では731部隊展などの積極的な市民活動が顕著な実績をあげたものの、以降、そして現在は731部隊の展示会の実施はきわめて困難な状況である。自由な学問研究が保証されるはずの

大学機関でもこの種類の問題を取り上げることはさまざまな圧力を生む状況にあることもまたあらためて喚起しておきたい。

広範多様な問題を囲繞する「731問題」を日中の共有した歴史意識にどう取り込むことが可能だろうか。一般的にみる加害意識は「南京事件」と同様に史実対象として扱うことに拠る自虐史観のレッテル張りがあり、委縮した状況を生んでいる。「731問題」を扱うには依然として、いくつかの大きな壁がある現状はメディアの功罪もでもあるし、同時に等閑視する歴史学者の責任問題、課題でもあろう。

ここで最近の「731問題」の内包する諸問題を瞥見してみよう。ひとつは中国で開催されたシンポジウム「第五回七三一部隊罪行国際学術検討会」（2015.9.24 ハルビン平房）である。発表者（所属機関）および発表題目は以下のようであった。

発表者	所属機関	発表題目
鄭懋暁	ハルビン市社会科学院副院長	七三一問題の研究状況
李志平	哈爾浜医科大学教授	医学倫理拷問：731細菌部隊の人体実験と生体解剖について
松村高夫	慶応大学名誉教授	731部隊・細菌戦と日本の裁判闘争
金成民	侵華日軍第731部隊罪証陳列館長	『侵華日軍第731部隊罪行実録』紹介
高暁燕	黒龍江省社会科学院歴史処副所長、研究員	『日本侵華図志』から見た日本軍の化学戦の真相
奈須重雄	731部隊細菌戦資料センター理事	1932年防疫研究室開設と石井四郎
朱建新	防化学院教授	侵華日軍の化学戦と細菌戦の比較研究
羅遠勝	湖南常徳文理学院細菌戦罪行研究所	非人道な侵華日軍の細菌戦理論
張華	湖南常徳文理学院細菌戦罪行研究所	伯力士と常徳細菌戦
陳鵬	哈爾浜社会科学院731問題国際研究センター助理研究員	731部隊労工問題略論
楊彦君	哈爾浜社会科学院731問題国際研究センター副研究員	731部隊と日本医学界の戦争責任
陳鵬	哈爾浜社会科学院731問題国際研究センター助理研究員	731部隊労工問題略論
楊彦君	哈爾浜社会科学院731問題国際研究センター副研究員	731部隊と日本医学界の戦争責任

（開拓団、経済掠奪、満鉄問題、化学兵器遺棄問題等の発表は省いた）

考察の大部分は細菌戦の実態、医学界の戦争責任、労工問題、731部隊の編制問題、特別移送などであるが、一方、731部隊の史実をどう後世に伝えていくかという発表はない。とくに現代の若者が歴史教育の中でどのように731部隊を理解しているのかといった調査、また教育の方法、記憶の継承について、遺跡保存について中国側がどのように日本の市民運動を紹介しているのか、といった「ソフト」面の紹介はない。ただひたすらに罪行を調査し続けるといった姿勢が顕著である。調査実証による731部隊の構造、歴史的推移を解明し続ける、いわば「ハード」面の作業は当然重要である。しかし、一般市民の歴史認識や遺跡保存の歴史、修築にともなう住民の問題など、日常の視野が欠落していることは明らかである。

　こうした内情は図録などの出版物にもあらわれている。これも戦後七〇年を記念して出された『関東軍第七三一部隊罪証図録』（侵華日軍第七三一部隊罪証記念館、哈爾浜市社会科学院七三一問題国際研究センター編、五洲伝播出版社 2015）は（1）七三一部隊の設立、拡大、消滅、（2）細菌戦の準備と実施（各地の被害）、（3）特別移送と人体実験（医学の責任）、（4）日米取引きと戦争責任、（5）歴史的資料の発掘と旧跡の保護（6）年表、といった構成からなる。しかし、ここでも歴史の記憶をどう共有するかについての議論、問題提起はなされていない。研究者の研究の実をあげること以上に、和解への展望についても議論を積みあげていく必要がある。これもモラルに関わる重要な課題である。日本と中国のみならず東アジア全体の若い世代による歴史の継承、記憶から記録への架橋には歴史教育の見直しをはじめ、依然として多くの時間と努力を要する。また、731部隊の罪行と並行して戦後中国東北部に遺棄された毒ガス弾等化学兵器の処理問題、および戦後の被害者の救済も満洲に遺した日本帝国主義の「置き土産」であり、これの適切な解決がなされない限り、中国民衆の痛切な感情の記憶は今後も継続していくことになる。

6 おわりに—研究者側の「モラルの相克」について—

　「満洲」を視野に戦争体験、記憶、戦争責任についていくつかの問題を再提起したい。
これは筆者のこれからの継続的な課題でもある。体験には原体験と追体験があり、継承の在り方を考える。｛戦争（体験・記憶・責任）｝を囲繞連環する基点としてモラルが介在する。モラル（倫理、道徳）にはその時代が投影され、また暴力の負の連鎖にも転化し得る。これらの用語の概念にやどる歴史的事案、認識について引き続き具体的な論証を試みたい。［体験］では満洲を体験地とした文学を、［記憶］では戦争下の民衆の言語文化史の記憶を記録と共に精査し、その体験が刻まれた傷痕を、731部隊の負の遺産、戦時童話や綴り方に注目したい[12]。［責任］では十五年戦争を生きた知識人の中で国語学者をはじめ言語にまつわる贖罪を再考したい。そして、これら体験、記憶、責任をとりまく「モラルの相克」を通して、研究者の倫理観とも併せて何を学ぶか、総括を試みる必要がある。本稿の副題でもある「モラルの相克」は取り組むべき対象の「超克」を常にはらんでいる。満洲という記憶には物象としての遺産（遺構）と精神的な遺産（遺制）が介在する。このいわば「物心両面」の遺産にどう取り組むべきか。これは満洲という現代史を考えるうえで避けては通れないスタンスである。
　以上の「体験」「記憶」「責任」の統合を筆者なりに統合すれば次のよ

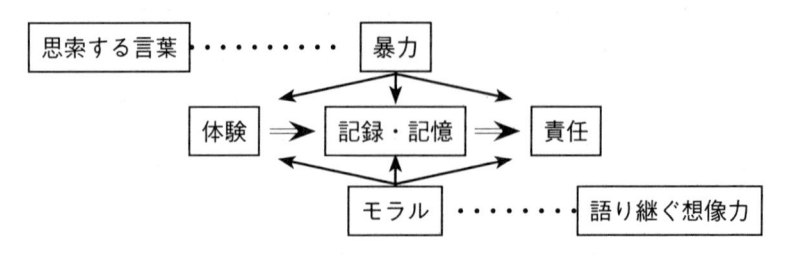

<言語力｛暴力［体験・記憶・責任］モラル｝想像力>

うになる。

　すなわちこれら三者を外側から暴力とモラルが囲繞し、さらに言語力と想像力が覆うかたちとなる。ここにいう言語力と想像力は歴史を語り伝える言葉、普遍的な「継承」のありかたを問う言葉であり、体験、記憶、責任を常に内包する倫理観にもとづく。同時に世代間の対話、過去との対話、被害者と加害者の対話を目指す想像力である。そして「モラルの相克」は加害者と被害者の「モラルの超克」であり、第三のモラル意義付ける。

　以上、本稿では満洲研究の内包する諸問題を多面的にとりあげたが、欠落している領域も少なくない。それだけ、この対象がさまざまな問題を抱合する領域であることを意味している。モラルの相克はこの領域を再照射する重要な観点であり続ける。そして満洲の遺産というとき、精神文化的側面とともに物象的側面の両面からの超克が必要と考える。

　標題に戻る。「モラルの相克」というとき、植民地教育史研究に携わる者として、重要な問題を提起しておかねばならない。それは自らに向かい合うモラルないしリテラシーの問題である。植民地教育史にかかわる史実の検証にはそれが教科書研究であれ証言のオーラルヒストリーであれ、当事者あるいは当事国の理解をもってしなければ二次的な被害をあたえる惧れなしとしないからである。すなわちモラルは研究倫理の問題、リテラシーとして大きく立ちはだかることを再認識する必要がある。「二次的な被害」と書いたが、これは研究のために当事者、当事国が預かり知らぬ方向で語られることへの不信感、不協和音を生み出すことにほかならない。研究がいかに体系的であろうと詳細をきわめた調査研究であろうと、そこには植民地下におかれた当事者、当事国の記憶が基底にあることを忘れてはならない。研究者はその立場を丁寧にふまえ、慎重な手続きと内省の上に立って資料を扱わなければならない。

　こうした筆者の思いは中国東北の労働史研究を専門とするある知人から伺った話をもとにしている。報告によれば、一研究者が不透明な手続きによって自らの調査研究に多くの資料を使用したことにより、当地においてしばらく日本人に対する資料の閲覧許可が下りなかったというのである。ことの顛末は詳らかではないが、これは二次的被害（当事国に対する倫理的被害）のみならず、第三次的な、つまり他の研究者に対す

る影響をおよぼすという訓戒である。昨今、自然科学、社会科学、人文科学の領域を問わず、さまざまな資料（史料）、データの扱いに社会的な厳しい目が注がれている。加えて植民地教育史には被植民地下の現地一次資料の探索に多大な関心が注がれる。グローバル時代において学際研究は開かれたものでなければならない。そうであればこそ、互いの当事者、当事国の理解の共有のうえに立った研究がもとめられるべきであろう。同時に慎重を期して相互に啓発をおしまない批判的な精神を共有する共同作業がもとめられる。以上、教育史研究という最も倫理観がもとめられる作業に臨む者として、自戒自重を込めた附言としたい。

　本稿では戦後七〇年に当たり、教育史は何を発信し得るか、教育史を総括するための思索する言葉、憎しみの連鎖を断ち切る想像力についても再考し続ける出発点とした。

附記
本稿は 2015 年 3 月 17 日に甲南女子大学で行われた植民地教育史研究会年次大会のシンポジウム「植民地教育支配とモラルの相克」において発表した草稿をもとに、大幅な改稿を行った。また、発表当日、十分に報告、討議できなかったことをお詫びするとともに、フロアーから複数の貴重なご意見をたまわったことに感謝申し上げる。また、本稿査読者からも適切なご助言をいただいたことにも深謝申し上げる。

追記
2015 年 9 月、立命館大学名誉教授木村一信氏が急逝された。長く外地日本語文学、高見順をはじめ南洋徴用作家の研究の第一線で大きな業績を残された。ここに謹んで哀悼の意を表し、生前に賜わった学恩、ご厚情に感謝申し上げるとともに、拙稿をご霊前に捧げたい。

【註】
1. 戦前の中国東北部は満州、旧満州とも表記されるが、本稿では満洲（国）と表記し、括弧をはずして用いる。中国側では従来「偽満洲国」と表記されるのが通例だが、近年「満洲」の括弧つきの表記も散見される。また「満洲／満州」と「満洲国／満州国」の使用も曖昧である。こうした背景についても論ずる必要があるが、省略する。
2. それぞれ海外社の機関誌『海外』、文藝春秋社総合雑誌『文藝春秋』昭和 13 年当時の南満洲鉄道株式会社掲載広告。このほかにも避暑に満洲旅行を誘う広告が雑誌、新聞にも頻繁に掲載されていく。満洲の「幻想」については、劉建輝「「満洲」幻想の成立とその射程」（『アジア遊学』Vol.44、勉誠出版 2002）などを参照。日本人の身近な戦争体験＝「満洲体験」として、たと

えば二松啓紀（2015）は身近な戦争体験として満洲をあげ、移民の肖像と戦後の残像を丁寧に記述している（『移民たちの「満洲」満蒙開拓団の虚と実』平凡社新書）。このほか、開拓移民問題と現地住民との接触、満蒙開拓青少年義勇軍の創設と破局、中国人残留孤児問題、シベリア抑留などなど重要な問題が複数あるが、紙面の関係で割愛する。

3　満洲を舞台にした文学の中で唯一、満洲国の建国理念などに言及した小説である。田中寛「高橋和巳『堕落』にみる〈理想〉の悲劇性―文学における戦争責任と戦後認識―」（『大東文化大学紀要』46号、2008）の考察を参照。

4　文学作品にみられる被植民地下での被抑圧的な異文化接触もモラルの相克にまつわる検証の一環であるが、ここでは『満州の光と影』（『コレクション戦争と文学』第16巻、集英社2012）、木山捷平『大陸の細道』（1962）などをあげておく。

5　このほかにも基本資料として武強主編『東北淪陥十四年教育史料』（第一輯1989、第二輯1993、ともに吉林教育出版社）、また王野平主編『東北淪陥十四年教育史』（吉林教育出版社 1989）が、東北淪陥十四年史叢書として郭素美・張鳳鳴主編『東北淪陥十四年史研究』（黒龍江人民出版社1996）などが継続的に出され、多くの教育史研究の成果を収録している。

6　長く植民地教育史研究に貢献して来た武強氏の『日本侵華時期殖民教育政策』の邦訳『日本の中国侵略時期における植民地教育政策』（蘇林・竜英子訳、宮脇弘幸監修。台湾致良出版社公司2010）が出版されたことは植民地教育史研究の国際化を象徴する成果である。

7　このほか、多言語・多民族・多文化国家としての視点から田中（2015）では建国大学における日本語思想教育の実態、満洲国の教育事情からみた教科書分析などを収めている。

8　「モラルの相克」は支配側と被支配側の心情的な対峙と交錯する。たとえば、日本では「開拓移民」、中国では「侵略・拡張移民」といった規定、多民族が協働して学んだとする建国大学の価値づけ、戦後の日本復興、中国東北の工業化の素地は満洲国にあり、計画された近代的な都市建設、戦後の中国人日本留学者の大部は中国東北地の出身とする評価、などがその典型例である。

9　以下の概要は2013年4月30日当日講演会の講演者発表レジュメをもとにしている。王希亮氏は黒龍江省社会科学院歴史処名誉研究員。東北淪陥史研究の第一人者。教科書問題研究など多くの著書がある。

10　中国語原題は「邁向民間和解之路：中日戦争歴史遺産的再省思」。さらに結論として日中の歴史認識の摩擦問題にも触れ「歴史的事実の解明を目指す共同研究はイデオロギーと国境を越え、さらには東アジア域内での戦争史に対する共通認識の養成に資するものとなるだろう。日本において研究基盤を構築し、海外で同研究を深化させようとする運営の仕組みは東アジア域内での国際研究交流の新しいパターンの一典型となるはずだ」とする。同氏はあえて「満洲国と大東亜戦争」という用語を用いたが、現在の中国共産党政権の確立経緯をめぐって再議論される中、ひとつの方向性を位置づける報告。

11　筆者は1995年から二十数年にわたり731部隊遺跡保存活動に携わって来た。以下の記述は2015年11月14に行われた「フェステ731の記憶」での講演

「731部隊の記憶継承の意味―遺跡保護と市民運動の視点から―」をもとにしている。
12 歴史認識をめぐる議論の中、メモリースタディーズが注目されている。記憶と忘却、謝罪と悔恨、悲劇とトラウマ、集合的記憶と個人的記憶などの問題を内包することにより、民俗学と歴史学、社会学と心理学などの学際的研究もみられる。戦争体験の「記憶」と「語り」、語り継ぐ「言語」をめぐる問題も植民地教育史研究のこれからのキーワードとなる。なお、満洲の記憶についてはアーカイブスをふくめ、以下のようなサイトも見られる。「満洲の記憶」研究会 http://manshunokioku.blog.fc2.com/

【自著参考文献】本文、注記記載のものを除く。
田中寛（2004）『「負」の遺産を越えて』（私家版）
田中寛（2010）『戦争記憶と歴史認識－未決の戦争責任・戦後責任論のために』（私家版）
田中寛（2011）「戦争被害と感情の記憶をめぐる考察―731部隊遺跡保護活動が語る記憶の傷痕」『立命館言語文化研究』23－1 pp.103-125
田中寛（2013）「戦争遺跡と歴史認識―731部隊遺跡保存活動を通して私が学んだこと」『大東文化大学紀要〈社会科学編〉』第51号 pp.175-186
田中寛（2015）『戦時期における日本語・日本語教育論の諸相』ひつじ書房

【歴史記憶に関する参考文献】本文、注記記載のものを除く。
イアン・ブルマ、石井信平訳『戦争の記憶 日本人とドイツ人』ちくま学芸文庫 2003
関沢まゆみ（2010）『戦争記憶論―忘却、変容そして継承』昭和堂
成田龍一（2010）『「戦争経験」の戦後史―語られた体験／証言／記憶』岩波書店
福間良明（2009）『「戦争体験」の戦後史―世代・教養・イデオロギー』中公新書
保阪正康（2013-）「戦場体験者の記憶と記録」、PR誌『ちくま』連載 筑摩書房
松尾精文，平田雅博，佐藤泉（2011）『戦争記憶の継承―語りなおす現場から』（青山学院大学総合研究所研究叢書） 社会評論社
三浦永光（2010）『戦争と植民地支配を記憶する』明石書店

シンポジウムの趣旨と感想

佐藤広美*

1 趣旨と報告者

　本シンポジウムのコーディネーターと司会は佐藤広美がつとめた。報告者は、佐藤を含め、井上薫（釧路短期大学）、李省展（恵泉女学園大学）、一盛真（鳥取大学）、田中寛（大東文化大学）の5人であった。それぞれ20分の報告予定であったが、一人ひとりの報告はのび、結局、討論時間は1時間弱となった。この点は惜しまれた。報告者のテーマは以下の通りである。
　1，発題：植民地教育支配とモラルの相克（佐藤広美）
　2，朝鮮総督府官僚、大野謙一の植民地教育・植民地支配観を中心として（井上薫）
　3，朝鮮ミッション教育事業の展開と神社参拝問題〜「信教の自由」を巡る総督府とミッションの葛藤（李省展）
　4，生き残ったもの（教師）のモラル ── 仲宗根政善の思想（一盛真）
　5，「満州」── 戦争体験・記憶・責任　思索する言葉の力と想像力（田中寛）
　問題の地域性とその比較を試みるためには、台湾や東南アジアからの報告もほしかったが、今回はあきらめざるを得なかった。
　シンポジウムの趣旨は、佐藤の発題そのものがそれにあたるが、簡単に述べれば、以下のようになる。
　「日本植民地教育支配にとってモラルは決定的な問題ではなかったか。植民地支配とはつまるところモラルの支配であり、モラルの優位性の明

*東京家政学院大学

示ではなかったか。天皇制道徳の普遍性の顕示であったろう。
　しかし、その実態は、モラルの観念性であり、モラルの破綻と腐敗であった。私たちは宗主国側におけるモラルの葛藤と堕落を、被植民地住民側における人間と抵抗のモラル(あるいは屈服も)を、総じて植民地教育支配における『モラルの相克』全体を克明に描きだしたいと思う。」
　井上は、朝鮮学務官僚の教育観をとりあげ、そこにモラルの所在を探りあてようとした。植民地における教育行政(=総督府)の朝鮮教育支配の実態を解くためにも、「教育行政に関する思惟の諸様式」(宗像誠也)の検討は魅力あるテーマであったと思われる。
　李の報告は、朝鮮総督府のミッションスクールへの神社参拝強要を巡る問題であった。問題の複雑性が感じられ、根底にある西洋の東洋への道徳的優位性の観念や信教の自由問題を手がかりに、ミッションスクールがいかに日本の植民地支配に向きあったのか、考え抜く必要を痛感した。
　一盛は、沖縄の師範学校女子部教授であり著名な言語学者であった仲宗根政善の思想をとりあげた。仲宗根は、1945年の沖縄戦で陸軍病院引率教師として動員され、数多くの「ひめゆり達」を戦場に残す。彼女たちの生と死にどう向きあったのか。沖縄の戦後抑圧の複雑性を踏まえ、仲宗根の葛藤をどう解き明かすのか、それが焦点であった。
　田中の満州報告は、現在に生きる私たちが植民地体験や戦争の記憶をどう甦らせ記述するのか、そこにモラルがいかに介在してくるのか、の問題提起であった。前の4人は、植民地時代・戦争時のその当事者のモラルをあつかっていたが、田中は、私たち研究者がいかに植民地教育史の研究に携わるべきか、そのモラルを問う報告となった。
　残念ながら討論時間が少なく、個別に報告者への質疑などはできず、全体として、論点を十分に深めることはむずかしかった。そういうこともあって、ここでは討論のまとめはしない。かなり重要と思われる会場からの発言は、報告者の論文にそれぞれひきとってもらい、反映させていただいたものと思っている。
　以下に、私の簡単な感想を記させていただく。

2　若干の感想

　なぜ、モラルを考えようとするのか。それは、本植民地教育史研究会が発会の時に考えた「アジアから信を得る」という理念に関わっているように思われる。

　あるいは、また、植民地教育史研究に関わろうとする人間にとって、どうしても考えずには済まされない、ある根源的な問題なのではないだろうか、ということである。

　さらに、今の社会状況や政治状況ということもおおいに関係しているようにも思えてくる。

　私は、いまだ、ほとんど十分に、上記の点を説明できる準備をしていないのだが、心のどこかでそのような確信めいた気持ちが強くあって、一度、本研究会でこの「モラルの相克」を取りあげてもらおうと考えてきた。納得できるような話しはできなかったが、運営委員会で了承をいただき、4人の報告者の承諾を得ることができた。

　当日は、私の発題と4人の報告者の具体的な事例が紹介され、「モラルの相克」という問題の所在とその検討の重要性がある程度参加者には認識していただけたのではないのかと感じている。しかし、もちろん、これははじまりであり、今後の研究と検討の深まりにかかっていることは間違いないだろう。

　本研究会は、1997年に結成されている。だから、今年で20年近い時を経過しようとしている。この間、会員の研究はさまざまな分野で発展し、力作が世に問われたのだと思う。海外との共同研究や留学生による労作も現れた。オーラル・ヒストリーの手法を自覚する新しい研究スタイルの論文も出てきた。大部の著作も続いている。

　私は、こうした研究に学びたいと思うし、その成果を多くの人々とできる限り共有できるようにしたいとも願う。そして、今後の研究の方向性を考えたい。こうしたとき、ふと、その初心に立ってみた。本誌創刊号で、小沢有作は次のように述べていた。

「戦後教育始発の状況も、教育の戦争責任を問うても、教育学の戦争責任を問題にする声は少なかった。日本植民地教育のアジア民衆にたいす

る加害責任を問う声は、さらに少なかった。まして、植民地教育にたいする教育学の責任を問う声は、さらにさらに少なかった。」(「20世紀の遺しもの」、5頁)

　小沢は「教育学の植民地支配責任」を考えることを大切にしようとしていた。こうして、私は、厖大な研究の蓄積を踏まえ、あらためて小沢がいう「教育学の植民地支配責任」という視点で総括することも無駄ではないのではないのか、と思うようになった。

　ただし、「責任」と「モラル」とでは、問題の重なりはあるだろうが、明らかに違う概念であった。責任は responsibility であり、他者(＝アジア)を想定し、他者にたいする個人ないし組織の態度を問うことだろう。モラルは morality であり、他者を媒介にしつつも、個人の内面の価値形成を問うことを重視する概念だろう。両者の違いは明らかだが、しかし、互いに一方を抜きにして考察を深めようとしても、それは不可能だとも思う。

　私は、「モラルの相克」という問題をとりあげてみて、歴史上の個人を、あるいは、今に生きる研究者個人の姿勢を問うことで、植民地支配「責任」を考える手がかりを得るつもりで、シンポジウムを提起させてもらった、ということであった。

　私の問題関心がどこまでシンポジウム参加者のみなさんの理解を得たのか、不安はまだ大きいが、4人の報告者の成果は大きかったように思われる。このシンポジウムを発展させる次の課題が見つけられることを祈りたい。

Ⅱ．特別寄稿

偽満洲国教科書と「産業開発」の関連性
——「第二期満洲産業開発」と「新学制」に重点を置いて——

斉 紅深*

はじめに

　1991年に「満洲国」教育史研究会会長の海老原治善東海大学教授の一行3人が中国へ共同研究者を探し訪ねてきた。彼は「日本植民地教育史を研究するのに、被害国の研究者の共同参加なしに歴史の真相を得ることができない」と述べた。その後、彼は私と日中共同で「満洲」、「満洲国」教育を研究する協定を結んだ。竹中憲一早稲田大学教授は私と植民教育経験者の口述史料を収集、整理、出版する協定を、「日本植民地教育史研究会」会長の小沢有作東京都立大学教授は私と日本侵華植民教育教科書を収集、複写出版する協定をそれぞれ締結した。最終的に彼らは健康の理由で協定を実現させることができなかったが、私は84名の研究者を組織し、協定内容を進めてきた。この30年余り、私たちはすでに1304名の日本侵華植民教育経験者のオーラルヒストリー及び千冊余りの教科書、4千枚余りの歴史写真、作文、日記、証書等各種の実物を収集整理し終えた。公文書は主に教育政策、法規、統計であり、マクロ的な歴史記述に偏るが、教科書、宿題、写真とオーラルヒストリーは具体的な内容、過程、ディテールを再現するので、オーラルヒストリーは一般大衆が持つ個性的な歴史的記憶である。これらの民間資料は公文書と共に歴史の多元性から日本植民教育の実相を示し、日中認識に共通の架け橋となることに貢献している。

　1996年7月、小沢先生が私を海外会員第一号として招聘し、新居で行われる日本植民地教育史研究会の設立準備会議に招き、更に渡部宗助

*瀋陽七方教育研究諮詢中心研究員

研究員が平成9年度の文部科学省科学研究費に応募する予定であった「日本占領下の中国語教育日中共同研究」の中国代表にしてくださった。それ以来貴会との共同研究と学術交流が始まった。1997年の北京教育研究院、1998年の宮崎公立大学、1999年の大連桃源小学校、2000年の東京学芸大学では相次いで数回の学術シンポジウムが開催された。また、2004年に宮脇先生のお招きをいただき、法政大学で行われる日本植民地教育史研究会第7回大会に出席し、私が代表を務めるオーラルヒストリーの調査と研究について報告した。この度、西尾達雄先生から会議への御招待をいただき、思わず過去の思い出が蘇り、日中共同研究と学術交流に尽力してくださった沢山の日本人研究者を懐かしみ、感謝の意を表したい。

日本植民地統治者は偽満洲国「新学制」の教育と「第二次産業開発」が最もその「理想」を体現できると考えていた。そこで本報告では、「第二期満洲産業開発」と「新学制」に重点を置き、集めてきた偽満洲国教科書を基に、次の三点について報告する。

一、「学制改革」と「産業開発」の同時進行
二、「新学制」とほかの時期の教科書との比較
三、「新学制」教科書における実業教育内容の概観

一、「学制改革」と「産業開発」の同時進行

(一) 学制改革準備段階

偽満洲国が成立された当初、植民統治当局は現行の中国学制を変更する必要があると認識していた。ただ諸条件が整っていなかったため、旧学制のままで新学制の準備に着手する他なかった。1932年1月18日、関東軍参謀長三宅光治が満鉄総裁に対して満洲在住の専門家や有識者を組織して重大問題に対する調査研究を行うように求めた。4月に辻正雄が主任を務め、大東文化学院教授内堀維文（前南満中学堂堂長）、前旅順二中校長飯河道雄、南満中学堂堂長安藤基平、前哈爾浜二中校長馬冠標、新京室町小学校長上原種豊の5人のメンバーで構成する教育調査委員会が成立された。調査の指導理念は「国家の百年大計」のために教育

制度を制定することであった。調査後、『満洲国教育方策』が提出され、(1) 満洲国教育の宗旨及び実施方針 (2) 学校教育体系案 (3) 師範教育案 (4) 日本語教育実施方案 (5) 編審局設置要綱案 (6) 日本移民教育案 (7) 小学校教育実施要綱案 (8) 職業学校実施設置要綱案 (9) 社会教育実施案 (10) 在満朝鮮人教育方案を答申した[1]。「新学制」が制定される前に、これらの「方策」は偽満洲国の成立初期に実施された過渡的学制の基礎となり、1937年「新学制」の原型ともなった。

　九一八事変[一]前の学制に比べれば、主な変更点は3つある。(1) 高等教育の実用化 (2) 私塾と民衆学校への統制強化 (3) 中等教育から実科教育への転換、である。「学校教育体系立案宗旨」では「教育政策の実施は師範教育に重点を置き、社会教育の実施は実業教育の発展によって決める」とある。よって、学制の簡素化、実業科の増加及び師範教育の強化が確定された[2]。1934年に偽満洲国では数多くの中学校が再開されたが、それらは次々に職業教育化されていった。農、工、商などの学科に分けられ、中でも農業科に変更された中学校が最も多かった。高等学校も全面廃止から徐々に再開されるようになった。

(二)「新学制」制定段階

　1935年8月、日本陸軍軍務局長は「満洲経済建設の第一期事業即ち国防上必要なる応急施設は略完了せる」と認識し[3]、偽満洲国に対する統治策も「治安第一」から計画的な経済開発へと変換した。この時、関東軍参謀から日本参謀本部作戦課長に昇任した石原莞爾が満鉄経済研究会に委託し、日満財政経済研究会を設立させた。総力戦体制を立てるための『国力増進計画』を策定し、開発を急ぐことで長期戦に必要な産業を支え、特に偽満洲国では積極的に行わなければならないと主張した。さらに、参謀本部は石原莞爾の建議に基づき『満洲国に関する要望』を提出し、「戦争準備の為満洲に於ける産業の飛躍的発展を要望」し、「(…) 戦争持久に必要なる産業の開発」と「(…) 戦争持久に必要なる軍需品は満洲に於て生産し得る」ことを強調した[4]。7月23日、参謀本部は「対蘇戦争準備の為戦争持久に必要なる産業は昭和十六年迄を期間とし日、満、北支(河北省北部及び察哈爾省東南部)を範囲として之を完成し特

(一) 訳註：満州事変の中国側の呼称。

に満洲国に於て之が急速なる開発を断行することを要望す」と表明した[5]。8月3日に陸軍省は『満洲開発方策綱要』を制定し、「産業経済各部門に亘り優良なる大和民族と堅実なる日本資本の進出を図り」、「我政府として永続的対満投資計画を、満洲国政府としては相当長期に亘る財政計画及開発計画を樹立」することを求めた。当「綱要」は「満洲開発」の各方策を定める基礎となり、「満洲開発」を日本の東北での護軍備戦(二)に結び付けた。関東軍は満鉄経済研究会に命じ、『満洲開発長期計画大綱』を完成させた。「二二六事件」の後に完全に国家権力を握った日本軍部の主導の下で、1936年8月11日に上述した政策は日本の五相会議で決議された「基本国策」に格上げされた。そこでは（1）日本は列強の覇道政策を正し、合わせて堅実な海外拡張政策によって「皇道精神」を実現させる（2）日本は東亜に安定勢力を確保する帝国の地位のため、必要な国防軍備を充実させる（3）日本は偽満洲国の健全なる発展と日「満」国防の鞏固を望み、経済的発展を促進するためにソ連の脅威を取り除くべきなどが決定された[6]。日本軍部は、満洲は日本の「生命線」であり、日本は満洲を取り入れ、経済と産業の面から満洲を開発し、対ソ連の防衛線となるように建設しなければならない、現有の条約と権利で日本と日本国民の在満権益を守らなければならないと主張した[7]。

その後、関東軍司令部は『満洲国第二期経済建設綱要』を発表した。「第一期経済建設」での国防に必要な応急施設を主とし、軍事、基礎産業の「組織化」を基礎に、以下の方針を確定した。「満洲国第二期経済建設は昭和十五、六年を目途とし帝国在満兵備の充実増強に伴ひ日満共同防衛上必要なる諸施設の実現を期する」と同時に「国防上必要なる産業に付ては有事の際成し得る限り大陸に於ける軍需の自給自足を目途」とすることであった。合わせて以下のように規定した。（1）経済開発の重点は「国防上必要なる諸施設の整備に資し得ること」であり、「満洲国に対する要望は之を統制して行ふものとす」（2）「内地人移民は積極的に指導奨励し朝鮮人移民は統制し山東河北移民は制限する方針」で、「内地人農業移民の満洲移住は二十年百万戸を目途」とする。（3）「大陸に於ける軍需の自給自足を目途」とし、「国防上の見地より満洲に於て開発するを便且必要とする産業は成し得る限り之を満洲に於て発展せしむること

(二) 訳註：軍を護り、戦争に備えること。

に力むるものとす特に鉄、石炭、石油、電気等の基礎的産業の開発に力を注ぐもの」とし、「農業生産品の有事の際に於ける軍需を考慮し成し得る限り現地補充主義の下に適当なる施策を講ずる」ものとし、畜産については「軍需の要求に即応しむる」ものとする。(4)「交通、通信に関しては主として作戦上の見地より各部門の統制ある整備充実を図」り、「鉄道に関しては満洲に於ける鉄道経営の一元化を実現し」、「自動車運輸事業、水運事業に関しては之が経営組織事業内容等を合理的に調整」する。(5)「税制の整理、関税の調整、公債政策等に依り財政の基礎を危くせざる限り積極的開発財政政策を樹立」する。(6)「対満投資に付ては(…)一般民間の在満産業に対する直接的投資を益々活発ならしむる様指導」し、「満洲国に於ては速に金融機関を整備し国内資本の統制、動員を図る」(7)満洲国行政機構の調整に方りては(…)行政機構の簡易化を図り各機関を通じ真に強力なる国家的統制活動をなすに便なる様考慮する」[8]。

『満洲産業開発 5 年計画』は 1937 年に実行された。1938 年 5 月に日中戦争全面化の影響で修訂され、計画内容は 2 倍となり、必要な経費は原計画の 28.9 億元から 60 億元に増えた。計画の要旨は「最大限に満洲の基礎資源を利用し、日本の生産拡大を図る」ことであった。

経済開発計画の策定と同時に、1933 年に設立された「学制調査委員会」は東北の教育レベルの現状等を含む「教育実態」についての全国的な調査を行い、満洲国の教育、特に民衆の教育レベルについての詳しい状況を把握した。この調査と同時に一連の会議、例えば第一回教育庁長会 (1933 年)、第二回教育庁長会 (1934 年)、教育改革評議会第一回会議 (1935 年)、中学校校長会 (1936 年) 等が開催され、教育方針について検討を行い、「各外国における学校制度の長短優劣を議論し」、「長短を取捨し、参考になる資料は保存」し、「新学制」制定のために資料を積み重ねていた[9]。学制調査委員会は教育現状の調査を通し、日本の軍事侵略と経済略取の目的に合わせ、短時間で何かの技能を持つ「忠良なる国民」を育成するための「新学制」だという立案の要点を確立し、「新学制」の原則を決めた。その要点は (1) 就業年限は短縮しなければならない (2) 教育内容は実業科目を中心に一般知識も兼ねる (3) 日本語は国語の一つにする (4) 道徳教育を中心に、国民精神を基とする精神

教育を各科目より優先する（5）在満日本人教育は別途管理する。

　1934年、溥儀が初めての「訪日」から帰国直後に『回鑾訓民詔書』を発表し、偽満洲国の政治、経済、文化、教育はすべて「日本天皇陛下と精神一体の如し」の原則に依拠するとし、日本帝国に利することで置き換えようとした。「第一回五年産業計画」の実施及び「中央」と「地方行政機関」の改革に伴い、「新学制」の制定もさらに切迫していた。5年間の調査、立案、討議と旧学制の改革を経て、偽満洲国は1937年4月14日に各界の「有識者」を召集し、学制調査委員会会議を行い、意見を求めた。最後、偽国務院会議及び参議会議の審査決議を経て、1937年5月2日、溥儀の訪日宣詔である『回鑾訓民詔書』が公表されて2周年の際に「新学制」を正式に発表し、1938年1月1日から実施した。

　「新学制」が定める学校教育系統は初等教育、中等教育、高等教育の三段階と師道教育、職業教育の二部門に分けられている。中等、高等教育の修業年限は計13年である。

　偽満洲国の「新学制」は日本の中国東北地区での産業開発のために制定され、その開発に資するものである。「国家」の実力と需要面から経済と教育の需給関係を調整し、更に教育を戦争へと結びつけた[10]。『学制要綱』では明確に「教育方針は有効かつ適切な具体的方法によって徹底に実現させるべく、抽象的かつ迂回的な方法はなるべく避けなればならない」。「労作教育に注意し、勤労精神を好む精神を培い、知的教育に偏る弊に陥ることなきを期」し、「予備教育の概念を排除」し、各級教育ともに「完成した教育」とする。「実業教育或いは実務教育を重視」し、「所謂学問遊民の輩出を防ぎ」、「文教による国家の統制を求め」、「学校と社会を密接的に連接させ、学校を社会的教化の中心とさせる」と規定している[11]。各段階の教育は全て完成した教育であり、生活教育と労働技能教育を大幅に強化させ、技工学校も発展の機会を得られるので、「新学制」実施後の教科書における実業教育の教材内容は「初等教育と密接的な連結を持ち、中等及び高等教育は主にこの原則に従う」とした。よって、実業教材の内容はほかの時期の教科書より目立っている。

　各国民高等学校では、普通文化科目と基礎科目の時間数が減らされ、実業類科目及び時間数が増やされ、全授業時間数の約二分の一を占めている。数学、理化学など基本知識の教授をなくし、実業科目の実際的な

操作が強調され、学校は労働技能訓練所となってしまった。このような「国民生活の安定に重きを置く必要なる実学と知識技能の教授」という実務教育の強化は、迅速的に農業、工業、商業において緊急に必要とする専門技術者と労働力を育てるためであり、生徒に労働スキルと初級の職業技能を習得させ、早急に統治者の為に富を作り出し、戦争の拡大による需要の増加に対応することを目指していた。1938年3月、関東軍の計画によって『1937年到1943年度満洲国戦争準備指導計画』が制定され、偽満洲国を全面的に日本の戦時体制に組み込んだ。1938年5月14日、関東軍参謀長東条英機が会議で「今や満洲政府は産業五ヶ年計画の第二年度以降の計画に対し積極的修正を加え、時局の要求に応えんとするが、その実行には、資本、労力、技術その他生産諸力の総動員を必要とする」と述べた[12]。

二、「新学制」とほかの時期の教科書との比較

(一) 初期の「暫定」教科書（1932年9月—1934年9月）

　偽満洲国成立後、偽国務院は学校に暫定的に四書孝経を使用するように命じ、九一八事変以前に使われていた教科書に墨塗りをさせ、「一切の排日的教材がない」ようにと応急措置を取った。1932年6月に偽満洲国民政部が「訓令」を発令し、南満洲教育会が関東軍の指令によって「緊急に編纂し、緊急に改訂」で編集した学堂教科書（22冊）と、奉天省公署教育庁編集の暫定教科書（32冊）を「応急措置」として、1932年9月から偽満洲国各地で使われる小学校教科書に採用した[13]。

　南満洲教育会教科書編輯部の教科書の特徴は（1）知識的内容を中心とし、その中に日本の政治観点を浸透させた。(2) 歴史、地理教科書において日本の中国東北への侵略を「正当化」した。関東軍が計画的かつ意図的に九一八事変を発動させたのにもかかわらず、張学良が東北軍隊を率いで戦争を始めたことが原因だとした。これは「不幸な大衝突」であり、東北人民は「虐政から自然的に救いだされ、生まれ変われることに喜びを感じている」とした。日本の操作によって成立した偽満洲国は、東北各国による自発的な「民意の尊重」や「物帰原主」精神のもとで、

「治安に努め、三千万民衆に最大の幸福を享受させる新国家」としていた[14]。

偽奉天省教育庁の図書編審委員会が編纂した教科書では、経学、孝経など中国の伝統文化に関する内容も増やされた。

(二) 初期の「国定」、審定教科書（1934 年 9 月―1937 年 12 月）

1932 年 7 月 25 日に偽満洲国文教部は、岩間徳也が代表を務め、江幡寛夫、邢定云（1932 年 1 月 25 日奉天省教育事務準備処が成立した時に図書編審委員会主任を務める）、福井優、志琮、劉爽等の日・中各 3 名の編審官がメンバーとなる教科書編審室を設立した。1934 年 9 月から 1937 年 6 月まで、三期に分けて計 44 種類 85 冊の教科書が編集された。小学校は教授書以外の主要科目の編集を終え、初級中学校の教科書の編集も一部完成していた。文教部が直接に編集に関わっていない初級中学、高級中学及び師範科目の 23 種類 29 冊の教科書は偽満洲国洲帝国教育会が編纂し、文教部の検定を受けたものであり、1936 年 3 月に発行された。これらの教科書は審定教科書と呼ばれ、大半が自然科学に関する知識科目だった。そのほか、小学校教員用の教授書も計 7 種類 9 冊が刊行された[15]。

この段階の教科書の特徴は以下の通りである。

(1)「日本化」の内容を強化する。直接に日本の軍勢を宣揚する内容が相対的に減少し、「忠孝」など封建主義の思想を宣揚する内容が主流となる。例えば 1934 年に編集された初級中学校の国文教科書は基本的に古文が中心だった。例えばその第六冊の教科書に計 62 教材があり、大半は『古文辞類纂』と『歴代詩選』から採用されたものである。教材の採択には復古的要素が現れ、清朝的な特徴が際立っている。この第六冊では古詩が計 30 篇に達しており、文章と同様に詩を用いて思想指導して封建道徳と詩律を重視したが、生徒の理解の程度は考慮されていなかった。

(2) 歴史、地理教科書は日本の侵略を正当化した。初級中学校の『本国地理教科書』は偽満洲国を独立国家として扱い、偽満洲国は自然的に独立した地域を形成する地理条件、豊富な資源及び大きな開発価値を擁していると宣伝している。偽満洲国の「国体」を紹介する時に、「王道主義」

は「民を道くに徳を以てし、之を斉うるに礼を以てす。隣を善くすに仁を以てし、之を推すに恕を以てす」であることを宣揚する[16]。

(3) 溥儀が『回鑾訓民詔書』を発表した後、「民族協和」と「一徳一心(三)」を宣揚することが教科書の思想軸となり、日本を美化する内容も著しく増加した。例えば初級小学校の『日本語教科書』上冊、下冊では偽満洲国の「国旗」「国都」や溥儀の訪日を紹介する教材だけでなく、『養老の滝』『聖徳太子』『天の岩屋』『おろち退治』『日本のはじまり』『皇大神宮』等といった日本神話を通して日本史や日本文化を宣伝する教材も取り入れられた。初級中学校の『国史教科書』第一篇「建国前史」は計8章あるが、東北地区の少数民族の歴史、粛慎、高句麗、渤海、遼、金、元、清の歴史しか述べられておらず、その僅かな記述の中でも日本との友好関係に関してのみ詳しく説明内容を入れている。「渤海と日本の関係」については「満日両国の関係は、最も早く起こった。高句麗第十一代東川王の時代に日本に遣いを派遣した。事後諸王は亦しばしば日本を訪問し、以て親仁善隣の挙をなし、而して私人の往来は商業に携わる貿易者を作り、続々と渤海の興起に及び、而して満日の国交は、さらに特著の世である。」と述べている[17]。当時中国東北地方には「満洲」[18]という言葉も存在していなっかたのにも関わらず、「日満国交」の歴史を作り出し、東北人民の日本に対する「親仁善隣」の「伝統の淵源」を宣揚している。この部分はさらに5ページを使って渤海から日本への遣使の年表を紹介することで、「今日日満が協力し合い、家族のようにできるのは歴史上必然となる結果である」ことを証明しようとした[19]。第二篇の「建国後史」は、「建国」、「満日の協力と政治の革新」、「帝制の確立と皇帝の御訪日」、「文化と社会」、「国民の覚悟」の計5章であり、「日満親善」の基で「王道楽土」を建設することを宣揚した。

(4)「審定」教科書に対する厳しい規制があった。例えば、康徳二年(1935年)に偽満州帝国文教部の検定で「絶対禁用」と不認可とされた「不認可教科書」は156種あり[20]、修身、教育、国文、英語、歴史、地理、数学、自然科学、法制、経済、商業及び農業等各種類の教科書が含まれている。

(三) 訳註：心を一つにすること

（三）中期「新学制」実施後の「国定」、検定教科書
（1938年1月―1941年12月）

『新学制施行規程趣旨』には、教科書は教育目的を達成させる教材の主な部分であると記され、教科書の編纂原則についても明確に定められている。主な内容は以下の4点である。

(1)「精神教育を主眼とする」ことを強調し、「道徳教育を中心にし、特に国民精神を基礎教育とする。日本との「一徳一心」の関係、日本の心を心とする」「建国精神」及び「東方道徳」における「忠孝大義」などの道徳観を植え付ける。

(2) 修業年限とカリキュラムを短縮し、精神教育、労作教育と実業教育の授業時間数を増やす。教育コストを下げ、早急に「経済開発」の為に緊急に必要となる実用的人材を育成する。偽満洲国総務長官の星野直樹は「満洲の教育としては（…）一般の大学は国家有用の材を作る。即ち学の研究と云ふことよりも出でて直に社会生活に於て、その分に応じたる範囲内で一人前の仕事が出来る者を養成することを中心として居ります」と述べた[21]。

(3)「実務教育」と「実業教育」を強調し、各級各類の学校における職業科目、労作科目と職業科目の時間を増やす。実務科目の教材の分量も大幅に増加した。

(4) 日本語を「国語」とし、中国語を「満語」に変える。日本語の教授と普及を「国家の発展と密接的な関係を持つ」重要事項とみなし、「日本精神」と親日思想を植え付ける重要な手段及び同化の橋掛けとする。偽満洲国民生部編審官で、民生部国語調査会委員の福井優は以下のように述べた。「満洲国はこの優秀な日本語により、日本文化を速やかに移入せられることによって生活を改善することが急務であると考えるのである。（…）日本語そのものの持って居る内容によって、全的にその人間を教育していく、つまりその感情生活を日本語によって建て直す所に根本的理由が潜んでいるのである。（…）将来原語は漸次使わなくなっても一向差し支えないと思う。これを使わなくすると云えば語弊があるが、恰度朝鮮で朝鮮語読本を漸次廃止する機運に向いつつあるのと同じことだと思う」[22]。

(5)「国民道徳」教育を重視する。『新学制施行規程趣旨』では「新規程

の科目中、特に留意すべきは初等教育の国民科、作業科実務科及び中等教育の国民道徳科である」とした[23]。民生部教育司長の皆川豊治は「学科目に関しては有機的に之を統合し、その数を調整せんことを期し」、「知識の偏奇を避け、知識の関連性と応用自在の習得を期せんとしたのである。例へば初等教育に於て国民道徳、国語、国史、地理、自然等を有機的に統合して国民読本として纏め、これを国民科と云ふ学科目としてゐる（…）内容上は教科全体を共に国民道徳に帰一せんことを期し、これは我が国教育の根本方針の意図を具体的な表れに基づくものなり。」と述べた[24]。

「新学制」の実施後に初等教育の教科書、教授書及び中等、師道学校の「国民道徳科」教科書、「満語」教科書を「国定」教科書と定め、ほかの教科書を「検定」教科書とした。検定教科書も自発的な編纂されたものではなく、民生部が直属の学校や社会から「適任者を選んで編纂を勧め、受け入れた者には編纂奨励金を支給し、編纂された図書の印刷と発行も本部より様々便宜的な方法を提供し、検定を受けるように指導する」とした。1938年11月に寺田喜之郎（奉天第一中学校長）が首席編審官に任命された。1939年10月に教科書審議委員会が成立し、1940年に編纂官室は60人へと拡大し、教科書に対する更なる統制が行われるようになった。工業類等いわゆる「特殊者」以外に、従来の「検定教科書」を完全に「国定教科書」に変更し、漸次検定教科書を廃止にした。1941年に至るまで、「新学制」実施後の五年間は合計330巻の教科書が編纂出版された[25]。

教科書の内容が日本の意図に符合することを保証するために、「満語」教科書はまず日本人編審官の岡村房義が日本語の原稿を作成してから、中国人編審官金憲云（清粛親王第十三王子）が中国語に翻訳し、日本人の太田洋愛が挿絵を描くこととなっていた。さらに印刷所の決定過程まで関東軍の私服憲兵の監視下で行われた[26]。こうして、「満語」は日本語の改造による「協和語」となった。

「新学制」の教科書は『新学制施行規程趣旨』を忠実かつ徹底的に守り、その内容の特徴は以下の5点である。
(1)「日満一徳一心」を宣揚する。斉藤茂が『国史』教科書の「編纂趣旨」で以下のように述べている。「凡学校で歴史を学ぶ或いは教授する者は、

常に下記の二大目的を銘記すべきである。①徹底的に我が国の国体を理解し、特に『回鑾訓民詔書』の聖旨に基づき、日満一徳一心の真義を明らかにし、日満皇室を中心とする我が国を守る決心を強化させる。②我が国の国民文化体系を整備し、われわれの努力により、東方道徳を基礎とする輝かしい世界の文化を創り出すという覚悟を固める」[27]。そのために、教材は古代史を極力に簡略化し、甲午戦争（日清戦争）から漸次詳しくし、日本の「協力」「開発」が偽満洲国政権の「一徳一心」を扶助するという歴史事実に対してなるべく詳しく記述し、「道徳教育」の目的達成を図る。

(2) 日本の天皇を尊崇することを宣揚する。1938年10月10日に偽民生部が国民高等学校の『（満語）国民道徳』（第一巻）を編纂し、教科書の最初には『建国宣言』、『執政宣言』、『即位詔書』、『回鑾訓民詔書』が印刷されている。それぞれの内容は次の通りである。「中堅国民である学生の本分は青年の修養であり、恩に報いて感謝し、自立と服従、人生と国家、我が国の建国、友邦の仗義援助、皇帝の即位、回鑾訓民詔書、無壊無窮の国家、歴代天皇の御仁慈、国民の忠誠、孝道の尊重、皇帝の宏謨、国民の信念、国家の清明、責任の尊重である。」全編において歴史を歪曲し、史実が改竄され、日本天皇と偽満洲国皇帝に対する崇拝や侵略者日本への感謝、偽満洲国に対して親しみを感じさせ、偽満洲国「国民」として親善、忠孝、遵法等の責任と義務を備えるべきだと述べられている。なお、『歴代天皇之御仁慈』では「友邦日本帝国は、能く其の天壌無窮の国体を維持せられ、今日世界の一等国に列するは、其の国威愈々赫赫たるは、完全に皇祖天照大神の偉大な神勅によるものである。三千年来に亘って歴代天皇能く仁慈を施すは、国民能く忠誠を尽くし、以てこの聖旨の実現するところと致すなり。故に吾が斉ての満洲国国民は、亦皇帝陛下の聖旨を奉戴し、友邦日本帝国に鑑み、永遠無窮の理想国家の建設に向け、勇往に邁進する。」との記述がある[28]。また、全中国「数千万里の国土」はもし日本の統治を拒むなら、「恐らく亦其の無憂は期し難し」と記されており、東亜の平和も最終的に保てられなくなるので、「吾人必ずや友邦日本と同心一体となり、先に隣邦支那の四億の同胞をして豁然と覚悟をなさしめ、塗炭の苦しみを防止し、而して幸福の途に進む」とした[29]。

(3) 日本文化を宣揚し、漸次に中国語を日本語で取って代わる。1938年1月1日に刊行された国民高等学校の『(日満語)音楽』(上巻)の目次は「君が代、(偽満洲国)国歌、入学、飛行機、建国精神、希望、日満不可分、歓喜の歌、春来到、満洲国旗、猛進、送別の歌、祈祷、秋の歌、暁の歌、牧童、憶幼時、冬の朝、雪花飄」と日本語の曲が大半を占めている。また、「満語」で編纂された教科書では多くの日本語片仮名が使用されている。

(4) 日本軍国主義精神を宣揚する。『国民学校日語国民読本』(巻八)(康徳七年十二月十五日民生部検査済)の目録は「一、日本の建国;二、建国神廟;三、明治天皇;四、青少年義勇隊;五、馬;六、ワガ国ノ交通;七、空の旅;八、鵲のボ;九、防空演習;十、国境の守り;十一、開拓地の光栄;十二、虫;十七、蒙古ノ牧畜;十八、継走;十九、取入れの頃;二十、協和会の話;二十一、鉄道愛護;二十二、開拓村;二十三、国都;二十四、松花江のダム;二十五、日本見物;二十六、旗の波;二十七、西住大尉;二十八、満洲月ごよみ;二十九、日本語の勉強」で、全教材において日本軍国主義の価値観を体現していない教材がなく、日本文化、天皇、日満協和を直接に宣伝している内容がほとんどである。一見知識的教材にみえる「馬」もまた武士道精神を宣揚する教材だった。

(5) 理科教材のレベルを下げ、政治性を持つ内容を浸透させる。学生に偽満洲国を認めさせるために、国民学校の算数教科書に偽満洲国の「国旗」の数を計算する応用問題が取り入れられている。国民高等学校、女子国民高等学校の『(満語)算術代数上巻』(西垣久實著、康徳五年発行)には偽満洲国の硬貨や両地の距離、物産等を計算する問題がある。

(四) 末期の「国定」、指定教科書 (1942年1月—1945年8月)

太平洋戦争の情勢に適応するために、康徳九年(1942)に偽満洲国は学校の規程を変更することを決め、「教科用図書の編纂計画は別途定め」るとし、更に五ヶ年計画を制定した。1942年に123冊、1943年に97冊、1944年に93冊、1945年に76冊、1946年に51冊、1947年に26冊の教科書が編纂される予定であった。また、満系学校では15冊が未定であった[30]。1943年4月に文教部は二回目の再編後、編審部長寺田喜治郎の指導の下に建国精神班、日語班、満語班、蒙語班、普通班(理数

科)、実務班（実業、家政）、芸能班に分けられ、それぞれ編集と審定審査の業務を行った。「建国精神」に関連する科目を更に重視するようになった。また迅速に各学校の「建国精神」教授要目を制定し、1944年6月27日に直接に国民高等学校の教科書として使用できる内容を編纂し、各省長、特別市長に伝達した。溥儀の『奠定国本詔書』が頒布されて以来、「惟神の道」に基づいて偽満洲国の「建国精神」に対して再解釈を行った。新任編審部長加藤将之の指導のもとで、編審部は如何に教授要目及教科書に「建国精神」を体現させるかについて知恵を絞りつくしたが、やはり自分たちの説をうまく繕うことができなかったため、結局『国勢』という教科書を刊行しただけで、「建国精神科」の「国定」教科書は日本が敗戦するまでも発行されなかった。

　この時期の偽満洲国教科書の編纂と使用は既に通常業務ができなくなっており、喫緊の需要に対応するために、臨時的な読み物を編纂せざるを得なくなっていた。

　偽満洲国末期教科書の特徴は次の通りである。

(1)「建国精神」教育を強化する。太平洋戦争勃発後、「建国精神を徹底的に発揚すること」が教育方針の最も重要な点となった。カリキュラムの設置上も「国民道徳」と「国勢」（地理、歴史）の二つの科目を合併させて「建国精神」にした。1944年6月27日に偽満洲国文教部が発布した訓令『国民高等学校建国精神教授要目制定之件に関して』には、「要目編纂の趣旨は国本を明らかにすることにある」「親邦日本の国体及びその歴史を明確に認識する」「もとより惟神の道は、国民の進むべき道を闡明にし、これをして忠良国民の信念を確立せしむる」「日満一体不可分、大東亜共栄、世界新秩序建設の一貫的信念に基づき、その使命と地位を闡明にする」などと強調している。同時に、偽文教部は『建国精神教授要目一覧』を公表し、第一学年から第四学年の教授要目を定めている。第一学年は「皇帝陛下」、「帝旨奉体」、「建国」、「国土」、「国民」、「家」、「忠孝」、「建国之理想」、「学生之使命」、「礼法」の計10課、第二学年は「建国神廟」、「国体」、「徳性之涵養」、「智能之涵養」、「身心之鍛錬」、「情操之陶冶」、「勤労」、「本分」、「公益」、「礼法」の計10課、第三学年は「惟神之道」、「先人之偉業」、「至誠」、「和」、「尚武」、「公正」、「礼譲」、「慈愛」、「邦恩」、「道義」、「礼法」の計11課、第四学年は「日本之国体」、

「東亜之共栄」、「我国之使命与国民之道」、「国民生活」、「政治」、「国防」、「経済」、「文化」、「教育」、「国民之覚悟」、「礼法」の計11課である。各課の要目ではさらに若干の細目に分けられた。すなわち具体的な教授要綱である。偽文教部はさらに『国民高等学校建国精神教授要目大意に関して』を発布し、その要目の内容についての規定を定めた。

(2)「惟神の道」を宣揚する。日本は偽満洲国に日本の天照大神を祖神として祀り、崇拝することを強要していた。教材には『惟神之道』『万邦無比的国体』『神敕』『八紘一宇』『教育勅語』『現人神』等、日本神道を宣揚する内容を増やした。しかし、「惟神の道」をはっきりと説明できなかったため、「惟神の道は説明できるものではない、実践すべきものである」とせざるを得なかった。「大東亜戦争、ますます日本国体の精華を発揮させており、日本皇軍将士の忠勇義烈な行動、国民全体に溢れる滅私奉公の精神は全てこの惟神の道によって現れたのである」とも述べている[31]。

(3) 時局教育を強化する。この時期の教育の重要な任務は学生に「聖戦の意義を解らせ、時局の困難を克服する覚悟を固めさせ、更に武運長久を祈り、聖戦の必勝と同時に、更に東亜新秩序の建設に向けて以て協力奉公の至誠心を誓わせる」[32]。学校の活動や教師の授業は時局に「対応」し、「すべての知識の注入は、宣戦の大詔及び時局に関する詔書のように、その意義を詳細に解釈すべきであり、宣戦の必然性及び聖戦協力を至上とする精神に対する深い認識を持たせ、学生に知行合一させ、訓練内容と密接に連結させる」こととなった[33]。

三、「新学制」教科書における実業教育内容の概観

「新学制」の教科書は迅速に実用的人材と技術に熟練している実践力を得るために編纂されたので、理論をなるべく減らし、実用性の高い応用的な内容や実際の操作に繋がる内容を増やした。教科書数が多いため、いくつかの例を挙げて説明する。

(一) 鉱物、理科教科書を中心に

「新学制」の実施後に編纂された最初の民生部検定教科書の中に、国

民高等学校、女子国民高等学校の『(満語)鉱物』[34]の扉は『非金属鉱物』の色刷り挿絵であり、計132頁、付録12頁である。

この鉱物教科書の内容は比較的に豊富で詳しく、専門性も高い。偽満洲国初期段階の中等学校の『鉱物教科書』[35]を基に改編されたものである。中等学校の『鉱物教科書』表紙には文教部審定と書かれており、奥付の著作兼発行者は満洲帝国教育会で、康徳三年（1936年）三月二十日文教部審定、康徳三年三月十日印刷と記されている。全142頁、付録12頁である。

「新学制」実施後の『(満語)鉱物』には『鉱物教科書』の第九章が削除されたが、この第九章は計12頁で、理論的内容が中心だったため実用性に乏しい教材だった。

上述した内容から、「新学制」実施後の理科教科書の編纂意図は実用性が際立っていることがわかる。同時に知識の一貫性にも注意を払っている。この点については偽満洲国末期の教科書との比較で明らかとなる。更に「経済開発」に必要な実力を持つ熟練的な作業員と技術者を育成する目的に対応するために、1940年から教科書に対して大幅な改訂が行われ、理論的内容をさらに減らし、実務や労作時間を増加させた。例えば中等学校の『満語』にある古文教材の割合が減らされ、算数、代数、幾何、三角を数学に、動物や植物、鉱物、生理、物理、化学を『理科』（博物、物化二種）に、地理と歴史を『地歴』に統合させられた[36]。

この二冊の教科書において、鉱物に関する内容はそれぞれ20頁、32頁と18頁で計70頁であり、かなり簡略された。ページ数では偽満洲国第二期、第三期教科書の約1/5だった。このようにページ数は大幅に減らされたが、内容的には実用から少し離れた理論的内容が増えた。同時に挿絵など直観的な教材も大幅に減らされた。

偽満洲国末期の理科教科書の概要を理解するために、康徳十一年（1944）発行の『(満語)理科（博物）第二巻』（満洲帝国政府著）の全体の内容をみよう。『(満語)理科（博物）第二巻』は合計217頁であり、第一巻と同じである。内容には普通生物の観察、動物の分類、生物と環境、生物の分布、食物と栄養、衣服、住居、人体寄生虫、生物の進化、生物の遺伝、国家と人口が含まれ、計13章である。内容は雑駁で、教材の排列もバラバラであった。

『(満語)理科(博物)』に統合された教材はほかにも動物、植物、生理、地理等の知識が含まれている。

偽満洲国民生部が康徳五年（1938年）に検定した教科書に『(満語)動物』、『(満語)植物』、『(満語)動植物』が各一冊あり、全て第一学年用である。学校は教科書を選択できる。『(満語)動物』『(満語)植物』を選択するか、『(満語)動植物』を選択した。国民高等学校の『(満語)動物』は奉天農業大学教授中野誠一が日本語の原稿を作成してから、陳延中に中国語の翻訳を依頼した。『凡例』では注意すべき点が何点かあった。「教授者は自由に取捨選択して以てこれを教授し、冀くは本書を用いて教科と為す時、各動物の大要を以て教え、形状および構造などの微細な差異に至っては、須く生徒の学力の程度如何を見て而してこれの教授を参酌し、その聞くに困難を感じせしむるなかれ」[37]。つまり、教授の内容は学生のレベルに合わせて取捨するべきだということである。「特に哺乳類、鳥類、魚類、昆虫類に就いては適宜の材料を以て解剖を行わしめ、体躯の構造に対しては、内蔵各器官の大要を与え、先に概念を以て与え、而して後に本書を利用し便をなすべし。」というのはつまり、解剖を重視し、まず実際の知識を得てから、本教科書を用いて理論と実際を結合させることである。また、作者は中国東北地区の動物の分布や生息している動物の名称を熟知していなく、学界による確認も少ないため、各地の教員に補足や意見を求め、後日に修正を行うと述べている。上述した教科書と同時に検定、印行された『(満語)動植物』は動物、植物を一冊に統合したものである。著者は『序』で述べられた理由は「元来動物と植物は、其の体制と生活上において均しく不可分の関係がある。故に分けて而してこれを教えるは、宜しい所にあらざるなり。これ編者を以て其の共通の事項及び密接の関係に就いて詳しく之の記述を為した。」とある[38]。動物と植物を一冊にした理由と詳しい特徴を述べているが、学校に選択してもらうための説明とも言える。その後、著者は教材採択、排列と教授上のアドバイスを紹介し、実験を重視し、実用に繋げる考えをも強調した。

これ以外に、『(満語)理科(博物)』教科書に統合されたのは物理、化学、生理、地理などの知識も含まれている。

偽満洲国民生部が康徳七年（1940年）に検定した教科書に『(満語)

物理』、『(満語) 化学』が各一冊ある。前者は松尾俊市、桜谷清太郎の共著である。内容は比較的平易で、緒論、物性、熱学、力と運動、波動と音、光、磁気と電気などの七節と索引のみである。また、商業を中心とする実業科の国民高等学校と女子国民高等学校で使用するこの教科書は、理科の教授時数が少ないため、内容をさらに簡略化し、一部の法則や理論、知識を省略することもできるとされた。『(満語) 化学』は松尾俊市と王秀英の共著である。分量は『(満語) 物理』の 3/4 に相当する。そのため理科の各科目の教授内容は概ね平易である。末期（1942年1月—1945年8月）になってから、これらの教科書も全部『(満語) 理科』の一部へ統合された。『(満語) 理科』は計一巻、二巻の二冊である。

(二) 農業教科書を中心に

　農業教科書の情況も概ね同じである。初期の「国定」、審定教科書の段階（1934年9月—1937年12月）では、中等学校の『農業教科書』は文教部が審定した一冊のみである。中期の「新学制」実施後の「国定」、検定教科書段階（1938年1月—1941年12月）では、『農業汎論』『畜三泛論』『作物』など数種類になり、内容も豊富になり、強化された。さらに実際の活用的な教材に結び付けると強調するようになった。同時に挿絵や写真、図表なども重視されている。末期の「国定」、指定教科書段階（1942年1月—1945年8月）になると、内容は大幅に簡略化され、「満（中国語）」日語対照の『園芸』一冊のみに縮減された。

　「新学制」実施後の教科書は大いに実業教育の内容を強化した結論を説明するために、国民優級学校『満語農業要綱』（上冊）を例にみよう[39]。本教科書は321頁あり、計80課である。農業概論、偽満洲国農業概況、農業栽培全過程、種土壌肥料等生産における各要素、野菜、糧食等各種農作物の生産、収穫、加工、家禽の飼育等各方面の内容が含まれている。教科書の最後に偽満洲国農業概況に関する8種類の表が付録されている。

　通年授業時数は127時間、実習は153時間であり、ほかの科目の授業時数を超えている。農業教育を重視しているのもこれでよくわかる。

(三) 偽満洲国末期教科書概説

　偽満洲国末期には学校規程で規定されている授業時数が減らされたの

で、教科書も更に知識面の内容を簡略化にした。農科、工科、商科、水産、商船各科の国民高等学校の授業時数について、日本語と国民道徳は20％、一般文化授業と実業科はそれぞれ40％ほどを占めている。太平洋戦争勃発後、偽満洲国は「戦時教育段階」に入り、「勤労奉仕」、軍事訓練等に大半の時間が取られ、教学の秩序はすでに保てられなくなっていた。

産業開発の内容も「民族協和」の宣伝を主とする文系の教科書に現れた。例えば国民道徳、日本語、「満語（中国語）」の中に現れた。国民高等学校の『国語（満語）』巻二第35課『我国開拓事業的真意』では日本移民が農業開拓を行う意味について「開拓事業は我が国の諸般建設中にあってゆるがせにできない問題である」と説明している。更に「開拓」と「協和」の関係についても「これにより又我が国は民族協和の国家となり、各種の建設は協和運動と伴って進行し、開拓事業も自ずからこの例に外れず。」と指摘した[40]。

総じて言えば、日本植民統治者の観点からみれば、「満洲産業開発」は「成功」を収めていた。その中で教育は他に代え難い重要な役割を果たしていた。

「満洲産業開発五年計画」の実施は偽満洲国の重工業と軍事工業に大規模な発展をもたらし、日本全体の戦略需要に適応したものであった。最後の一年の1941年の主要な生産指標を実施前の1936年を100として、石炭178、銑鉄219、鋼塊154、鋼材204、アルミ1666、液体燃料160、塩150、電力241、高粱115、粟114、トウモロコシ148、大豆85となっている[41]。5年間で日本は中国東北から大量の物資と富を得ていた。例えば、銑鉄と石炭は1936年に日本は中国東北から輸入した生鉄は輸入総額の35％を占めていたが、1941年には86.1％に増加した。1942年には95.6％にまで達した[42]。1941年東北の石炭産量は24190千トンであり、一般暖房用の石炭は4231千トン、総産量の17.49％を占めていた。それ以外の石炭は全て戦争と日本へ輸送された。その中に日本軍用の石炭は2500千トン、偽「満洲国軍」用の石炭は121千トン、「満鉄」鉄道用の石炭は4973千トン、昭和製鋼所の錬鉄用石炭は3170千トン、日本と朝鮮へ送られた石炭は1019千トンだった[43]。これでも日本が「満洲産業開発」から得たごく一部の利益だった。

終わりに代えて

　本文はこれにて終了である。が、今日会議用のパワーポイント（PPT）を作る際、文部省内文教研究会編の『文教維新の綱領』（新紀元社、昭和十九年四月）を閲覧した。文部大臣子爵岡部長景が序言の最初にこう記している。「現在進行している大東亜戦争は武力と食糧生産の戦争だけではなく、科学技術の戦争であり、教育と思想の戦争でもあった。」この本で考えられた戦時教育体制には、日本が制定した「満洲産業開発」の指導思想と偽満洲国末期の戦時教育体制とは一致した点がある。そこで一つの疑問が生じざるを得なかった。教育と「産業開発」の関連性、教育と戦争の関連性、「大東亜戦争」と教育の支配性との間には、どのような関係があったのだろうか？

【註】
1　南満洲鉄道株式会社経済調査会『昭和十年九月　立案調査書類第二九篇第一巻　満洲国教育方策』目次および pp.2-3。(「満洲国」教育史研究会『「満洲・満洲国」教育資料集成』第 1 巻、エムティ出版、1993 年所収)。
2　前掲『満洲国教育方策』、p.9。
3　軍務局から板垣参謀次長への懇談事項」『現代史資料（8）日中戦争（2）』、みすず書房、pp.801-802。陳本善『日本侵略中国東北史』、吉林大学出版社 1989 年、p.459。
4　『現代史資料（8）日中戦争（1）』、みすず書房、1976 年版、p.680。
5　同上、p.681。
6　張效林訳『極東国際軍事法庭判決書』、群衆出版社、1986 年版、p.75。
7　同上、p.291。
8　前掲『現代史資料（8）日中戦争（1）』、1986 年版、pp.708-709。
9　『我国的教育方針』、偽民生部『旬報』1940 年『満洲帝国文教関係法規輯覧』（上）、偽康徳四年（1937 年）。王野平『東北淪陥十四年教育史』（吉林教育出版社、1989 年、p.56）を参照。
10　『師魂——満洲国立中央師道学院史』長野県南嶺会学院史刊行委員会、pp.305-314。
11　偽満洲帝国民生部教育司『康徳九年度　満洲帝国学事要覧』pp.3-6（翻訳者参照書：『「満洲・満洲国」教育資料集成』第 5 巻、エムティ出版、1993 年所収）遼寧省教育史志編纂委員会編《遼寧教育史志資料》第三集上、遼寧大学出版社、1989 年、p.333。

12 『片倉衷　回想の満洲国』経済往来社、1978年、p.251。
13 偽満洲帝国民生部教育司編『満洲国教育概況』満洲帝国教育会、1942（康徳9）年、p.82。
14 南満洲教育会教科書編輯部『公学堂　歴史教科書』上冊、十九、「最近的満洲」。1932年8月初版。
15 『満洲国学事要覧』、1937年、p.95-103、偽満洲帝国民生部教育司『満洲国教育概況』、満洲帝国教育会発行、康徳九年（1942）、pp.81-83。
16 傅士俊著初級中学校『本国地理教科書』、満洲図書株式会社発行、康徳三年（1936年）11月10日文教部校定、p.280。
17 偽満洲帝国文教部著初級中学校『国史教科書』、康徳三年度（1936年）p.42。
18 皇太極は後金天聡九年（1635年）に初めて「珠申」（女真）を「満洲族」と命名し、その後民族の名称から東北地区の呼び方となった。偽満洲国は1932年に成立されたのである。
19 偽満文教部著初級中学校『国史教科書』康徳三年度（1936年）p.52。
20 『奉天省公署訓令頒布文教部認可教科書及不認可教科書一覧表』、『奉天省政府公報』第一三七号、偽康徳二年（1935年）12月2日。
21 星野直樹「教育の再認識」満洲帝国教育会『建国教育講話集　第一輯』1939（康徳6）年、p.11。（翻訳者参照書：『「満洲・満洲国」教育資料集成』第14巻、エムティ出版、1993年所収）
22 《満洲国の日語教育問題》、《国語運動》所収、第3巻6期、1939年。磯田一雄：《東北的教育権回収運動与日本的反応》、《北京教育史志研究》1997年第2、3期合併号により再引用。（翻訳者参照書：福井優「満洲国における日本語の問題」『国語運動』第3巻第6号、1939年、p.3。（『「満洲・満洲国」教育資料集成』第10巻、エムティ出版、1993年所収）。
23 『新学制施行規程趣旨』、『奉天教育』第五巻第八号所収、偽康徳四年十一月出版。
24 皆川豊治『建国読本第六編　満洲国の教育』満洲帝国教育会、1939（康徳6）年、p.33。（翻訳者参照書：『「満洲・満洲国」教育資料集成』第14巻、エムティ出版、1993年所収、pp.29-30）
25 満洲帝国民生部《第四次民生年鑑》康徳十年（1943）、p.37。満洲帝国民生部教育司《康徳九年度満洲帝国学事要覧》康徳十年（1943）pp.123-127。（翻訳者参照書：偽満洲帝国民生部教育司『康徳九年度　満洲帝国学事要覧』pp.124-125（『「満洲・満洲国」教育資料集成』第5巻、エムティ出版、1993年所収。以下同じ。）
26 野村章『「満洲・満洲国」教育史研究序説』エムティ出版、1995年、p.72。
27 斎藤茂著国民高等学校、国民女子高等学校（満語）『国史』、康徳五年（1938年）発行、p.1。
28 偽満洲帝国民生部著『(満語) 国民道徳』第一巻、康徳五年十月十日翻刻発行、p.137。
29 偽満洲帝国民生部著『(満語) 国民道徳』第一巻、康徳五年十月十日翻刻発行、p.207。
30 偽満洲帝国民生部教育司『康徳九年度満洲帝国学事要覧』康徳十年（1943）、pp.123-127。
31 偽満洲帝国民勤労奉公局編印『勤奉精神二十六講』、第七講『惟神之道』、

康徳十一年（1944年）二月、pp.1042-1043。
32 偽満洲帝国文教部『文教審議会答申及建議』、1944年10月。
33 偽満洲帝国『建国教育』第9巻第10号。
34 国民高等学校、女子国民高等学校『（満語）鉱物』、泊尚義著、満洲図書株式会社印刷兼発行。民生部康徳五年一月一日検定。康徳五年三月一日印刷。
35 中等学校『鉱物教科書』、著作兼発行者満洲帝国教育会。康徳三年三月二十日文教部審定、康徳三年三月十日印刷。
36 満洲帝国民生部『第四次民生年鑑』康徳十年（1943）、p.37。満洲帝国民生部教育司『康徳九年度満洲帝国学事要覧』康徳十年（1943）、pp.123-127。
37 奉天農業大学教授中野誠一著国民高等学校『（満語）動物』凡例による。康徳五年一月一日民生部検定、康徳五年三月一日発行。
38 泊尚義著、国民高等学校、女子国民高等学校『（満語）動植物』序による。康徳五年一月一日民生部検定、康徳五年三月一日発行。
39 康徳五年一月一日印刷発行、康徳五年十月十日民生部検査済み、康徳五年十月十日翻刻印刷発行。
40 康徳九年十月二十五日民生部検定済み、康徳九年十月二十五日発行、pp.206-216。
41 満史会著《満洲開発四十年史》、東北淪陥十四年史遼寧編写組訳、内部交流本、1988年第一版、上巻、p.72（翻訳者参照書：満史会著『満洲開発四十年史 上巻』満州開発四十年史刊行会、1964年、p.125。）
42 浅田喬二・小林英夫『日本帝国主義の満洲支配』時潮社、1986年、pp.661-662。
43 中央檔案館等編、日本帝国主義侵華档案資料選編 第14巻、『東北経済略奪』、中華書局1991年版、p.354。

【附記】本稿が引用した教科書等の歴史資料は全て瀋陽七方教育研究諮詢中心が所蔵している。日本語資料の翻訳は東京大学大学院修士課程王哲氏にご協力をいただいた。記して感謝する。

［翻訳：陳虹彣、校訂：山本一生］

Ⅲ. 研究論文

植民地朝鮮の大和塾における不就学学齢児童の「錬成」
―― 「国語講習会」に注目して ――

有松しづよ*

はじめに

　日本内地（以下、内地）において、1941（昭和16）年4月1日、国民学校令（勅令第148号）が施行、その第一条において「皇国ノ道ニ則リテ初等普通教育ヲ施シ国民ノ基礎的錬成ヲ為ス」が規定され、学校は、「国民ノ基礎的錬成ヲ為ス」場となった。

　国民学校令は、本稿の考察対象地である日本の統治下にあった朝鮮（以下、朝鮮）においても同時に施行された。朝鮮ではすでに1938（昭和13）年4月朝鮮教育令を改正して、「国体明徴、内鮮一体、忍苦鍛錬の三大綱領に則り心身共に国家の負荷に堪へ得る次代の大国民錬成に努めて」きていた[1]。とは言え、「ともすれば各科分立の弊に陥り知識偏重の傾向に流れ皇国臣民としての全的人格の発展を期し得ざるの憾みがあつた」[2]として、国民学校制度の根本主趣に即応、「知識と実行、精神と身体とを一体として鍛錬し学校を挙げて全一的なる人格を陶冶」[3]することにした。

　義務教育制度のもと100％近い児童が就学していた内地の場合、国民学校制度の施行によって、彼ら「少国民」に対する「国民ノ基礎的錬成」の環境が確立したと言える[4]。それゆえ国民学校における教育は「戦時下教育の総体を象徴するほどの重みをもつものであった」[5]。一方、朝鮮の場合、制度的には、「内地朝鮮共一貫せる皇民錬成の「根底」が確立、皇国の道に則る皇民錬成といふ国民教育の基盤が確立された」[6]ことにはなる。しかしながら、義務教育制度が施行されていなかったというこ

*志學館大学

とも手伝ってか、1943年の段階においても朝鮮人学齢児童（以下、学齢児童）の半数近くが不就学の状態にあり、「国民ノ基礎的錬成ヲ為ス」場から遠いところにいた。そのため、彼ら朝鮮人不就学学齢児童（以下、不就学児）に対して「如何にして皇民錬成の機会を与へ、之を国民教育体系の頂点を形成する兵役義務へと編成せしめて行くか」[7]は、日本が敗戦を迎える日まで植民地当局の課題であり続けた。こうしたことから朝鮮における戦時下の教育の動向を、なかんずく学齢児、いわゆる「少国民」に対するそれを全体的に把握するには、不就学児に対する「国民ノ基礎的錬成」（以下、錬成）の実相をも掴んでおく必要がある。

本稿は、保護観察所の外郭団体であった大和塾[8]が主に「国語講習会」（以下、国語講習会）を介して実施していた不就学児の錬成について、その理念と方式を明らかにする。そこに総力戦下の植民地当局による不就学児錬成の一端を、さらに植民地当局が考えていた不就学児錬成のあり方がどういうものであったかをみることができると考えている。

朝鮮総督府（以下、総督府）は、大和塾の主たる事業であった国語講習会の内容を、「大東亜共栄圏」の「国語」（以下、国語）教育関係者向けの雑誌『日本語』[9]に、朝鮮内では総督府の機関誌『朝鮮』[10]や朝鮮教育会雑誌『文教の朝鮮』[11]に掲載している。また、総督府と密接な関わりがあった『京城日報』も大和塾の国語講習会にかかる記事を度々取り上げていた。朝鮮においてこの時期に国語講習会を実施していた他団体がこのような形で取り上げられた事例は筆者の管見するところ、ほとんど当たらない。総督府が「大東亜共栄圏」に向けてその実績と成果を誇る、朝鮮内に向けて推奨する模範的な事例として知らしめるものであったと言えよう[12]。これに鑑みると大和塾における不就学児の錬成のあり方も、総督府の推奨する模範なあり方として朝鮮内に知らしめるという意味をもつものであったと見ることができる。

朝鮮における転向政策、思想問題との関係から大和塾については、考察したものに水野直樹[13]や永島広紀[14]の研究がある。水野は大和塾の存在を朝鮮における転向政策の大きな特徴ととらえ、設立の経緯と目的を検討、次のように論じている。内地の時局対応全国委員会の、いわば朝鮮支部として結成された時局対応全鮮思想報国連盟（以下、思想報国連盟）が、1941（昭和16）年1月発展的解消をし、保護観察所[15]の外

郭団体大和塾として発足した。思想報国連盟ではなしえなかった思想事件関係者の「保護」と「教化善導」の結合を企図して設立された、「凡有反皇道思想を破砕撃滅して皇道精神の振起昂揚と内鮮一体の深化徹底とを期すると共に思想事件関係者を教化善導して保護し、其の自主的社会復帰を促進せしむることを目的とす」る団体であった[16]。そしてそこで採用されていた保護観察対象者とその家族を丸ごと監視下に置くというシステムは内地の保護観察制度にはなく、思想犯が生み出される土壌、朝鮮社会のあり方そのものが問題だと認識した治安当局者が考案した、治安維持法体制下の朝鮮の「特異性」が生み出した独自のものであった。

　永島は、司法保護・司法保護観察制度が外地である朝鮮においていかに施行され、かつ機能したのかを実証的に跡づける作業の一環として大和塾の組織体とその考案者長崎祐三の思想行動を考察した。組織体については次のことがわかる。1941年のデータをもとにした京城、咸興、清津、平壌、新義州、大邱、光州の全大和塾における国語講習会の実施箇所数、なかんずく京城大和塾が主催する国語講習会の開講地域、修了生数、講師数等。京城大和塾の授産事業の内訳。京城大和塾が子どもを対象とした国語講習会の受講生を「竹添町・北阿峴町、桃花町、麻浦付近の貧民・土幕民の子女、年齢層としてはおおよそ八〜十五歳まで」の不就学児に絞っていた。平壌大和塾ならではの人材を生かした事業として「清明劇団」があったこと等。大和塾と長崎のかかわりについては次の点が示されている。1941年2月から京城大和塾保護観察所長に補されると同時に京城大和塾会長となった検事長崎祐三が1938年12月に保護観察所長として赴任した新義州において国語講習会をはじめとする諸事業の原型を考案した。思想事件関係者を国語講師に充てたのも長崎の発案によるものだった。

　また、拙稿[17]が朝鮮で展開された「国語普及運動」（以下、国語普及運動）と大和塾の国語講習会の関係を考察、次の点を明らかにした。国語普及運動が学校や地域、職場の国語普及運動組織を介して展開されていたなかで、大和塾がこのような組織枠では集約し難い朝鮮民衆の国語教育を担っていた。なかんずく貧困家庭の子どもを対象にした国語講習会が朝鮮人兵士に求められていた国民学校4年生程度の国語（言語能力）能力を彼らに習得させるべく開講されていた。

こうした大和塾にかかる先行研究との関係から言えば、本稿は国語講習会を錬成という視角から再考察し、これまで「保護」と「教化善導」をする団体としてとらえられてきた大和塾が不就学児の錬成をも担う団体であったという新たな知見を加えることを狙いとする。

本稿において錬成の理念と方式を考察するにあたり、寺崎昌男と戦時下教育研究会が用いた分析概念を援用する。「錬成の方式に着目することにより、「道場型」錬成と「生活型」錬成という二つの異なる類型を仮説的に抽出し、これを分析概念として用いる」[18]。「道場型」錬成は「日常生活から遮断された特定の施設で行われている」[19]ことを、「生活型」は「学習を含めた全生活を通じての錬成をいう」[20]。「錬成とは皇国臣民たるの資質を錬磨育成すること」[21]であり、「「総力戦下の人間形成」に収斂する教育政策、教育理念、教育実践を構造的に解明していくためのキーワード」[22]である。また、「方式とはいわゆる教育方法とは異なり、教育の目的・内容・方法を含むトータルな教育実践の型をさ」す[23]。

なお、本稿は、史料から内容をうかがうことができる国語講習会や授産事業等を考察対象とした。

1　大和塾の「国語講習会」

京城大和塾の国語講習会、また長崎と国語講習会とのかかわり等、永島の研究を踏まえたうえで[24]、本節ではそもそも大和塾がどのような朝鮮人を対象に国語講習会を開講していたのか、そこで何を講じていたのか等をみていくことにする。不就学児を対象として国語講習会については次節にてあらためて論じる。

国語講習会は、長崎祐三が、「半島統治の根本理念たる内鮮一体の徹底具現を図り、同時に思想転向者（保護観察対象者：筆者注）をして受講に当らしむることに因り、その思想善導に資せんとの一石三鳥の国語講習に着眼し、昭和十四年三月当時の思想報国連盟新義州支部員の手に依り、先づ近隣婦女子に対し講習」をはじめたことを嚆矢とする[25]。長崎は新義州の後、京城保護観察所長かつ京城大和塾の会長に就任した人物であったが、「白々教事件」[26]に主任検事として関わった経験をもと

に朝鮮人と国語の関係について次のような考えをもっていた。

> 朝鮮人は国語が出来ないから、無知であり、残酷な犯罪を犯す。国語を話すことをよろこばぬものは悪い思想の持ち主である。私見を申せば、莫大な金を使つて帝国大学を建てないで簡易学校を沢山建て、国語全解に全力を傾注すべきだ。国語をつかはないものは給料を減らすとか、或は、専門学校、大学に入学させないやうに処置を構ずべきである。保護観察所の所員は役人であるから、国語を常用しなければならない。もしもその役人の中で国語を常用しない者があるときは、二回注意をして、それで改めぬ場合は、やめさせることにしてゐる[27]。

国語講習会は長崎のこうした思いを実現したものだった。その後思想報国連盟が発展的解消を遂げ、大和塾となるも活動方針を「内鮮一体の強化徹底に置きそのためには『国語の普及』が先決問題であるとして」[28] 国語講習会を継承、主たる事業として開設した。受講生、国語講習会の内容や目的等は次の通りであった。

> 講習生は何れも就学の機会に恵まれなかつた不幸な子弟若は国語未解の家庭婦人である。本講習会では国語の外算術、手工、唱歌、遊戯等も教へてゐるが、本講習会は単に国語等の習得のみを其の目的とするものではない。その精神の陶冶訓練に重点を置くものであり、皇国臣民としての錬成教化を第一義とするものである。大和塾は斯る講習の対象と目的に鑑み一切授業料を徴せず学用品は総べて支給又は貸与して居るのである[29]。

このように国語講習会は不就学児と「国語未解の家庭婦人」(ただし、以下で示すように徴兵制導入が発表されたのちには兵士適齢青年も対象)を対象に、言語としての国語の教授と「その精神の陶冶訓練」をしていた。とくに後者に重きを置き、「錬成教化」を最たる目的としていた。

京城大和塾本部は、国語講習会を午前午後夜間の三部に分け、午前は不就学児を、午後は16歳から20歳前後の兵士適齢青年、夜間は「大抵

家庭婦人、職業婦人、女中等の婦人と工場の職工会社雇用人」を対象に開講していた[30]。講習時間はいずれも1回につき2時間。「教材は、大人は朝鮮総督府学務局編纂国語教本を使ひ、子供は国民学校の教科書を使つて四学年までの分を二年間で終了する」[31]ことにしていた。ちなみに「家庭婦人」の内訳は「愛国班長の奥さん、その外良家の奥さん」等、青年は「食堂のボーイ、夜なきうどん屋、夜店商人」等であった[32]。「これ等の青年達は必要に迫られて受講してゐるだけに、非常に真面目であった」[33]。彼らは国語のほか、週に一度の「銃剣術」も「真剣に訓練を受けて居」た。青年を対象にした国語講習会の期間は不明であるが、夜間の講習会は、「夜学に来る人は初めには熱心にかよふが、あとは熱がさめて来ないことがあるから、短期間に必要なことを教へるべきである」[34]という方針から期間を半年とし、必要と考えていた範囲の日常会話を教えた。

　平壌大和塾の国語講習会は、1940年6月10日に市内明星学校で10歳以上の男女50名を対象に国語、算術、修身を教授したことにはじまる[35]。期間6ヶ月、毎夜8時から2時間教授した。併せて公民科を設けて小学校卒業程度の男子も「収容」した。続いて翌年、思想報国連盟が大和塾へと発展解消したのを機に市内仁貞図書館講堂を借り受けて大和塾国語講習所を開設し、男女15歳以上各50名を対象に開講、国語のみを教授した。その際、期間を1年に延長するとともに、講習時間を午後7時から9時に変更した。さらに1942年に2年後の徴兵制実施が発布されると、市内に瑞穂道場（景昌町）と清明道場（新陽町）を増設した。両建物ともかつての米国系聖書学校を借り受けた建物で、大和塾会員の「愛の家庭」と「将来の授産場及び堂々たる国語講習所」に充てた。なかんずく「徴兵制度の実施を前に控へて是に対応すべく雄々しく生まれ」た清明道場は、男女10歳以上という講習会受講者募集規程を改め、15歳から19歳までの男子に限定、1942年7月12日から講習を開始した。鉄工所の職工、洋靴修繕業、印刷職工、ゴム工場職工、繊造工場職工、洋服店店員、印章業、歯科助手等100名が「馳せ参じ」、期間6ヶ月、毎夜7時半から9時半まで聴講した。科目は国語のみ、国語を通じて「国体観念と数の観念を注入すると共に、徴兵制度実施に備へるべく基本的訓練を実施」していた。教材は京城大和塾と同様の『国語教本』を使用

していた。

　新義州大和塾の国語講習会は、1942年の時点の情報であるが、「国民学校に入学できなかった子ども」[36] を対象に、敷地内20坪の教場2部屋を会場として昼夜2回開講、夜間は社会人向けも開講していた[37]。

　なお、京城大和塾において『国語教本』編纂者総督府編輯官森田梧郎による「国語全解運動、国語の教へ方心構、国語教本の組立編纂の趣意、国語教本に依る教へ方、発音、漢字と仮名遣い等」の座談会が実施されていた[38]。座談会は1942年7月19日午後7時半から午後10時まで開催され、京城大和塾が経営する京城府内の国語講習会の講師20余名、京城保護観察所長兼京城大和塾会長の長崎祐三と京城保護観察所職員、毛利事務官をはじめとする総督府保護課職員等が出席していた。総督府学務局が大和塾の国語講習会を主導していたことがうかがわれる。

　植民地当局は国語普及運動を、学校、地域や職域組織を通して展開し、朝鮮人の「皇国臣民」化を図っていた[39]。そのなかにあって大和塾の国語講習会は、「食堂のボーイ、夜なきうどん屋、夜店商人」や鉄工所の職工、洋靴修繕業、印刷職工、ゴム工場職工、繊造工場職工、洋服店店員、印章業、歯科助手等の兵士適齢青年、「職業婦人、女中等の婦人と工場の職工会社雇用人」、また不就学児といった学校、地域や職域組織を通しての国語普及の枠組みに集約できない朝鮮人を対象にしていたのである。兵士適齢青年は、「夜は働き、昼間はこうして国語講習と軍事教練に精出してゐ」[40]た。また、「愛国班長の奥さん」については次のように推察できよう。植民地当局は行政末端組織、愛国班を介しての日本語普及運動に期待を寄せていた[41]。そうしたなかにあって「愛国班長の奥さん」が国語をまったく知らないという状況では、立場からして面目が立たない。それゆえ大和塾で一足先に国語を習っていたことが考えられる。かくして彼らは、国語講習会において言語としての国語の教授と「その精神の陶冶訓練」を受けていた。

2　不就学学齢児童の「錬成」

　本節では大和塾が不就学児の錬成をどのような理念と方式で実施して

いたのかを、京城大和塾と新義州大和塾の国語講習会内容、そのほか大和塾が不就学児に課していた活動等から明らかにしていく。

（1）京城大和塾の「国語講習会」

　京城大和塾本部は1940年まで米国系ミッションスクール協紳学校（女子神学校）として使われていた「灰色の広壮な四階建ての洋館」を使っていた[42]。そしてそこを授産部（地下、1階、3階）、講習会用の教室（1階）、「皇民錬成」道場（3階）、居室（2階、保護観察対象者25名、家族を含めて50名）として活用していた[43]。不就学児を対象にした国語講習会は、午前に本部建物1階の教室にて開講していた。受講生の「大体が下層階級で、竹添町、北阿峴町、桃花町、麻浦あたりの貧乏乃至土幕民の」8歳から15歳までの子どもだった[44]。1942年10月の時点での受講生とその家庭環境、そして彼らを受講生に絞った理由は次の通りであった。

　　　片親のみの者六十九名、両親のある者三十四名、土幕民六十七名、親が国語を解する者四十名、飲酒者の子二百五十名、喫煙者の子三百七十名になつてをり、全部貧民の子供である。これ等の子供達を無教育のまゝ放任してをくとすれば、悪に走ることは明らかなことで、これに善悪の区別を弁へさせ、国語指導によつて皇国臣民化を速やかならしむる[45]

　「貧民」の子どもを対象にした国語講習会は、子どもたちに「善悪」を識別させる、つまりは不良化を防ぐとともに、言語としての国語の教授と「その精神の陶冶訓練」を通して彼らの「皇国臣民化」を速めようと開講されていたのである。

　彼らを「欄組」「金川教室」、「桜組」「金本教室」の男子のクラスと「牡丹組」「義城教室」、「松組」「岩原教室」の女子のクラス合計4教室に振り分け[46]、国語を主として修身、算術、唱歌、家事等の国民学校4年生分の教科書内容を2年間で修了できるように指導していた[47]。受講者の中には、講座修了後に国民学校5年生に編入する者もいたという[48]。

　講師には「皇国臣民として立派に甦生を遂げた大和塾会員（保護観察対象者：筆者注）」[49]を充てていた。彼ら4名はいずれも中等学校卒業

以上の学歴があり、「今は皇道精神の実践者となって国語の普及に懸命の努力をささげてゐ」た[50]。講師控室の壁に「職員訓」、「吾等は至誠一貫身命を捧げて皇国臣民育成の為に日夜淬励身を以て範を示し師表たるの本分を全ふせんことを誓ふ」[51]を掲げ、講習の毎に全員でこれを唱え「日々決意を新たにして」[52]臨んでいた。

　国語講習会がはじまる前の「厳粛な朝礼」は、職員と受講生一同が講堂に集合して、講堂正面の国旗敬礼、宮城遥拝、国歌奉唱、皇軍将士に感謝の黙祷、皇国臣民の誓詞斉唱等を執り行った。そして受講生の「学童訓」、「私共は御国に生まれる喜びを感じ、陛下の赤子として立派な日本の子供となります」[53]の唱和で締めくくった。この後、彼らは愛国行進曲に歩調を合わせ、「秩序正しく」ひとりひとり再度正面の国旗に敬礼を済ませつつ教室へと向かうことになっていた[54]。教室内、教壇正面に二重橋の写真が、一方の壁に「学童訓」が掲げられていた。クラス運営をするにあたり、生徒の中に班長を置き、教室や運動場等における世話を命じた[55]。班長の役割には、受講生のなかで朝鮮語を使用した者がいた場合、その受講生を連れて「神宮」に参拝させ「懺悔」させことも含まれていた。それでも朝鮮語を使用する受講生がいれば一週間の停学処分を下していた。このほか毎日10人ずつの班を引率し神社参拝をすることも班長の役割であった。

（2）新義州大和塾の「国語講習会」

　新義州大和塾は、新義州駅南方の「避難橋」といわれていた木橋を渡り、「麻田洞」の踏切を越すと右手に見える「バラック建ての三棟」。を塾舎にしていた[56]。そのうちの1棟を産業部と国語講習会が使い、残り2棟の長屋を居室（保護観察対象者とその11家族、そのほか産業部で働く独身者会員）に使用していた。国語講習会は、既述のとおり「国民学校に入学できなかった子ども」[57]を対象に、昼夜2回開講されていた。1942年6月の時点で昼夜あわせて660名が在籍していた。ここでも講師に「皇国臣民として立派に甦生を遂げた大和塾会員」を充てていた。彼らを講師として活用することも長崎が新義州保護観察所長在任中にはじめた。その発端や全大和塾が彼らを国語講習会の講師に充てるようになった経過は次のようであったという。

昭和十四年氏（長崎祐三：筆者注）は新義州保護観察所長に任ぜられるに及んで、転向者の優秀な者を選んで教壇に立たせることにした。その頃は相当非難も多かつたが、氏はその成果を信じて疑わなかった。
　静かに成り行きを見守つてゐると四箇月位経つと、非常に向学心に燃え、真剣味を持つて来た。つまり教へることが教へられることであり、自然に思考や観察の態度が変つて来たのである。これ等の者が後に述懐したことによれば、教へることによつて、二年で転向する者は、四箇月に短縮されるとのことである。
　その頃、本府（朝鮮総督府：筆者注）の法務局長が参観され、その成績を褒めて、これを全鮮に及ぼす考へを持たれた[58]。

同胞に国語を教えるという体験が、保護観察対象者の転向推進に繋がるという長崎の思いを実行し的中した、すくなくとも植民地当局者にはそう思えた人事だったのである。
　講師は「単に国語を教へるだけでなく国語に盛られた、日本精神を注ぎ込む意気で教壇にた」っていた[59]。2年間で学校用読本12巻全部を修了できるように指導し、算術、手工、唱歌、遊戯等も教えていた。「二箇年間で六箇年の実力をつけやう」[60]という方針からであった。その際、「愛馬行進曲」、「三国旗かざして」「愛国行進曲」「隣組」などの曲に合わせての舞踊も取り入れていた[61]。大和塾は唱歌や舞踊が国語講習において効果的な働きをすると考えていた[62]。新義州大和塾でも講習会修了後に国民学校5学年に編入した受講生もいたという[63]。
　こうした国語講習会と併せて、大和塾は不就学児に次のような軍事援護実践や地域奉仕を課していた。

　大和塾の生徒は休日には雨の日も風の日も先生を先頭に廃品を回収して国防献金を為し、或は街頭に立つて正午の黙祷の励行を呼び掛け、或は軍馬の飼料青草を刈取つて献納し或は京城府内数箇所の共同便所の清掃に従事し、その善行は八方に延び実践を第一とする教化の効果は顕著に現はれてゐるのである[64]。

また、京城大和塾製缶部にみるように、授産事業に「国語講習会の生徒を毎日参拾名づつ動員して作業に就かしめ、以て勤労精神涵養と共に、その親達の家計の足しにもして居」た[65]。不就学児は日当50銭ほどの収入を得ていたという[66]。その「授産場」では、「上に立つ人の命令には絶対に服従させるやう訓練されてる。批判は全然評されない。どこか軍隊式に似た」[67]ことが施されていた。

　このようにみてくるとわかるように、大和塾は不就学児の錬成を、午前2時間の国語講習会受講、午後の授産事業における有給の勤労、それに休日の軍事援護活動や地域奉仕活動を通して実施していた。勤労実践に重きを置いた錬成であった。国語講習会では、国民学校4年生修了程度の国語能力、単に言語としての国語のみならず、「国語に盛られた、日本精神を注ぎ込」んでいた。朝鮮人兵士に必要な「国語力の標準」を「大体国民学校四年終了程度」の「所謂話すこと、聞くこと、書くことの出来る」[68]としていた総督府学務局の方針に応えるものであった。男子に限って言えば、将来日本の兵士となる次世代朝鮮人の養成が目指されていたと言える。このような不就学児の錬成を「皇国臣民として立派に甦生を遂げた」、保護観察対象者が担っていた。

　ちなみに、1934年から朝鮮農村において朝鮮人の初等教育機関普通学校にかわってつくられるようになった簡易学校の教育内容に大和塾の不就学児を対象にした国語講習会とやや共通すると思われる点があり、興味深い[69]。修業期間2年、国語の配当時間週に12時間、4年制普通学校の教材配列をそのまま導入、「国民性の陶冶と国語の習得」と職業教育を実施し、職業教育に重点をおく、国語を通じて言語教育よりもむしろ「国民精神の体得」に重点をおく等である。簡易学校は2年間で普通学校4年生分の教育を消化しなければならないという課題を合科教育によって乗り切っていた。国語を主として修身、算術、唱歌、家事等の国民学校4年生分の教科書内容を2年間で修了する大和塾の国語講習会も、簡易学校同様合科教育を採用していたことがうかがえる[70]。「莫大な金を使つて帝国大学を建てないで簡易学校を沢山建て、国語全解に全力を傾注すべきだ」という考えをもっていた長崎が大和塾の諸活動を牽引していたことに鑑みれば、共通があながち偶然のことではないような

気がする。

3　保護観察対象者の「錬成」にみる「国語講習会」講師の創出

　この時期、内地でさえ、総力戦に対応できる次世代の錬成という新しい課題に応えられる教師をいかに養成するか、という学校教員にかかる錬成が重要な課題として浮上していた[71]。異民族の、また同胞の次世代を、錬成する役割を担う朝鮮の学校教員については、さらに深刻な課題であった。総督府学務局が1937年4月に教学研修所を開所、教員の再教育に着手したのはそのためである[72]。学校教員であってもこのような状況にあったなかで、大和塾が国語講習会の講師、つまり錬成の担い手を、かつての「反皇道思想」者、しかも保護観察対象者に値する思想転向者に求めたのは、きわめて特異な処置である。大和塾は彼らをどのようにして「皇国臣民として立派に甦生を遂げ」させたのか、させようとしていたのか。授産事業における保護観察対象者の錬成の、理念と方式をみることによってあきらかにしたい。

（1）大和塾の授産事業

　「大和塾における授産場の経営は、主として身に技術を持たない、差当り就職の途のない、就職しても其の収入では一家を糊するに足らない人達（保護観察対象者：筆者注）を対象とし、是等の人を家族と共に塾内に収容し、之に生活の資を得しむると共に、必要な技術を授け同時に大和塾の施設に依り日常生活を通じ、日本精神を体得実践せしめてゐ」た[73]。そうして「思想的迷夢に踏迷つた者を教化善導して皇国臣民たるの正道に復帰せしめ、彼等の旺盛なる活動力と有用なる材幹とを国家公共の事業施設に積極的に傾注せしめ、依て以て国家総力の実を挙げ皇国の興隆発展に寄与」[74]することを目的としていた。

　京城大和塾は生産部において図Ⅰのような事業を展開していた[75]。

　製缶部は資本金2万円で開始し、後に1万円を追加、1943（昭和18）年5月には5万円にもなっていた。ボール箱の年間生産額は10万円に

〈図Ⅰ〉京城大和塾の授産事業内容一覧

事業部	開始年月	事業内容	従業員	場所
製缶	1941年6月	ボール箱	保護観察対象者3名とその家族、塾員以外の職工30名 国語講習会受講生30名	京城大和塾本部内
応用美術	1941年6月	図案、浮彫細工、ポスター、石膏細工、室内装飾、舞台装置の事業、朝鮮古美術の再生	不明	京城大和塾本部内
印刷	1941年9月	名刺、案内状、挨拶状其他一般印刷	塾員5名のほか、職工3名	京城大和塾本部内
製パン	1941年6月	パン製造	塾生4名	京城大和塾本部内
縄製造	不明	塩用叺包装用縄	会員6家族、土幕民及乞食等	京城大和塾本部内
薬品	1942年8月	薬品販売	会員5名とそのほか外交員3名	京城府内蓮池町136番地
運送		農場の「耕耘厩肥獲得並に肥料生産物」運搬、荷馬車製造、一般小荷物の運送	会員2名と馬夫、「雑役」2名	京城大和塾本部内
病院	1942年2月	診療	不明	京城府竹添町3丁目19番地
鼻緒	1942年12月	鼻緒の生産	不明	京城大和塾本部内
農場	1943年	農産物生産	「農民道の獲得と農事の研究」を志ざす保護観察対象者7名	京城府内□島、延喜町
織物	不明	織物製造	会員1名、女工9名、男工4名	水原邑梅香町140番地
薬品小売	不明	薬品小売り	会員1名、外交員2名	京城府内蓮池薬品部内
薬品小売	不明	薬品小売り	会員1名、外交員2名	京城府内蓮池薬品部内

〈京城大和塾会員小山元照「京城大和塾授産部について―その沿革及び状況―」(『新時代』1943年5月号、62-65頁) もとに筆者作成〉

もなり、京城大和塾会員は、「これに従事する塾員の生活の安定は勿論職工達も他の職工に比して相当程度の生活の豊潤を見せて居る」と語っている。応用美術部は大和塾会員西原宗武の創意の下に、製缶部と同時に事業を開始した。なかんずく朝鮮古美術の研究を主とし、「絵筆を一遍揮ふにも大和精神の籠れるものをと気を配り」つつ、再生産[76]に励み、「その良心的な製作に江湖の好評を買ひ、年生産約弐萬圓」にもなっていた。1942年12月には「鮮展」特選作家の伊東孝重を招いて彫塑もはじめ、多大な期待が寄せられていた。印刷部は、思想保護団体であった昭道会が経営していた印刷部を昭道会と京城大和塾の合併にともない、継続経営することになった。月額6千円を売り上げていた。製パン部は、毎日100円、年間約4万円を売り上げていたものの、配給のため砂糖等の入手がままならず、「発展性を抑制されて居」た。縄製造部は総督府専売局仁川出張所及朱安出張所から受注、年額10万円を売り上げてい

た。土幕民及乞食等の雇用には「生産拡充、国民皆労」の趣旨を習得させるという目的があった。薬品部は「製造業兼売薬業者」の李根澤の協力を得て、資本金 5 万円で開始した。京城府内の製薬会社をはじめ東京や大阪からも仕入れ、月額平均 2 万円を売り上げていた。運送部は朝鮮軍司令部から陸軍予備馬 5 頭を借り受けて開始、今後馬の増加が予定されていた。病院部は、京城府清涼里で開業していた大山隆が協力、会員の医師魯振漢とともに、大和塾専属の病院、京城大和塾医院西大門診療所を開院した。将来は京城府内「枢要の地」に総合病院を建設する計画があった。鼻緒部は、革靴やゴム靴その他履物類の「払底」が下駄の需要を高め、朝鮮半島における需要が 1 万足に及ぶも、「鮮内」における生産が 2 万足にすぎないことに注目し、年間生産量 2 百万足を目標に生産を開始した。半年後には 1 日に千足も製造するようになるも、さらに事業場を拡張し、日産 6 千足、年産 200 万足をめざしていた。農場部は京城大和塾所有の田畑と延喜町にある借用畠地、計 1 万 4 千坪を耕作、年収約 1 万 5 千円を目標に開始した。織物部は小幅織物機械 20 台を備え、年産 3 千反を目標に稼働していた。薬品小売部は京城府内の薬品製造会社から仕入れての運営していた。

　新義州大和塾は、1939 年春産業部として折箱、割箸薄板の製造販売事業を開始した[77]。「軍部、警察並に新義州営林署当局の好意援助に依り」、原料の入手及び製品の販売においても順調に業績を伸ばし、塾生およびその家族 30 人余りが「孜々として時局下物資増産の一役を買って生産に励んで」いた[78]。1942 年には資本金が 3 万円に、つまり事業開始 1 年で 1 万円の収益をあげるまでになり、塾生各一戸当たりの月収平均が「九十圓から百圓にも達し、経済生活は非常にゆとりを持つてゐ」たという[79]。

（2）保護観察対象者の「錬成」

　「授産場の経営」も、京城保護観察所の輔導官であった検事長崎祐三が新義州の保護観察所長として赴任したおりに活動組織体となる原型を考案したことにはじまる[80]。長崎は、「授産場の経営」と保護観察対象者の錬成との関係を次のように語っている。

大和塾の綱領の一部に、思想事件関係者を教化善導して保護し、其の自主的社会復帰を促進せしむとある。これが達成事業として、皇道精神修練道場の施設と授産の経営がある。最近皇民錬成の声が高いが、皇民錬成の点に於ても大和塾は、その歴史は古く且つ一種の特異性を多分に持つてゐると思ふ。指導者（保護司：筆者注）の一家と塾生の数家族が起居を共にして錬成してゐる。即ち指導者は口先ではなく実践によつて指導し、或る時間を限つて裃をきて指導してゐるのではなく、二六時中真裸な日常の生活を見せながら指導してゐる。更に又塾生ばかりでなく、塾生が生まれた汚れた家庭、塾生が汚したであらう家庭そのものを錬成してゐる。この二点に特異性を見るべきでないかと思ふ。
　私は常に思ふのである。人生で一番たしかな事は、自分が生活してゐることである。
　自己の生活を浄化し自己の生活を向上せしめる事が日本を生成発展せしむるの道であると思ふ。生活をはなれた錬成であつてはならぬ。生活即錬成でなければならぬ。生活をはなれた報国であつてはならぬ。生活そのものが愛国運動でなければならぬ。生活即報国でなければならぬ。かくして二六時中の錬成、二六時中の報国が理想である。各地の大和塾の皇道精神修練場に指導者及塾生の住宅のほかに工場や国語講習場が附置されてゐるのも生活即錬成、生活即報国に役立たしめんがためである[81]。

このように「授産場」では、保護司が監視するなかで、勤労を通じた保護観察対象者とその家族の錬成が進められていた。「思想が先に立つて実践が伴はない弊に鑑み、実践によつて体得した生活の喜びを感ぜしめ」[82]るとともに、「上に立つ人の命令には絶対服従させるやう訓練」[83]していた。保護観察対象者とその家族はこうした日中の勤労のほか、午前6時起床、朝夕の宮城遥拝、国歌奉唱、皇国臣民の誓詞斉唱、神前礼拝、皇軍将士に対する感謝黙祷、ラジオ体操、愛国日の神社参拝を励行していた[84]。そして夜になると保護観察対象者は講師として、家族は受講生として国語講習会に参加するという「生活即錬成、生活即報国」の一日を送っていた[85]。儀式や国語講習会を通して「日本精神を体得実践」

させる、まさしく「二六時中の錬成」が施されていた。大和塾敷地内に保護司の家族と保護観察対象者とその家族の住居および「授産場」を配置し、彼らを共に生活させていたのはそのためであった。保護観察対象者の錬成はおおよそ実践に絞られていた。大和塾が彼らの錬成に次のような方針を持っていたからである。

> 理論闘争は全然行はない。「行」一天張りである。理論闘争は何処までも理論闘争に発展するであろう。よしこちらが相手を説伏し得たとしても、そこには何か割り切れないものが残るであろう。要は相手を皇国臣民化せばいゝのだ。朝鮮同胞が共産主義、或は民族主義的思想に走つた主たる原因は感情から出発してゐるものが多いといふことだ。果して然らば感情から出発した者を理論闘争によつて転向させやうとしてもそれは無理な注文だ。だからこゝでは「情」の生活より出発しゝ、日本精神を把握させることをモットーとする[86]。

つまるところ、保護観察対象者の体を一日中稼働させ、あれこれ考える隙間を与えないという方針を採っていたからである。

「日本精神を把握させる」とは、第一に「只、日本に生まれたればこそ、上御一人の御仁慈によつて、日本人として其の生存を許されてゐる」[87]という考えを根底に持たせ、「上御一人に帰一し天壌無窮の皇運を扶翼し奉る」[88]ことが日本人としての生きる道であり、それ以外に選択肢がないことを「体得」させることであった。そのうえで、「人には天分と聖職がある。団体たる塾にも亦天分と聖職とがある。その天分を生かし、その聖職を通じて皇運を扶翼し奉ることが臣民道である。大和塾は思想事件関係者と思想問題に熱意を有する一般士を以て構成されてゐる。この構成分子より見ても、思想を通じて皇運を扶翼し奉るのが大和塾の聖職である」[89]として、保護観察者に次のような生き方を望んだ。

> 一時は誤れる思想の虜となりしも、血みどろの努力によつてその思想を清算し、皇国臣民となりしものにして、彼らが過去より現在への思想変化の体験を活用して、社会一般の思想浄化に進出するに他の何人よりも適任である。その体験は力であるからである[90]。

自らの転向の経験を活用して同胞の思想浄化に取り組むことが、彼らの「天分」であり、「聖職」とされていたのである。これを具現化したもののひとつが国語講習会の講師であった。植民地当局は、不就学児の錬成を担当することによって彼ら「自らも浄められて、日本的生活信念及生活情操の体得を速めて行くのである。子共達の純心に打たれて、大御心の御慈悲を感得する」[91]、それが彼らの「皇国臣民化」を促進することになると期待、且つ狙っていた。

おわりに

　以上、大和塾の不就学児を対象にした国語講習会の内容、そのほか大和塾が不就学児に課していた活動等について考察し、大和塾における不就学児の錬成の理念と方式を明らかにしてきた。加えて大和塾が保護観察対象者であったほどの朝鮮人をどのようにして不就学児の錬成を担うまでにしたのかを保護観察対象者の錬成の、理念と方式をみることによって明らかにした。

　不就学児の錬成は、貧困家庭の不就学児を対象に、午前の国語講習会と午後の授産事業における有給の勤労、それに休日の軍事援護実践や地域奉仕を通して進められていた。勤労実践に重きを置き、彼らの不良化防止と、男子に限っていえば、将来日本の兵士となる次世代朝鮮人の養成を目的としていた。こうした通学スタイルで参加するという家庭や地域とつながりを持ちつつの不就学児の錬成は「生活型」であったと言える。

　保護観察対象者の錬成は朝夕の儀式励行、昼の授産事業における勤労、夜の国語講習会参加を通して実施されていた。あれこれ考える隙間を与えないほどの「体得実践」に絞られた錬成であった。保護観察対象者の「反皇道精神を破砕撃滅」し、彼らを同胞の錬成に活用することを目的としていた。国語講習会講師はこうした錬成を受けた保護観察対象者のなかから選抜された。家族とともに24時間まるごと保護司の監視下に置かれた昼夜を問わない彼らの錬成は、特異な「生活型」錬成であったと言

える。

　本稿のはじめにで既述したように、大和塾における不就学児の錬成、授業料無料の国語講習会、有給の勤労、軍事援護活動や地域奉仕活動を組み合わせた、なかんずく勤労に重きを置いた方式が、植民地当局が貧困を理由とする不就学児の錬成を企図する上でのひとつの範となる取り組みでもあったことが考えられる。この点については今後解明していきたい。

【註】
1　南次郎（朝鮮総督）「国民学校制度実施につき訓令」1941 年（昭和 16 年）日付記載なし、『文教の朝鮮』1941 年（昭和 16 年）4 月号、4 頁。朝鮮総督府は朝鮮教育令を改正、普通教育において「内鮮」教育機関の区別を撤廃し、「内鮮」人ともに同一法規のもとで教育を実施することにした。
2　学務局長（眞崎長年）談話「国民学校制度実施に際して」『文教の朝鮮』1941 年 4 月号、5-6 頁。
3　南次郎「国民学校制度実施につき訓令」4 頁。南は国民学校の趣旨を「我が国固有の国体に淵源せる教学の本義に則り一切を挙げて皇国の道に帰一せしめ、従来動もすれば分離に傾かんとする教科を統合して教育の徹底を期し国民精神の昂揚、知能の啓培、情操の陶冶、体位の向上を図り産業並に国防の根基を培養し以て内に国力を充実し、外に八紘一宇の皇道宣布すべき次代の大国民を錬成せんとする」と語っている。
4　就学率については文部科学省『学制百年史』参照。
5　寺崎昌男・戦時下教育研究会編『総力戦体制と教育 - 皇国民「錬成」の理念と実践』東京大学出版会、1987 年、336 頁。
6　柏木宏二（総督府学務課長）「朝鮮教育令改正の趣旨と其の使命」『朝鮮』1943 年 5 月号、43 頁。
7　柏木宏二、同上、47 頁。1942 年（昭和 17 年）2 月、朝鮮総督府は、「来る昭和二十一年度より半島に義務教育を実施する旨決定」（同柏木宏二、44 頁）も、1945 年（昭和 20 年）8 月に日本の敗戦が決定したため、朝鮮における「国民ノ基礎錬成」は不完全に終わった。
8　1942 年 4 月 25 日から 5 月 24 日にかけて大和塾が開催した時局博覧会「精神博覧会」の後援に朝鮮総督府・朝鮮軍司令部・京城在勤海軍武官府・国民総力朝鮮連盟・京城日報社・毎日新報社が名を連ねており、大和塾がこれらを取り仕切っていた。永島はこうした形態を戦時下の朝鮮における総力戦体制運営の一つの特徴であったと論じている。（「日本統治下の朝鮮における転向者と思想「善導」の構図」（『佐賀大学文化教育学部研究論文集』12 号 (2)、2008 年、366 頁）。

9 「大和塾に於ける国語講習会」『日本語』日本語教育振興会、第一巻三号、1941年6月、「外地における国語教育機関紹介」、32頁。
10 高原克己（総督府保護課属）「大和塾の設立とその活動」『朝鮮』1941年10月号、29-39頁。
11 沖中守夫（総督府文書課）「新義州大和塾訪問記」『朝鮮』1942年6月号、56-66頁。
12 大和塾は戦時下の朝鮮において特異な「国語語運動」を行う団体として内地より京城を訪れる文士名士たちの視察先として注目されていた(永島広紀「日本統治下の朝鮮における転向者と思想「善導」の構図」、2頁)。
13 水野直樹「戦時期朝鮮における治安政策 -「思想浄化工作」と大和塾を中心に -」『歴史学研究』2003。
14 永島広紀「日本統治下の朝鮮における転向者と思想「善導」の構図」、「日本統治下の朝鮮における転向者と思想「善導」の構図 - 思想検事・長崎祐三と「大和塾の活動を中心に -」（『戦時期朝鮮における「新体制」と京城帝国大学』第五章、ゆまに書房、2011年）。
15 朝鮮総督府法務局保護課「半島に於ける司法保護事業の躍進（下）」、106-107頁。保護観察所は1936年（昭和11）年12月に京城、咸興、清津、平壌、新義州、大邱、光州の七箇所に設置された。朝鮮における思想犯にかかる中心機関であり、思想犯保護観察を行う独立した官庁として機能していた。保護観察所には所長として補導官が、そのほか保護司、書記、通訳生が配置されており、補導官の指揮のもと、保護司が補導官を補佐しつつ調査と保護観察を実行する構図になっていた。そして朝鮮において治安維持法上の罪を犯した思想犯の処分執行、つまり起訴猶予者、執行猶予者、仮出獄者、満期出獄者等について調査をし、保護観察の要否を決定していた。なお、保護司には官吏である専任保護司と「全鮮」各層から簡抜された約300名の嘱託保護司がいた。
16 長崎祐三（京城保護観察所長、京城大和塾会長）「大和塾の精神」『新時代』、1943年5月、57頁。
17 「植民地朝鮮の大和塾と日本語教育」『国際教育文化研究』VOL9、2009年。
18 寺崎昌男・戦時下教育研究会編『総力戦体制と教育 - 皇国民「錬成」の理念と実践』、3頁。
19 寺崎昌男・戦時下教育研究会編、同上、17頁、29頁。
20 寺崎昌男・戦時下教育研究会編、同上、17頁。
21 寺崎昌男・戦時下教育研究会編、同上、5頁。
22 寺崎昌男・戦時下教育研究会編、同上、3-4頁。
23 寺崎昌男・戦時下教育研究会編、同上、3頁。
24 「日本統治下の朝鮮における転向者と思想「善導」の構図」366-364頁。
25 高原克己「大和塾の成立と其の活動」、31頁。
26 「白々教事件」については、永島広紀「日本統治下の朝鮮における転向者と思想「善導」の構図」1-2頁参照。
27 長崎祐三「国語生活の徹底 - 大和塾の国語教育 - 」『緑旗』7巻8号、1942年6月、158頁。
28 沖守夫「新義州大和塾訪問記」、58頁。
29 高原克己「大和塾の成立と其の活動」、30-31頁。

30 中原薫（京城大和塾会員）「国語講習会について‐その沿革及び状況‐」『新時代』1943年5月号、61頁。1941年の時点では、午前に国語を相当解する12、3歳子ども、午後に国語を全く解しない8、9歳の子ども、夜は「職工や女中や家庭婦人」のクラスが開講されていた（著者不明「のびゆく若き半島のこころ　大和塾をみる」『緑旗』1941年10月号、68-71頁）。
31 長崎祐三「国語生活の徹底‐大和塾の国語教育‐」、159頁。
32 『文教の朝鮮』記者による「京城大和塾訪問記」『文教の朝鮮』1942年10月号、31頁。1942年時点において夜間に24名、午後は80名の青年が聴講していた。
33 中原薫「国語講習会について‐その沿革及び状況‐」、61頁。
34 長崎祐三「国語生活の徹底‐大和塾の国語教育‐」、159頁。
35 朱永渉現地報告「平壌大和塾」『国文学』3巻1号、1943年1月。
36 沖守夫「新義州大和塾訪問記」、58頁。
37 雑誌『新時代』記者による「魂の勝利‐新義州大和塾訪問記‐」『新時代』1943年5月号、82頁。
38 保護消息「森田編輯官を囲む座談会開催」『朝鮮司法保護』2巻8号、1942年8月、63頁。
39 森田梧郎（総督府編修官）「朝鮮の国語普及全解運動」『国語運動』1942年6巻11号、10-11頁。
40 『新時代』記者「逞しき前奏曲＝京城大和塾訪問記＝」『新時代』1943年5月号、71頁。
41 『京城日報』1941年8月2日、10月12日付け、各愛国班が国語普及運動に積極的に乗り出すことになった様子を掲載。1942年4月15日付け、南朝鮮総督の訓示に応えて、全朝鮮の各部落の愛国班が毎月「国語常会」を開き、成績を競い合うことによって国語普及の徹底化を進めることにしたと掲載。
42 高原克己「大和塾の成立と其の活動」、32頁。「軍の斡旋と民間の篤志」により京城大和塾の使用が可能になった」。
43 「逞しき前奏曲＝京城大和塾訪問記＝」、67-69頁。
44 中原薫「国語講習会について‐その沿革及び状況‐」、61頁。
45 「京城大和塾訪問記」、31頁。
46 「逞しき前奏曲＝京城大和塾訪問記＝」、68-69頁。
47 長崎祐三「国語生活の徹底‐大和塾の国語教育‐」、159頁。
48 中原薫「国語講習会について‐その沿革及び状況‐」、61頁。
49 高原克己「大和塾の成立と其の活動」、30頁。
50 「大和塾における国語講習会」『日本語』日本語教育振興会、第一巻三号、1941年6月、「外地における国語教育機関紹介」、32頁。緑旗連盟清和塾出身の女性たちも講師として大和塾の国語講習会を支援していた（長崎祐三「国語生活の徹底‐大和塾の国語教育‐」、8-159頁）。
51 高原克己「大和塾の成立と其の活動」、33頁。
52 高原克己、同上。
53 高原克己、同上。
54 高原克己、同上。
55 長崎祐三「国語生活の徹底‐大和塾の国語教育‐」、159頁。
56 田中誠一（新義州大和塾会長）「塾会長日記」『新時代』1943年5月号73頁。
57 沖守夫「新義州大和塾訪問記」、58頁。

58 「京城大和塾訪問記」、30頁。
59 沖守夫「新義州大和塾訪問記」、58頁。
60 沖守夫「新義州大和塾訪問記」、58頁。ただし、京城大和塾と同様に新義州大和塾の「国語講習会」の修了生も国民学校5学年に編入したということから、新義州大和塾の児童を対象とした「国語講習会」も国民学校4年分の学習をしていたと思われる。国民学校6年分の学習をしていたという沖中の認識が正しかったかどうか疑問がある。
61 沖守夫「新義州大和塾訪問記」、59頁
62 長崎祐三「国語生活の徹底 - 大和塾の国語教育 - 」、159頁。何に効果があるのか具体的に語っていない。曲に合わせて踊る受講生をみて、軍人援護精神涵養と言語としての国語習得に効果があると思っていた可能性がある。
63 沖守夫「新義州大和塾訪問記」、58頁。
64 高原克己「大和塾の成立と其の活動」、34頁。
65 小山元照(京城大和塾会員)「京城大和塾授産部について - その沿革及び状況 - 」(『新時代』1943年、5月、64頁)
66 「京城大和塾訪問記」、31頁。
67 沖守夫「新義州大和塾訪問記」、60頁。
68 1942年6月19日に行われた誌上座談会「徴兵制度実施を控えて」における本多学務課長の談話。(『文教の朝鮮』1942年7月号、16頁)。本多以外の出席者は、八木警務課長、岩村京畿中学校長、増田法学専門学校長、宮村誠信家政女学校長、高橋教学官、市村視学官、海田志願兵訓練所長、島田編輯課長。
69 簡易学校については久保田裕子「近現代韓国の日本語教育」(『九州産業大学国際文化学部紀要』第39号、2008年、123-135頁)を参照。朝鮮において国語の普及を中心的に担っていたのが、朝鮮人初等教育機関普通学校であった。財政難から普通学校の建設が思うように進まなかったことから簡易学校がつくられた。
70 位置づけや性格については今後検討を要するものではあるが、1944年6月に緑旗連盟編著で発行された『大和塾日記』に講習会が合科教育によって進められているようすをみることができる。『大和日記』については永島「日本統治下の朝鮮における転向者と思想「善導」の構図」、365頁。
71 寺崎昌男・戦時下教育研究会編『総力戦体制と教育 - 皇国民「錬成」の理念と実践』、17頁、55頁。
72 稲葉継雄『朝鮮植民地教育政策史再検討』九州大学出版会、2010年、159-161頁。
73 高原克己「大和塾の成立と其の活動」、36頁。
74 高原克己「大和塾の成立と其の活動」、36-37頁。
75 京城大和塾の授産事業については小山元照「京城大和塾授産部について - その沿革及び状況 - 」、62-65頁)を史料とする。
76 慶州の新羅時代のもの、扶余の百済時代のもの、平壌の高句麗のものを再生していた(「逞しき前奏曲=京城大和塾訪問記=」、67頁)。
77 高原克己「大和塾の成立と其の活動」、36頁。「魂の勝利 - 新義州大和塾訪問記 - 」、81頁。
78 高原克己「大和塾の成立と其の活動」、36頁。

79 沖守夫「新義州大和塾訪問記」、61頁。
80 高原克己「大和塾の成立と其の活動」、31頁。
81 長崎祐三「大和塾の精神」、57-58頁。
82 「京城大和塾訪問記」、30頁。
83 沖守夫「新義州大和塾訪問記」、60頁。
84 高原克己「大和塾の成立と其の活動」、38頁。「京城大和塾訪問記」、29頁。
85 「魂の勝利 - 新義州大和塾訪問記 -」、82頁。
86 沖守夫「新義州大和塾訪問記」、59-60頁。
87 長崎祐三「大和塾の精神」、57頁
88 長崎祐三、同上、56頁。
89 長崎祐三、同上、56-57頁。
90 長崎祐三、同上、57頁。
91 中原薫「国語講習会について - その沿革及び状況 -」、60頁。

Ⅳ．研究資料

日本統治下朝鮮の学校経験
—— 鄭在哲氏の場合 ——

佐藤由美＊・芳賀普子＊＊・李省展＊＊＊

1. はじめに

　日本統治下の朝鮮に生まれ、朝鮮及び「内地」で学齢期を過ごした方々にその学校経験を語っていただき、教育史資料として記録するという共同研究を数年にわたって継続してきた。これまでインタビューに応じていただいたのは、在日コリアン一世の李仁夏氏（2008 年）、呉炳学氏（2009 年）、金時鐘氏（2011 年）、李殷直氏（2012 年）、在日コリアン二世の金信煥氏（2013 年）で、その記録は日本植民地教育史研究会の年報に掲載されている（括弧内はいずれも年報掲載年）。渡日の経緯や学校経験も様々であるが、在日コリアン一世の方々に共通なのは初等教育を朝鮮の「普通学校」（小学校に相当）で受けていることである。最高齢の李殷直氏が 1917 年生まれ、呉炳学氏が 1924 年生まれ、李仁夏氏が 1925 年生まれ、金時鐘氏が 1929 年生まれである。中等教育、高等教育の経験はそれぞれで異なっていた。在日コリアン二世の金信煥氏は 1932 年日本生まれで、戦時下の日本社会のなかで過酷な学齢期を過ごしている。
　今回インタビューに応じていただいた鄭在哲氏は 1931 年朝鮮忠清南道の生まれである。日本統治下の朝鮮で初等教育の 6 年間と中等教育の数カ月を送り「解放」を迎えた。したがって語られたのは 6 年数カ月の学校経験であるが、1930 年代後半から 1940 年代にかけての朝鮮での学校経験、「解放」前後の学校状況が語られた点で非常に興味深く貴重な記録となっている。当時の通信簿や日記も提供していただき、そこからは「創氏改名」の経緯や当時の「一少年の心境」を読み取ることもできる。

＊埼玉工業大学　＊＊一橋大学大学院言語社会研究科特別研究員　＊＊＊恵泉女学園大学

鄭在哲氏は「解放」後の韓国教育史学界を牽引して来られた教育史研究者であり、後述の如く日本植民地教育史研究会との関係も深い。鄭在哲氏ご自身も研究の観点から日本統治下朝鮮の学校経験を記録として残す必要性を感じておられ、本「研究資料」として実現することとなった。

2. 鄭在哲氏の学校経験　──インタビュー記録より──

　鄭在哲氏へのインタビューは、2014年8月25日（月）午前11時から4時間以上にわたって、大韓民国Seoul市内の鄭在哲氏宅で行われた[1]。鄭在哲氏は既に『日帝時代の韓国教育史：日帝の対韓国植民地教育政策史』（佐野通夫訳，皓星社，2014年）に数々の貴重な写真や資料を掲載されているほか、日本植民地教育史研究会開催の「日本植民地・占領地の教科書に関する総合的研究報告書合評会」においても日本統治下での体験について話されている[2]。今回のインタビューでは就学前から解放・敗戦の1945年8月までの鄭在哲氏の学校経験を「研究資料」として記録することを目的としている。「一少年」の学校経験や当時の思いを記録したいというインタビュアーの意図を教育史研究者の鄭在哲氏は理解され、率直にそして客観的に語ってくださった。

　尚、以下の記録は、インタビューのテープ起こし原稿を鄭在哲氏に点検していただき、事実誤認や誤記がないように努めているが、基本的には筆者らが鄭在哲氏の言葉や表現を最大限に活かしつつ、記録として読みやすいように編集・加工して収録するものであり、文責は筆者らにある。

幼少期から小学校時代

　鄭在哲氏は1931年8月3日（新暦）の生まれである。家族構成は両親と兄弟姉妹8人の10人家族で、鄭在哲氏は長男、姉が一人いた。父の鄭一熙、母の金保分はともに初等学校の教員だったが、母親は姉を出産して家庭に入った。姉とは3歳違い、すぐ下の妹とも3歳違い、その下が弟、妹、妹、妹、弟の順で、末弟とは19歳の年齢差がある。まずは初等学校の教員だった両親のことから記録することにする。

両親は教員：お父さんは普通学校(初等教育機関)の教員でした。日帝(日本統治時代)末期には田舎の小さな学校、塩崎公立国民学校の副校長に当たる地位にありました。忠清南道の昔の道庁所在地の公州にあった修業年限5年の公州公立高等普通学校[3](中等教育機関)の第2回卒業生(1928年)で、慶応大学医学部に進学したいと思っていたところ、家庭の事情があって忠清南道道立師範学校一年課程の講習科[4]を修了して、普通学校の教員になったとのことです。母は洪城公立普通学校[5]を卒業して、忠清南道公立師範学校講習科に進み温陽公立普通学校[6]訓導(正規教員の職名)を4年間(1926.4〜1930.3)しました。結婚して姉を産んだので依願退職、恩給を受けた裁定通知書が残っています。当時、女性が師範学校講習科まで進学する人は少なかったとのことでした。宗教はありません。昔の写真を見たら、お父さんが公州高等普通学校在学のときに西洋人と一緒に教会などで撮った写真がありました。でもお父さんはクリスチャンではありませんでした。

牙山郡温陽面：出生地は父の勤務地であった忠清南道燕岐郡錦南面新村里で、本籍地は忠清南道牙山郡温陽面龍禾里です。龍禾里が一区、二区、三区とあったんですけど、その中の二区。山に囲まれた小さな盆地みたいな農村です。学区の外れ、学区の境界線にありました。小学校1年生から6年生までここから学校に通ったんです。学校までは約3km。学校のあるところは温陽面温泉里。温泉里も一区、二区、三区、四区となっているんですけど、温泉里四区を過ぎたら龍禾里の一区と二区、そして二区の果てが私の村です。近所の家庭はみんな農業で、米と麦とか、田んぼと畑です。日本人の小作人もいました。山の片隅に羊を飼っていた人がいて、羊の乳を飲んだことがあります。牧場というよりも十何匹だと思いますけれども、そこから乳が出るとそこの人が配ってくれて飲んだ記憶があります。

就学前の環境：幼稚園の存在は知りませんでした。書堂もありませんでした。教会もなかったから教会学校もない。だから学校に入るまで全然、教育の機会はありませんでした。ただ父と母が教師だったから幼いときには色んな本が家にあったんです。お母さんが主に『主婦之友』を取っ

ていました。それから父が読んでいた『キング』。大人のキングなどがあったんです。学校に入って文字を読めるようになってからそういうのを読みました。本屋は近くにはありませんでした。今考えると本は父母が取り寄せていたようです。小さい頃にはパッチとかビー玉、そしてチャチギ（棒遊び）、毬投げなどもした記憶[7]があります。村には15軒くらいの家があって、一緒に遊べる子どもは5～6人の男子だけです。そのメンバーの中で小学校へ行けなかった人が2人ほどいたんです。私の向かいの家にいた女の子は学校へは行きませんでした。年は私よりも1つ上かそこらだったんですけど。

温陽神井公立尋常小学校入学：入学したのは1939年、昭和14年、温陽神井公立尋常小学校です。2年後に温陽神井公立国民学校になりました。温陽面内には初等学校が3つあったんです。私の父が卒業した邑内里所在の温陽公立普通学校（後に温陽明倫公立尋常小学校）、それが一番古い。ところが温陽面事務所が移転して新しい町ができて温陽神井公立尋常小学校（温泉里所在）が作られたんです。そしてもう一つは日本人だけの温陽温泉公立尋常小学校[8]（温泉里所在）です。温陽神井公立尋常小学校は大きかったです。確かわかりませんが、児童数約2,000人と言われたんです。郡内で一番大きかったとのことです。私のときは1学年3クラス。女子だけのクラスがありますし、「後部生」、「前部生」というクラスがあったんです。それらが1クラスずつ。後部生は年上、入学適齢を超えた年をとった人たちが入ったクラス。私は前部生でした。進学準備のときには受験勉強のために女の子供たちと一緒に勉強したことがあります。放課後、6年生のときです。1クラスの人数は正確にはわかりませんが、50～60名。教員は日本人も韓国人もいました。私の通信表を見たら日本の名前の担任の先生方が多いです。1年生のときには女の先生で柘植先生。柘植先生は独身だったと思います。先生の下宿屋も私が通う道筋にあったと記憶しています。柘植先生と遊んだ、毬投げをしたことが勉強を一生懸命するきっかけになったという感じもあります。

創氏改名：1年生のときは鄭在哲、2年生のときには天野在哲。創氏改

名と言われ「創氏」だけしたんです。3年生のときには天野豊康。下の名前も変えろと学校から言われたんだと思います。創氏が天野になった理由は勿論あります。考えたのはお爺さん兄弟とお父さんだったと思います。侵略者日本帝国主義の強圧による強制創氏ではあっても、我が家門「温陽鄭氏」の自尊心は絶対に保持するとの精神が内在しています。温陽鄭氏の始祖の諱名は「普天」[9] なので、その方の諱名を拠り所にして「普天之下、即ち普く大空のもと、日月を照らす限りの土地（野）に我が家門天野、永久に栄あれ」と宣言したとのことでした。改名後の豊康は祖父と父が願いを込めて付けたと思います。丸山カンコウという級友は先生から「バカ野郎。カンコウを変えろ。」と叱られました。カンコウ＝韓興が「韓国を興す」と感じられたのか、結局、彼は名前を変えたんです。先生が本気で言ったか冗談で言ったかわかりませんけれど、そんな記憶があります。

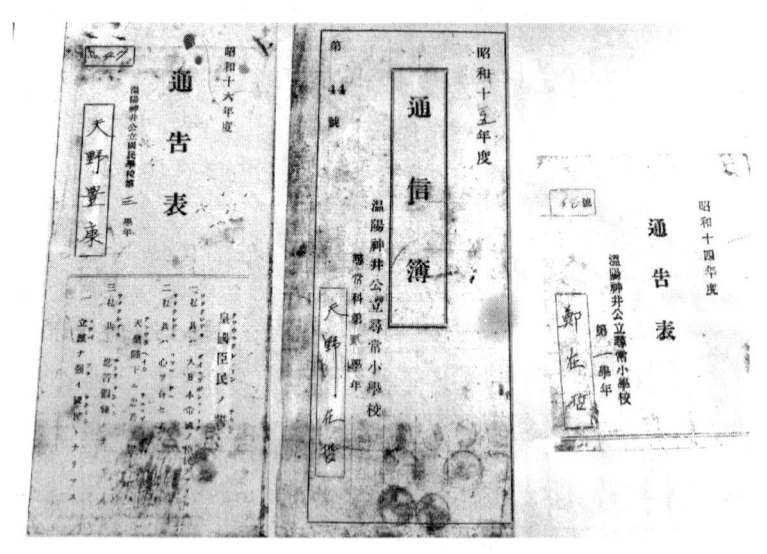

＜資料1＞通告表表紙

学業優秀で表彰：私の成績は1年生と2年生のときには良くなかったらしいです。今、記憶に残っているのは2年生のときだと思いますけれど、お母さんが一生懸命に褒めてくれたんです。我が子を。でも初等学校時

代に授与された賞状を見たら、私は3年生のときには優秀じゃなくて「学業進歩賞」。学業が進歩したということです。そしてその後6年生までは優秀。賞状をみると「学業成績優秀につきこれを表彰する」となっています。賞状を貰える人数はよくわかりませんけれども、6年生のときには3人、4人くらいいたかなと思いますね。

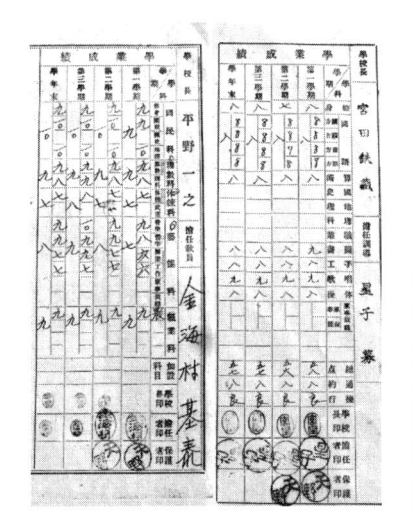

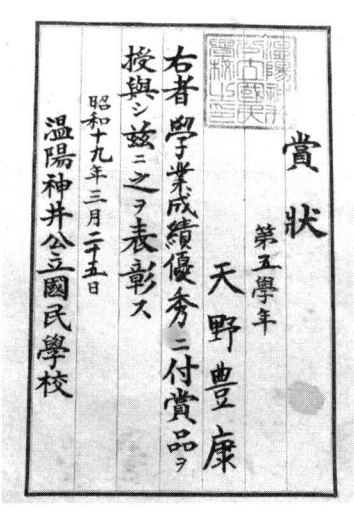

<資料2>通告表成績と賞状

先生の転任：私の記憶に残るのは星子　募先生。星子先生は学校で3番目か4番目に偉い先生だと思ったんですけれども、いつも威張っていたんです。この先生は自分は九州男児だと言いながら。そのとき私は九州男児って何でそんなに威張るのかわからなかったんです。今考えると、明治維新のときに活躍した藩、鹿児島または佐賀辺りの出身じゃないかなと思うんですけど、しっかりした先生でした。私達の学校の歌、校歌を習わされて、今も私は覚えています。「美空に高き雪華山　厳たる姿仰ぎつつ」。この先生が一生懸命に教えたんですね。「清く明るき望みの場　此の学び舎にのりとして　我らは進まん　神井健児　その名も香る温陽の　輝く歴史　受け継いで…」そういう校歌。3年生の1学期に担任だった星子先生が転勤したんです。偉い人になって移ったのかなと思いますけれど。その先生の後を受け継いだ担任の先生がいなかったんで

すよ。留守番の先生方が入れ替わり立ち替わりで、3年生の後半は適当に過ごした感じがあります。そしてそのときに成績を落とした記憶があります。ちょうど算数の九九などが重要な時期なのにそれがしっかりと教われなかったように思います。だから担任の先生が転勤するときは学校がすぐにちゃんと手当てすべきだったんじゃないかと感じました。

韓国人の先生たち：金海村基泰(かねうみむら)先生、この方は韓国人の先生。創氏[10]ですね。なぜかというと、釜山近郊に金海市があるでしょ。そこがこの先生一族の本貫（貫郷）で、金海金氏ですから金海村と創氏したんじゃないかと思われます。この先生もしっかりしていました。そして6年生のときの土原專榮先生。この先生も韓国人で洪氏です。洪氏のなかには「土洪」というのがありますが、土原先生は土洪なので「土」という字を入れたんじゃないかと思います。

皇国臣民教育：当時は皇国臣民教育が盛んだったから、「皇国臣民の誓い」は学校の東に聳えている雪華山の方に向かって毎日読み上げていました。どこかで「東方遥拝」という用語を見たんですけど、私たちは「宮城遥拝」と言っていました。雪華山の方が東なので、その方角、東方に当たる天皇の居所に向かってやったんです。最敬礼、お辞儀じゃなくて最敬礼。45度。敬礼ではなくて最敬礼。それで雪華山が今も記憶に残っているんですね。何秒かはわかりませんがちょっと長い時間ですね。朝礼のときには先唱役もやらされました。宮城遥拝した後に、「御民我生(みたみわれ)ける験(しるし)あり」と私が先唱するんです。そうしたら皆が「天地の栄ゆる時に逢えらく思えば」とそれに続きます。これを毎朝、朝礼の時にやるんです。

奉安殿：学校に奉安殿はありました。それも東側に。「朕茲ニ米国及英国ニ対シテ戦ヲ宣ス」という「米国及英国ニ対スル宣戦ノ詔書」があったでしょ。そういうのを校長先生が奉安殿の前で大詔奉戴日に読んで、僕らは最敬礼して、最敬礼というよりも頭を下げてそれを聞くんですね。「天佑ヲ保有シ万世一系ノ皇祚ヲ践メル大日本帝国天皇ハ昭ニ忠誠勇武ナル汝有衆ニ示ス　朕茲ニ米国及英国ニ対シテ戦ヲ宣ス」。前文はそういうんですね。それを聞くんです。「天佑ヲ保有シ……」、校長先生のや

り方が厳かですよ。その後はわからないですがずっと続くんですよ。最後に「御名御璽」って言ったらようやく終わったなと思うんです。大詔奉戴日は12月8日。12月8日は寒いですよ。だから「御名御璽」って聞こえたら「あぁ、寒かった。終わったな。」と思うんです。昭和天皇は確かに戦争を宣言しましたね。「御真影」とか教育勅語を見たことはありません。奉安殿の中に入っているっていうのもその時分は全然わからなかったんですけど、後でそれが入っていたとわかったんですね。校長先生の講話や宮城遥拝、皇国臣民の誓いに対して、反抗とか批判的とか、そういうことは全然わからなくて素直にやるべきことをやろうと思っただけですね。やりなさいと言われたからやった。御名御璽が何かもわからないし、「朕」はわかっていたんです。「現御神」。天皇が現御神、生きた神、現人神。生きている神、何かちょっとおかしいとは思いました。天皇陛下に対しては最敬礼。別に反抗とか批判的考えはなかったんです。そのときの天皇陛下、「陛下」を必ず入れるんですね。天皇陛下。歴代の天皇陛下の名前を覚えろと言われて、神武天皇から覚えようとしたんですけど覚えられなかったです。私のクラスの1人が一条天皇を「イットウ」天皇と読んで先生に叱られたんです。間違いかな、反抗かな、それはわからない。反抗ではないと思いました。そのときは幼いですから反抗意識はなかったんじゃないかなと思いますけど。今になって考えてみたら反抗だったかもしれません。

神祠の参拝：学校所在地の丘みたいなところに神祠、神社じゃなくて神祠があったんです。その前を通るときには神祠へ向かって最敬礼せよと言われていたんです。私は真正直だからそこへ向かって最敬礼してからまた歩き出しました。私がそれを正直にやっていたところ、ある日通りかかったおとなの人が「もう止めなさい」と言ったので、それ以後止めました。何かの行事の時に団体行動で神祠に連れられて行って、そのときは神主さんが何をする人かはわからなかったんですけどね、神主さんが左右に何かを振ったり、緑の榊の枝を置いて何かやるんですね。それを一生懸命に見たことはあります。それは団体で行ったときで個人的には神祠に行ったことは全然ありませんでした[11]。

李舜臣将軍の祠堂：小学校、国民学校の３年生か４年生の頃、壬申倭乱（文禄の役）と丁酉倭乱（慶長の役）の時に日本の侵入軍を破った李舜臣将軍の祠堂、祠、今は顕忠祠になっているんですけれども、そこへ遠足に行ったんです。遠足に行って祠堂に保存していた李舜臣将軍の大刀やベルトを見せてくれたことがあるんです。その大きなベルトの輪の中には小学生２、３人が入ることができました。日本人の校長先生が日本軍を破った李舜臣将軍の祠堂へ行くことをなぜ許したのかなという感じがしました。今考えたらたとえ日帝下でも李舜臣将軍の祠まで遠足に連れて行ったことは、李舜臣将軍に対する日本人の尊敬の表われかと思えます。私の学校と李舜臣将軍の祠堂までの距離は4kmほどありました。

国語常用：学校で国語（日本語）を常用するのは必ずですね。そして朝鮮語を使っているのを発見されたら罰せられたりしたんです。日本語を使わないから罰せられたのか、他の事で罰せられたのかは覚えていないですけど、罰は正座。私たち韓国人には正座の風習がないから正座させられたら痛いんですね。それと椅子を頭の上に上げてクラスの後ろや廊下に立たされたり。私はやらされたことはないですけどそんな記憶があります。小学生の時には体罰の記憶は全然ありませんね。家に帰っても「国語」を使えと言われたんですけど、私はそうしませんでした。ただ、「行って参ります」と「ただいま」だけ。鞄もないし風呂敷を襷がけにして、毎朝、時間がなくて遅れそうだから家を出るときに「行って参ります」って。下校すると母が待っていたから「ただいま」って言ったらお母さんが喜んで迎えてくれる。そういうふうなことをしていたんですけど、日本語常用は家庭の中では全然していませんでした。

音楽の力：音楽の力ですね。幼い時の音楽の教育が物凄く長いこと記憶に残るんです。幼いときに習った日本の歌、それを繰り返しながら歌って、登校班別に隊伍を作って歌いながら学校に通ったことなどですね。外国語を学ぶのには音楽の教育が特に重要だと思っています。そしてそのメロディーとか歌詞を聞いたら昔のことが思い浮かべられるし、懐かしい思いもあるし、日本の歌と日本の音調、それが何か沁み込んでいる、そういう感じがあるんですね[12]。「解放」後に日本の歌を歌って先輩か

ら「やめろ」と叱られたこともありました。

食糧増産：国民学校5、6年のときに食糧増産の勤労動員で草刈りをして、それを堆肥にしていました。そういうのをやらされたんですね。そしてまた校庭や垣根の隅あたりに食糧になる植物を植えるんですね。学校で茄子を植えることが私の受け持ちだったんです。草刈りをしながら私は手を切ったこともありました。左手の人差し指の付け根辺りです。白い骨が見えたんですね。最近までその傷痕がありました。松の根から油を取るために松根掘りに動員されたこともあります。松の油を飛行機の油に使うと言っていました[13]。

中学受験から大田工業学校時代

　鄭在哲氏は1945年3月に国民学校を卒業すると4月に工業学校に進学する。3歳違いの姉も小学校を終えると大田にある大東高等女学校に進学していた。大田には他に日本人の女子が進学する大田高等女学校があった。女子の進学率が低い時代であったが、両親が教員という家庭環境のなかで姉も中等教育機関に進学したのである。時代は日本の敗戦が迫る太平洋戦争下である。ここでは受験準備の様子や工業学校での教育経験が語られた。

中学受験：国民学校同期生の受験人数はよく記憶していませんが約20名あたりじゃなかったかなと思いますけどね。女子も含んで。男子の方が多かったです。3人の女子が一緒に受験勉強をしたのを覚えております。1人は郡守の娘さん。安平さんと言ったんですけど、その人が大東高等女学校へ入ったし、もう2人の人は龍禾里二区の白川さんと防築里の香村さんて言ったんですけど、どこの学校へ行ったのかはわかりません。私の場合、受験のきっかけがどうというよりも、長男は当然進学させるべきだと決めていたでしょう。姉さんを高等女学校へ行かせたんだから。ただどこの何の学校へ進学させるべきかが問題であったと思えます。進学志願を決めるのが昭和20（1945）年2月頃、日本敗戦直前の疎開の時期ですから制限はありました。進学は道外は禁じられ忠清南道内に限る、そして少年戦車兵、少年航空兵、少年通信兵、予科練などの

少年志願兵が強要されつつあった時期なので、忠清南道道庁所在地の大田にある、そして後方の要員になれる師範学校、または工業学校のどちらかとなります。そこで工員になって後方に残り得る大田工業学校[14]の機械科を志願したのです。

大田工業学校機械科：私の国民学校同期の松岡重鎮は大田師範学校へ、私は大田工業学校の機械科、もう1人の金村英助が大田工業学校の電気科、この3人が同輩のうちで立派な学校に入りました。大田工業学校には機械科、電気科、採鉱科、冶金科、そして専修科があります。そのときの機械科1年生クラスの担任の西田先生だと思いますけど、「機械、電気は採鉱、冶金と違って頭が良い」と威張って言って、私たちにそういう気持ちを吹き込んだのですね。それは今でも残っていますよ。機械科出身者たちが集まったらそのことを言うんですね。確かにそのときに入った機械科の友達は頭が良かったですよ。日本人は機械科には1人いました。大田には大田中学校がありました。大田中学校は日本人、朝鮮人の中学校は公州市にあった公州中学校。そして終戦頃に乙種の学校であった大田職業学校が甲種の大田工業学校になったんです。甲種になったのが私たちの1年先輩からでした。大田工業学校はその後、技術系大学になり、私達の母校はなくなってしまいました。

勤労動員：偶然にも当時書いた日記帳が残っていました。その時分の紙はもうボロボロですけれども。有り難くも母が大事に保管してくれていたようです。日記帳を見るともう毎日が勤労動員ですよ。こういうことがあるんです。1945年4月5日、入学してすぐですね。木曜日、神社参拝。9日大詔奉読式、講堂でなにかしたんですね。11日、隊伍を組んで行進する査閲演習（学校の軍事教練の成績を査閲）、木銃を使っての軍事訓練。4月13日農作業6時間、田植え。そういうことがずっと書いてあるんですね。4月25日は天長節の行事、決戦下の春、何々と書いてあるんですね。4月26日昼食のとき、新井永考くんが私の昼食が少ないのを見てありがたくも飯を分けてくれた。私がここに来て初めて米が多く混じったご飯を食った。そんなことが書いてありますね。そのとき私は下宿をしていたので、飯と言っても下宿屋さんが食糧として配給を受けた

豆粕をお米と混ぜて弁当にしてくれたんですよ。大田に住んでいる新井くんが自分の弁当と比較して分けてくれたんじゃないかと思います。田植えに動員されるのはよかったんですよ。田植えでは昼食のご飯をくれるんですから。色んなことが書いてありますけれども、丸太運搬の作業がきつかった。木材運搬。今日は山主の都合で木材を運搬できず学校で作業した。今日も昨日と同じく木材運搬作業に出かけた。鉛筆、ペン先、水彩道具などの配給。登校して作業。午後さつまいもを植えて、一番遅れて下宿へ帰った。224部隊へ行って農作業、そしてダイナマイト爆発を見学した。224部隊からお礼として飴をいただいた。砂利採集と運搬15日間、ノートの配給、排気口の掃除に出かけた。大田の飛行場の作業にも動員されたが敵機が飛んで来て警戒警報が出たので、全員が川の堤防に伏せた後すぐに下校した、ということも書いてあります。「学徒動員の歌」というのがあったんです。「花のつぼみも若桜 五尺の命引提げて 国の大事に殉ずるは 我ら学徒の本懐（面目）ぞ ああ紅の血は燃ゆる」これが学徒動員の歌。そして「ああ紅の血は燃ゆる」というところをですね、先輩などは皮肉って「ああ　くれないか　地下足袋配給」と替え歌にして歌った。昔のことを考えたらおもしろいんじゃないですか。7月5日、日記には原田先生と北村先生が争いをしたことが書いてある。この原田先生はどういうこと言ったかというと、「東洋にハラダあり。西洋にヒットラーあり」。その7月5日で日記が終わるんです。

体罰：小学生の時に体罰を受けた記憶は全然ありませんが、工業学校一年生の時の日記（1945年5月11日金曜日）には防空壕掘りの作業中に何かちょっとの不注意で宗原先生から誤解されビンタされたことが書かれています。余程悔しかったのか、日記にはただ「あいうえお、かきくけこ　さしすせそ……」と書き綴っています。

病気療養：試験の途中に急病で家に戻されたんです。故郷に帰ったんです。マラリアみたいな熱病[15]です。7月初旬だったと思いますけど、熱病で故郷へ帰ってそれ以後ずっと夏休み中病気で苦しみました。家のなかで一番涼しい大庁（テチョン）という板敷きの広間に寝かされて9

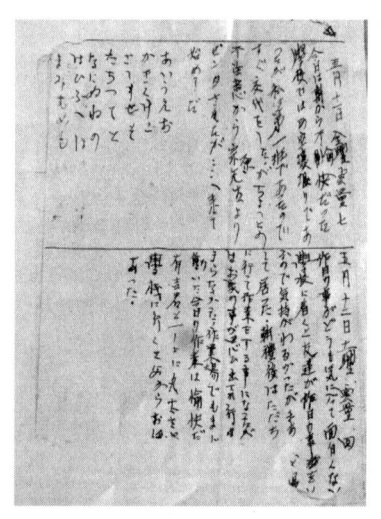

＜資料３＞鄭在哲氏日記 1945年5月11日

月頃まで療養していました。8月15日当日、日本の敗戦[16]について私は全然わからなかったんですよ。後で父や母から聞いたでしょう。私の故郷は電気もない片田舎でしたから、もちろんラジオもなかったです。私の故郷に電気が架設されたのは1973年です。

真鍮祭器の供出：強制的な供出は農産物に限らず先祖代々に伝わる祭器にまで及びました。日本はABCD包囲網によって航路を塞がれ戦争に必要な物資の供給が困難になったので、家々に伝わる真鍮製の祭器にまで目を付け強制供出を強行しました。それで各家庭では自ら対策を立てて隠したのです。私の場合は長孫の家柄でしょ。鄭家一門の中心ですから私のお爺さんは祭主（主祭者）です。だから家にはいろんな祭器があったんです。それを取られるかもしれないから隠すんですね。どこに隠したかというと大庁（韓国式建築で家の中央にある板の間）の床下を掘って入れたんです。

日本の敗戦：敗戦直後には日本人学校であった大田中学校には学生がいなかったんです。大田工業学校から大田中学校に転入する人もいました。私は適性が理工系でなかったにもかかわらず大田工業学校にずっと居座ったということですね。今になって考えてみたら、自分の適性を活かして大学進学に有利な大田中学校に移ったらよかったとたまに思いますけれど当時は移れなかったでしょう。日本の日立鉱山と上海の造船所に出稼ぎに行っていたお父さんの弟二人が無一文で家族と共に帰国しました。私のお父さんは当時、国民学校の校長だったから、叔父家族に家と農地を譲り校長の官舎に移ったんです。親父も私の大学進学は念頭に

もなく工業学校を終えて就職させればよかろうと思ったでしょう。弟と妹が多いですから。

朝鮮語の学習：朝鮮語教育に関しては、私は朝鮮が日本の植民地から解放された1945年8月まで母国語の文字であるハングルの読み書きを全然知りませんでした。初等教育課程を終えて中学生（工業学校）になったにも拘らず「文盲者」（非識字者）にならされたのです。日帝教育当局により「朝鮮語」が随意科目にされ、教えなくても構わない教科目になったので初等教育の教科課程から排除され教えてもらえなかったのです。私たちの1年上の先輩は国民学校で朝鮮語の教科があったので教わり、1年後輩は解放後の国民学校の国語の教科でハングルを教わったので私達の学年だけが初等教育課程で母国語のハングルを教われなかった唯一の犠牲者となりました。今もなお、その影響を強く受けています。

【年表】

1931.8.3　忠清南道燕岐郡錦南面新村里で出生（本籍地は忠清南道牙山郡温陽面龍禾里）
1939.4　　温陽神井公立尋常小学校入学
1945.3　　温陽神井公立国民学校卒業
1945.4　　大田工業学校入学
1947.3　　大田工業学校卒業 ＊卒業後、家族弟妹のために就業
1957.3　　中央大学校（大韓民国）教育学科卒業
1962.9　　徳成女子大学助教授就任
1963.2　　中央大学校教授就任
1976.4　　韓国教育史研究会会長就任
1978.8　　建国大学校大学院哲学科卒業（哲学博士）
1980.5　　中央大学校師範大学長就任
1980.9　　教育大学院長兼任
1983.8　　韓国教師教育研究協議会会長就任
1985.12　『日帝의対韓国植民地教育政策史』一志社（Seoul）より刊行
　　　　　＊論文著書多数

1988.5	中央教育審議会教育理念分科委員会委員長就任
1990.10	韓国教育学会会長就任
1994.2	中央大学校大学院長就任
1996.9	中央大学校名誉教授
1996.10	온 윌鄭在哲博士教授定年退任記念文集刊行委員会編 『教育論과時論』刊行
2014.4	『日帝時代の韓国教育史：日帝の対韓国植民地教育政策史』（佐野通夫訳）晧星社より刊行

【付記】

　本研究資料の作成では鄭在哲氏、鄭在哲夫人孫鎭瑛氏に大変お世話になった。ここに記して謝意を捧げたい。鄭在哲氏には貴重なお話を伺っただけでなく、個人的な資料もご提供いただいた。また、インタビュー記録の正確を期すために念入りに点検、確認してくださった。孫鎭瑛氏は鄭在哲氏の3歳年下である。都市の育ちであること、女性であることからまた異なる学校経験を伺うことができた。紙幅の都合でその一部を註記することしかできなかった点が残念である。

　尚、インタビューに同行された弘谷多喜夫氏、テープ起こしを担当してくれた埼玉工業大学卒業生の菅谷由幸氏にも感謝したい。

【註】
1　インタビューは日本植民地教育史研究会会員の弘谷多喜夫氏同行の下、佐藤が行った。鄭在哲夫人孫鎭瑛氏（1934年生まれ）も同席され体験を語ってくださった。その一部を註記で示している。2015年9月22日に佐藤が再度訪問し、鄭在哲氏にインタビュー内容の確認を行っている。
2　鄭在哲「日本植民地・占領地の教科書に関する総合的比較研究報告書合評会での発表文」日本植民地教育史研究会年報12号『三・一独立運動と植民地教育史研究』、晧星社，2009，pp.147〜161。
3　公州公立高等普通学校の創立年月は大正十一年四月、修業年限5年、学級数10、職員数21名（内地人20名、朝鮮人1名）、生徒数373名（朝鮮人362名、内地人11名）であった。朝鮮総督府学務局『昭和四年編纂（昭和四年五月末現在）朝鮮諸学校一覧』昭和5年1月，pp.367〜368（『日本植民地教育政策史料集成（朝鮮篇）』第55巻所収）
4　忠清南道道立師範学校講習科（一年課程）は上記の公立公州高等普通学校と同時期（大正十一年四月）に開設。全朝鮮における道立師範学校第1号であった。講習科と特科があり、定員は講習科60名、特科50名であった。

特科は当初2年制であり順次3年生に改編された。道立師範学校講習科はそれまで各道にあった「臨時教員養成講習所」が3・1独立運動の学校設立要望を受けて、教員の需要を満たすために姿を変えて存続したともいえる。(稲葉継雄「植民地朝鮮の道立師範学校」九州大学大学院人間環境学研究院教育学部門『大学院教育学研究紀要』第13号（通巻第56集），2010, pp.37～59参照)。

5 洪城公立普通学校の創立年月は明治四十年四月、修業年限6年、学級数16（男子学級13、女子学級3)、職員数17名（内地人7名、朝鮮人10名)、生徒数男子762名、女子146名であった。忠清南道では温陽公立普通学校とともに、1910年8月の「韓国併合」以前に創立された古い学校である。朝鮮総督府学務局『大正十五年編纂（大正十五年五月末現在）朝鮮諸学校一覧』昭和2年1月, pp.149～150（『日本植民地教育政策史料集成（朝鮮篇)』第54巻所収）

6 温陽公立普通学校の創立年月は明治四十年六月、修業年限6年、学級数7（男子3、男女混合3、女子1)、職員数9名（内地人2名、朝鮮人7名)、生徒数335名（男子251名、女子84名）であった。朝鮮総督府学務局『昭和七年編纂(昭和七年五月末現在)朝鮮諸学校一覧』(奥付なし), pp.193～194（『日本植民地教育政策史料集成（朝鮮篇)』第57巻所収)。職員数のうち女性は朝鮮人1名のみである。鄭在哲『日帝時代の韓国教育史』（皓星社, 2014年）には「1928年頃、温陽公立普通学校職員室」の写真（389頁）や「1929年、温陽公立普通学校卒業記念」の写真（390頁）が掲載されている。

7 孫鎭瑛氏の話では、女子はゴム跳びやコンギ（お手玉遊びの一種）で遊んでいた。悪戯好きな男子がゴム跳びのゴムを切る意地悪をしたという。

8 温陽神井公立国民学校と温陽温泉公立国民学校の辺りは郡庁所在地で郡庁、面事務所、警察署、郵便局、金融組合、専売所、温陽温泉駅もあり、温泉場なので神井館や湯B館などのホテルや温泉場で働く日本人もあったという。鄭在哲氏が利用した学用品を売る店も日本人の経営で日本人は多かったが、日本人との付き合いは全くなかったということだ。日本人の学校であった温陽温泉公立国民学校は解放後に温陽中学校になった。温陽神井公立国民学校を卒業した鄭在哲氏の同窓生が解放後、温陽中学校に入学すると科学室が大変に整っていたので教育に大きな差があったことを感じたという。

9 温陽鄭氏の始祖、普天公は朴赫居世を新羅の初代王に立てた六部村長中の一人である智伯虎公の34世に当たる。

10 インタビュー記録作成の過程で、鄭在哲氏から創氏に関する以下の説明が寄せられた。「本貫（貫郷）または姓の由来、そして姓それ自体を拠り所として創氏をした家門が多く、私の知人及び友達のうち、記憶に残る創氏は、「東莱鄭氏」の内の一派は「東村」、「金海金氏」の内の一派は「金海村」、「新昌孟氏」の内の一派は「新井」、「密陽朴氏」の内の一派は「密城」、「青松沈氏」の内の一派は「青山」などであり、姓それ自体を取って、「孫氏」の内の一派は「孫田」、「白氏」の内の一派は「白川」、「田氏」の内の一派は「田原」、「成氏」の内の一派は「成岡」、「金氏」の内の一派は「金村」、「南氏」の内の一派は「南」、「柳氏」の内の一派は「柳」などがその例であります」。

11 孫鎭瑛氏の学校では毎日朝6時頃に神社参拝して、そこでスタンプを捺し

12 孫鎭瑛氏もそれがどういう意味かはわからずに町の中で聞こえてくる日本の歌を歌っていたという。その中の一つが「とんとん　とんからりと　隣組　格子を開ければ　顔なじみ　廻して頂戴　回覧板　知らせられたり知らせたり」。

13 孫鎭瑛氏も同様の体験をしている。松の木を切るとそこに油が溜まり、それを採取して学校に持っていくと軍隊に届けられるとのことだった。それで飛行機を飛ばそうとする戦争は本当におかしいと思ったという。

14 大田工業学校の前身は大正14（1925）年に創立の大田公立工業専修学校で、昭和16（1941）年4月に大田公立職業学校となった。鄭在哲氏の話によれば大田工業学校になったのは昭和19年であろう。昭和18年の時点の大田公立職業学校は、本科は修業年限3年、学級数15、専修科は修業年限2年、学級数2、教職員数は31名（内地人19名、朝鮮人12名）、生徒数は内地人37名、朝鮮人676名だった。朝鮮総督府学務局『朝鮮諸学校一覧（昭和一八年度）』昭和19年6月, pp.147～148（『日本植民地教育政策史料集成（朝鮮篇）』第62巻所収）

15 孫鎭瑛氏もマラリアで高熱に苦しんだ経験がある。1943年当時、収穫した米は強制供出し麦のお粥にそれが米とはわからないほど微量の米が入っているものを食べていた。配給された豆粕には青黴が生えていたが、それを洗い流して少しずつ食べることで療養中も生き抜いたことが語られた。

16 孫鎭瑛氏は忠清北道の道庁所在地清州市で8月15日の日本の敗戦による「解放」を迎えた。農作業を終えて足を洗って渡り廊下を歩いているときに、ラジオから何か聞こえて来た。先生が「みんな止まれ」、「ここに止まれ」、「天皇陛下の敗戦を告げる声が聞こえてくるのに、どこへ行くのか」と大声で叫んでいたことを思い出すという。

日本統治下朝鮮の学校経験
―― 大阪・済州　梁秉柱氏の場合 ――

佐藤由美*

1. はじめに

　本稿は日本統治下の朝鮮で生まれ、「内地」大阪で育った一少年の学校経験の記録である。

　梁秉柱氏（1931 －）にはじめてお会いしたのは 2011 年 8 月末のことだった。梁秉柱さんは国立済州博物館で日本語ガイドのボランティアをされている。国立済州博物館は済州島の歴史と文化を展示・保存・研究する機関で、先史室、耽羅室、高麗室、耽羅巡歴図室、朝鮮室等の常設展示室と企画展示室から成っている。朝鮮室で展示品について解説していただいたのだが、その流暢な日本語と的確な説明に感服した。日本語については発音の正確さや語彙の豊かさも見事なのだが、間の取り方や呼吸、物腰からも日本文化に造詣の深いことが感じられた。説明も通り一遍ではなく観覧者の求めるところを察知して話されるので大変に聞きやすく、特に済州島の歴史について客観的で多角的な説明をされるので、済州島に対する興味や関心が一層高まったことを覚えている。その時からいつか梁秉柱さん御自身のことを伺ってみたいと思うようになり 2 年後にそれが実現した。

　梁秉柱さんは 1931 年に済州島で生まれ、生後 5 カ月の時に日本に出稼ぎに出る父親とともに一家で移住し、小学校、中学校を大阪で過ごしている。日本の敗戦、朝鮮の解放時に済州島に戻った。日本統治下の朝鮮において子どもたちの学校経験は様々である。初等レベルの学校で就学を終えた者、上級学校へ進学した者、朝鮮内の上級学校は限られてい

---

*埼玉工業大学

たので「内地」へ進学した者、さらには学校経験が全くない者等がいる。また、初等教育機関には公立の学校があり、私立の学校があり、さらには伝統的な教育機関もあって、それらを併用して通う子どもたちもいた。梁秉柱さんの場合は済州島から大阪、そしてまた済州島へと移動しており、「内地」の小学校、中学校で学んでいる点に特色がある。当時は済州島から大阪への移住者は多く往来も頻繁だった。大阪の小学校、中学校は朝鮮からやって来た子どもたちをどのように受け入れたのだろうか。また、梁秉柱さんは解放後間もない済州島の農業学校にも就学経験があるほか、教育職に就いた経験もある。個人的事例ではあるが、梁秉柱さんの学校経験を資料として記録することは終戦・解放前後の学校教育の実態を明らかにするという点において教育史上の意義がある。さらに日本統治下の学校経験を持つ方々も高齢化しており、こうした作業は喫緊の課題となっている。

2. 梁秉柱氏の学校経験 ―インタビュー記録より―

梁秉柱さんへのインタビューは、2013年8月28日水曜日、午後2時から3時間以上にわたって、済州国立博物館休憩所にて行われた[1]。本稿はその際に録音したインタビューの全容を文字に起こし、その中から学校経験として記録したい部分を抽出し小見出しをつけて編集したものである。事実誤認や誤記を避けるために梁秉柱さん御自身にも確認をお願いしているが、基本的には筆者が梁秉柱さんの言葉や表現を最大限に活かしたうえで、記録として読みやすいように編集・加工したものである。大阪での学校経験、済州島での学校経験、解放後済州島の学校状況の3部構成になっている。

大阪での学校経験

梁秉柱さんは1931（昭和6）年5月21日（陽暦）の生まれである。四男三女の長男だった。両親は済州島の翰林近くの村の出身である。父親は済州島で唯一の中等教育機関、済州農業学校の出身だが、農業には興味がなかったようで、「内地」へ出稼ぎに行くことを決めた。生後5

カ月だった梁さんも両親とともに日本に渡り大阪に落ち着くこととなった。1945年8月の日本の敗戦で朝鮮が解放されると、翌9月には両親の郷里、翰林近くの村に帰ることになるのだが、それまでの15年間、まさに幼少年期を丸ごと日本で過ごしたことになる。

父親の渡日：私の父はこちらの農業学校[2]を卒業したんですけど、百姓嫌いですからこの島の中で適当な職業を持つことができなかったんでしょう。当時、済州島の中等教育機関は4年制の農学校1校だけでした。それで日本に出稼ぎに行ったんですけど、済州島の人達は生野区今里で川の工事の労役[3]をしていました。今里に大正時代に作られた運河があるんです。「猪飼野川」[4]と申しますけど、一番最初はその影響で猪飼野の方に住んだらしいんですけど、その後、洋服の仕立てを習ってそれを職業にしたようです。今も「猪飼野」というところが「朝鮮町」として有名でしょ。運河づたいにずっと住宅が並んでおるんです。猪飼野のなかの中川小学校がある辺りを中川と言います。運河は一番端の方が、僕が通っていた東中川小学校の前まで続いておるんですけど、反対側は玉造の前まで繋がっておるらしいんですけどね。当時は浄水できない黒いどぶ水で泡がわき出ていました。一番小さい時の思い出が、そのどぶ川のほとりで、縄で水を打ちながら遊んでおったときに滑って溝にはまりこんで……。思い出深い川ですよ。

新今里での暮らし：父は洋服の仕立てで一時相当成功して、大丸だとか阪神、阪急という大阪の一流百貨店に納めるくらいの技量を持っておって、僕が10歳頃まで商売は相当良かったらしいんですけど、失敗があってうまくいかなくなり、父は大阪に残って仕事をし、お母さんと僕ら兄弟たちは尼崎の方に移って生活することになりました。でもまた父親の洋服を作る仕事の方が回復したので、その時に生野区の新今里の方に移りました。私はそこで小学校から中学校までおりました。小学校は東中川小学校[5]という学校です。そちらを卒業して、中学は生野中、旧制の生野中学校[6]に入りました。生野中に入った経緯なんですけど、実は僕の従兄弟が大阪の高津中を出て後に五校（熊本）から京大に入っていたんです。ですから僕自身も高津に行こうと思ったんですけど、小学校5

年の時の担任の先生が生野出身の方で、高津にいくよりも生野がいいから、俺が推薦するから生野にしなさいと言って、それで生野に入ったんです。

商業学校に行け：小学校4年の時に担任の先生が変わって高知県出身の先生が来られたんです。その人が1学期だけ教えたあと急に辞められて家に帰られることになりました。その時非常に僕を可愛がってくれたので、先生のお家に遊びに行ったんですけど、帰り道に先生が「ちょっとお前だけ残れ」と言って「次の日曜日にお前一人だけで来なさい」と言われたんです。何の話かなと思いながら、その日は帰って次の日曜日に行ったら、先生が公園まで一緒に歩きながら、「お前、高津（中学校）に行くつもりやろ。それでも高津に行かずに商業学校に行け、商業学校に行け。それが将来お前の為になる」という話をされたんです。その当時は何であの先生はあんな陳腐な考えをもっとる先生なのか、なんで俺を商業学校に送ろうとするんかなという不信感だけ持っておったんですけど、こちらに帰ってきてみて過去の日本と韓国との関係を知り始めたら、その先生が本当に僕を心配してそういう考えをしてくれたんだなということがわかったんです。人文系の高等学校に行っても大学を出ても普通の出世は出来ない、だからそれやったら商業の方に行って実業の方に入っていくことを勧めた。その当時そのように考えて頂いたことが今も本当にありがたく思っておるんですけど。日本と韓国の場合はそのように何というか、表面とはちょっと違うややこしい感情が残っておるのが、今の日本と韓国じゃないかと思って。

私立中学校に行け：それでまたもう一つの事件が起こったのが、6年生の3月初め頃、入学志願書を出すでしょ。生野の方に出しておったんですけど、突然先生が僕に「お前、生野に行って苦労して勉強するよりも私立の高校に行って奨学金もらいながら勉強する方が一番楽じゃないか」、そして推薦してくれたのが関西大学の付属中学校で、「まぁ行って志願書出してこい」と言うんです。電車賃までくれて僕を駅まで連れて行ったんですけど、家に帰った後、父親にそういう話をしたら父親がものすごく怒り出して、「お前絶対に生野に行け」、「もし生野に行けなかっ

たら中学進学をやめろ」という話にまでなったんです。次の日に親父が学校に行って交渉したらしいんですけど、先生の方でも「当初の希望どおり生野に行け」、そういう話をしてくれました。生野中学校の合格発表の日、突然、受け持ちの先生が僕の家まで訪ねてきて、それまで6年間教えながら僕の家に立ち寄ったのはその日が初めてなんですけど、訪ねて来られて、中には入らず玄関でうちの親父に話すのを聞いていたら、「自分は梁瀬[7]が合格したから他の者が全部落第しても満足です」という話をするんです。後で詳細を聞いてみたら、僕が卒業した東中川国民学校の中で生野に志願したのが4人いたらしいんです。男子クラスが3学級、男女混合クラスが1学級なんですけど、1学級1人だったら、全員合格の可能性が高いんですけど、ある学校、学級で競合すると誰かが落ちるかもしれない。ですから初めから私を取り除けという指示を校長が出したらしいんです。そういう話を聞いた時には、そういうことがあんのかというふうに思ったんですけど。

「拳々服膺」：ある時、先生から「お前校長室に行きなさい」と言われて校長室に行ったら、校長が僕一人を相手にして、「教育勅語を朗読してみろ」と言うんです。そして「拳々服膺」とはどういう意味かと問う。今も忘れないです。とにかく在日の人達は幼い時、もしくは若い時には何かしらの形で1度や2度は、そういう韓国人だからという理由で差別というか、いやがらせを受けたことがあるようですね。早くそういう感情がなくなればいいんですけど。

特高からの呼出し：僕の場合は、中学に入った途端、警察署から連絡が来て「明日、生野署の特高係まで出頭しろ」と、担任の先生が言われたので、次の日に行ったら特別な調査なしに書類を見て、後になって何かわかったのか帰れと言って帰らされたんですけど、そういう支配を受けていました。突然、特高に呼ばれたと言うのも、当時僕らが知らないうちにものすごく監視されておったんだなぁと思ったんですけど。

済州島に帰る：最初は終戦後すぐに済州島に帰国する話は全然なかったんです。終戦の2年前くらいに済州島からおばあさんが日本に来たんで

すけど、そのおばあさんが全然日本の文化とか生活に合わないでしょ。私たちとも付き合うことができない状態ですから。それで、おばあさんが僕らの家族と一緒に済州島に帰るという話に突然なって。大阪の生野中学校には2年生の1学期まで通い、1学期が終わった後で帰って来ました。こちらに帰ってきて見てびっくりしたのが、同じ年の人達が日本時代の学校生活の話をするのを聞いてみたら、ものすごく苦労したらしいんです。内地におった僕らよりものすごく苦労したらしいんですけど、日本の先生方に対する反感というのは全然持っておりませんでした。それでそれが不思議でたまらないんです。それくらい済州の人達はおとなしいのかもわかりませんけど、生野に出稼ぎに行った人達も非常に評判が良かったらしいんですよ。そしてそういう出稼ぎに行く人達を運ぶために、君が代丸[8]という大阪と済州を結ぶ連絡船が作られました。何百人も連れていくんですから。

奈良と京都の散策：8月に終戦になって、9月になって突然、済州島に帰ると言われたでしょ。学校も辞めさせられて。それで出発する前にもう一度歩いて見ておこうと思って、お母さんに弁当を包んでもらって、奈良と京都をずっと一人で毎日歩きまわりましたよ。特に奈良の場合は生駒と言うところが万葉集にも出てくるように、山から近いところでしょ。奈良は近鉄がありますから非常に近いし。1年生の頃からの遠足なんかはほとんどが近鉄に乗って大阪河内と奈良あたりですから、小さい時からずっと見てきたところです。突然、帰るとなったんで、その時には「また日本に帰って来ることができるかなぁ」、「多分、できないだろう」という考えが強かったんでしょうね。とにかくもう一度見ておかないとダメだということで、弁当だけ包んでもらって一人で歩きまわりました。お寺はやはり法隆寺が一番きれいですね。それから太秦の広隆寺。

済州島での学校経験

　生後5カ月で済州島を離れた梁秉柱さんにとって済州島は初めて住む外国に等しかった。済州農業学校に入学したが韓国語ができないことと、一般科目のレベルの低さにうんざりして退学し、家族のために職を求め

母親を助けて働く日々が続いた。学校事務から教員へ、さらに醤油会社の取次店の経営へと転職した。

済州島の暮らし：解放後の済州島での生活について僕の経験をお話することになるんですが、今でこそ済州島が観光地としてこれくらい発展したんですけど、1945年の秋にこちらに転入した当時の最初の感覚は、何か原始時代に戻ってきたような感じを持っておったんです。当時、済州島では電気もないし水道ももちろんありません。そういう状態ですから、ものすごいショックを受ける。そして済州島での生活が始まるんですけど、やはり日本で、日本人と同じような状態で大きくなってきたので、こちらの言葉、韓国語が全然できなかったんです。中学2年生の身体検査の時の身長が172cmでした。その172cmの身長が今も殆ど同じ、15歳の時に帰って来て今まで172cmというのは、それくらいこちらの生活がものすごく苦しかったということを証明すると思います。全然その後の成長がなかったんですから。それくらい苦しかったんです。

済州農業学校に入学：15歳で172cmというのはこちらに帰ってきたら高い方です。でも言葉ができないから、これはもうアホ。韓国語ができないので学校でもみんなから馬鹿にされるんですよ。そういう環境の中でこちらの農学校に僕も一応入りました。家族は翰林にいて僕はこちら（済州）の方に下宿したんですけど、下宿生活は問題ありませんでした。当時、中等教育機関はここしかないんですから。入学試験のときに当時の校長先生が、韓国語ができないからどうしたらいいかなと言って心配したらしいんですけど、日本での成績が良かったらしくとにかく入ることができたんです。その3年ぐらい後に済州島で4・3事件[9]が起こるでしょ。当時すでに済州島では右と左の対立が強まっていて、学生の間でもそういう対立が深かったんです。僕が農学校に入ってみて一番びっくりしたのが、当時、同級生の中に息子のいる人がいました。結婚して息子までいる人達が同級生なんです。ですから、もうこれ体格的にも全然違うし、考え方も違うし。そういう状況で、とにかく帰って来たら勉強しないと駄目だぞって頑張ってみたんですけど……。ある日突然、上級生が、僕より1年上の人ですけど、僕が校舎の階段で靴ひもをくくっ

てる時にやって来て、「君、何年か」って日本語で話しかけるものですから、反射的に「はい、2年です」って言ったら殴ってくるんですね。それで、僕はどうしてこんなのが学校なのかと全然考えられないと思って、そのまま家に帰って「あの学校にはもう行きません」と言いました。それで学校生活が終わってしまったんです。こちらでの正規の学校教育は終わってしまいました。通ったのは6カ月です。

日本の本で独学：解放後3年目、当時は軍政時代でしたが、五賢中学校[10]という中学が建てられました。その学校を建てた人達が、ほとんど日本の学校で学んだ人達で、そういう点から興味を惹かれてそちらに行きたい感じは持っておったんですけど、大阪でも一流の洋服の仕立ての技術を持っておった親父が、経済状態のよくない済州島で技術を十分に発揮することは出来ない、それに良い洋服を作る人達がいない時代なので生活が苦しくなってきて、僕を中学校に送ることができなくなり、それで学校教育が終わってしまいました。五賢中学校の場合もやはり学生達の年齢が千差万別です。適齢の人たちもおりますけど、殆どが年長者。その中の何人かは大阪で一緒の小学校に通った人もおったらしいんですけど。済州島での生活で一番苦しかったのが、こちらで小さい時から一緒に生活して大きくなった友達というのが全然いないこと。僕一人だけ言葉も通じないこと。それで家の中に閉じこもってしまって、畑仕事をして母親を助けながらどうにか食っていくんですけど。それから、日本から持ってきた本を読みました。『広辞苑』だとか吉川英治の『三国志』を12巻全部持ってきました。『広辞苑』には百科事典的に歴史の人物が全部入っておるでしょ。そういう本ばっかり読み直しながら生活してきたので、そういう点が今もまだこの年になっても日本語を忘れることがなかった理由の一つじゃないかと思うんですけど。僕自身、家の経済状態が悪くなったので学校に入ることが難しかったんですけど、もう一つ僕が農学校に対して印象が悪かったのが、国語の場合は僕が全然出来ないもんですから仕方ないとしても、英語だとか数学だとか物理、化学そういう一般の教科課程の内容が、僕が習っていた日本の時と比べて低かったということです。それでこちらの学校に入っていても、大した勉強はできない。それやったら自分で本を読んで勉強する方がいいという

ような考えも持っておったことは事実です。

軍隊体験：19歳のときに「朝鮮事変」[11]が起こったので軍隊に入って、軍隊生活をした後、また帰ってきました。その時には20歳になっていました。軍隊経験は僕の場合1年です。負傷したので早く帰って来ました。僕が除隊したのは中国が参戦した後なんですけど、戦況が少し好転したものですから、軍の方でも負傷者とか年齢の高い人たちを除隊させるということをし始めたんです。除隊して仕事を始めるわけです。長男でしょ。下に兄弟たちもいるので金儲けをしなきゃダメですから。最初の職場は村役場です。こちらの行政機構は最大が市郡、その下に邑面というのがあって、その下に洞里というのがあるんですけど、翰林の場合は比較的大きい村ですから「里」なんですけど、その里役場に書記として入ることができました。

学校職員：学校職員となったのは村役場で勤めておったので、面事務所の総務係長の人達が僕を可愛がって下さって、その人が「お前学校に行って勤めないか」という話を持って来たんです。僕はできるかなと心配しながら、当時の僕としては小学校（国民学校）の事務員として勤めることが非常に恐かったんですね。その人が紹介してくれて学校に入って行ったんですけど、怖気づいてしまって、校長さんと面談する時に出て行かなかったんです。それでその時は失業したんですけど、1年くらい後にまたその席が空いたので、もう一度、僕を推薦してくれたんです。その当時はどうにか食っていかないとダメですから、やはり勤務条件の良い学校に入ろうとして、総務係長に一緒に学校に行ってもらって校長に紹介されて、最初の1日勤めてみたらそれほど恐いことはないということがわかりました。第一おかしいんですけど、学校の先生達の実力と僕の実力を比べると僕の方が上でしたから。ですから最初は事務員なんですけど、教務の係の先生がいろんな公文書や書類の扱いなんかを僕の方に回すくらいになっていました。

教員への道：学校の職員として勤めながら、5年くらい経った後でしたか、こちら済州島の教育庁の方で、教員検定試験をやるという話、それ

まではSeoulまで行かないとダメだったのが、済州島の方でも受けることができるようにしてくださったので、それで同じ学校の先生に無資格の先生が何人かおったんで、その人達と一緒に試験を受けたんですけど、他の人達は一つも合格できなかったんですけど、僕が社会と教育、美術、体育、その4科目に合格したんです。学校では教員として勤めている人も合格できなかったのにどうしてお前が受かったんだと言って怒られました。そういうのが済州島の実情でした。もうその時は大韓民国[12]になった後です。1953年か54年の頃だったと思います。学校の教員として勤めるようになった時代、僕が有利だったのが、教育内容、カリキュラム自体がアメリカ式に変わってきたでしょ。それでそういうアメリカの新しい教育理論が東洋圏の中で最初に入って来たのが日本でしょ。ソウル大学の教育学部の教員達だとか他の大学の先生たちのほとんどがそういう日本語の原書を持ってきて、テキストとして学生達を教える時代ですから。それで日本語に関しては僕の方が一枚上ですから。釜山にも日本の本が沢山出回っておったんです。それで校長先生に進言して、それを買って持ってきて、翻訳は僕がしますからそれでやりましょうと言いました。当時、僕が勤めておった小学校が文教部指定の研究学校になっていたので研究会の主題に対する研究文を僕がほとんど翻訳して、ガリ版を切ってプリントにして出しました。それで一躍有名になって、教育長の方でもまだ全科目、合格ではないけど、准教員として任命するという話が出てきて……。それが1955年のことです。

トラバーユ：そのように日本語ができたので、当時韓国で一番新しい本がほとんど日本の先生たちの本ですから、それを読んでこちらの教員たちよりも僕が一足先に新しい学説を紹介することができるという立場にあったんです。そして最初の学校に勤めておったあと、朴正熙による5・16の革命[13]が起こって政権が変わったでしょ。その当時、済州島内の教員が総異動して地方の学校から済州市に移されて、すぐ済州市の教育庁に入ったんです。そこで5年か6年勤めた後、道教育委員会に行くようになって、そちらの方でも勤めたんですけど、その当時まで生活するのが非常に苦しかったんですね。月給だけじゃ、生活できないんです。下に弟たちもおるし。それで韓国で一番有名な醤油会社で「泉票」(センピョ)とい

う会社があるんですけど、その済州島代理店を持ってみないかという話が出てきたのでそれを引き受けることにして商売の切り替えをしました。それが1962年のことです。教育委員会では日本でいう指導主事を務めました。当時、済州島は「道」[14]と行政区画されるんです。それが、済州島が今このように発展する契機になったんですね。醬油会社の代理店になった時、昔の同僚が非常に心配したらしいんですよ。教員出身の人が商売なんてできるかなと心配したらしいんですけど、とにかくどうにか頑張って全国的に20ヵ所以上の代理店があったんですけど、その中でもハイクラスのレベルと認められるくらいに販売しました。表彰を受けたこともありますし。やはり生き抜くために、生き抜いていくためにいろんな仕事をしましたし苦労もしました。

日本文化と日本語：僕が韓国の文化より今も日本の文化に対して身近に考えることができるのが、小さい時からそういう教育を受けておったことや、こちらに帰ってきた後も最初は日本語しかできないのが問題になったんですけど、世の中グローバルになっていくと、日本語の使い道が出てきたからです。僕が非常に幸運だったのが、日本で中学の2年までやったので漢字を習ってきたということです。日本の場合は今でも漢字を教えるでしょ。韓国では政府が樹立されてハングル専用に変わってしまって、漢字を全部使う必要がなくなってしまった。博物館の人達も知らないんです。漢文になってくると誰も読むことができない。説明もできないでしょ。僕に「これは何と言うことや」と尋ねる人もおるくらいですから。僕が持ってきた本の中には、『孟子』も一つ入っていたんです。何もできないとき、そういう本ばっかり読んでいたので、これは学問じゃなくて雑学なんですけど、それが今になって身を助けているんです。元来文化というものは色々な物が混ざってきて新しい物ができていくんですから。

解放後済州島の学校状況

　インタビューでは梁秉柱さん御自身のことに加え、解放直後の済州島の教育界の様子が語られた。日本統治下の学校が解放後、どのように再編されていくのか、興味深い話を聞くことができた。

解放後の学校：解放前の済州や翰林には日本人専用の小学校と韓国人専用の小学校がありました。僕が住んでおった翰林の場合は、東小学校は日本人専用の小学校、西小学校は韓国人専用の小学校。日本からの人達が沢山住んでおったところには、別に小学校を作って別に勉強しておった。そういう日本の人達が通っておった小学校が、終戦後どういうふうに活用されたかというと、それを中学校に改編したんです。済州市の中学校のだいたいが日本人専用の小学校の校舎をそのまま利用しました。済州南初等学校は昔、日本人の小学校でした。済州市の場合は、公立中学校ができる前に済州の人口が増えてきたので、使えるところがその学校しかなかったので現在も南初等学校として残っているんです。僕が最後に勤めた学校がその学校で教頭でした。人口がそれほど増えず、校舎がそのまま残っておったところは、中学校にしようという運動が起こって、そこで最初は私立として使っておったんですが、それが後に公立に変わっていって、今の済州第一中学校ができたし、それがまた発展していって済州市にある済州第一高校ができたのもそれがはじめなんです。

済州島の教育熱：済州島の教育熱が高かった理由は500年という長い間、済州人は「島人」として取り扱われ、牧使という済州島を支配した最高位の役人が残しとる記録には済州人を呼ぶときに「土人」と記しております。それくらい蔑視しておったんですね。それにあの「済州人出入禁止令」[15]というのが200年間あったでしょ。ですから能力の高い人も絶対に島から出て行くことができなかった。それでものすごく済州島の人達は苦労しました。ですから、済州道に昇格した当時、最初に起こったのが村ごとに小学校を作ってくれという村の人達の運動でした。僕が勤めて居った1960年代までは全国で一番普通教育が普及したところが済州道だと言われるくらい中央でも認めておりました。行政単位が日本の村にあたるのがこちらでは邑面でしょ。その邑面ごとに中学校が作られたのが、済州道が最初なんです。島全体で小学校は100何校かな。それに中学校が12校あったんです。それで中学を作ったら次は高校が作られたでしょ。そして1960年代の末頃に、やはり軍政下は中央の人達が派遣される傾向が強かったんですが、そのなかの一人、吉聖恩というア

メリカでもちょっと勉強した人がおったんですけど、その人が済州道にも大学を作らせようと言い出して、最初は道立の大学を作って、済州の人達が入学していったんです。

高等学校の創設：済州一高（済州第一高等学校）というのはずっと新しい学校なんです。済州島で最初に高等学校が作られたのは私立、女学校にしろ、男子の高校にしろ、全部私立なんです。五賢の場合は一つの学園なんですね。財団で作った学校です。女子の高等学校が二つあったんですけど、一つは個人が作った、やはり財団で作った女子高等学校。もう一つは、キリスト教のカトリックの財団で作った女学校。それで済州道教育庁の方で、公立の高等学校と両方作らないとダメじゃないかという話が出てきて作られたのが男子の第一高校、それから二番目に作ったのが今、中央女子高校と呼ばれております。ですから済州島の教育に関する情熱は官じゃなくて一般の人達から作られたものと考えて間違いないです。高等学校は男女別学のシステムでした。公立済州第一高校は一時、教育委員会の方で優秀な人材を育てないとダメだと言って教員に優秀な人達ばかり集めたでしょ。ですから最初は良かったんですけど、日教組みたいな組織が作られて循環配置というのが入ってきたでしょ。ですから一校だけに優秀な人材を集めることができなくなってしまった。それで私立の方は今も財団で扱っておるんですから、優秀な先生だけ確保しておるでしょ。済州島の名門校には、「五賢（オヒョン）」と「大起（テギ）」という高校があるんですが、その二つが優秀な教員を持っているんですね。女子も中央高よりもやはり農星と済州女高の方が優秀な人達が集まっているという問題があるんです。公立学校が持っとる問題点が人事の問題なんです。優秀な人達を確保して、優秀な学校を作ることができないというのが公立校の問題ですね。全く日本と同じです。

実業系高校の現在：済州農業高校は農高として残っておるんですけど、済州島の場合は今までは農業国として存在しておったんですけど、農業自体が今一般人から取り残されておるでしょ。希望者がない。農業に仕えるという人たちがおらん、段々減っていくので今は一般の高校に変わりました。観光の教育もしますし、演技の教育もする商工学校みたいな

感じで。だから農高自体は残っているわけです。敷地もあっちこっち動いているでしょ。今は寧坪と呼ばれる場所に移りました。日本時代の農業実習学校[16]は最初1年制の学校で後に2年制になりました。短期学校として作られたもので、これが後に発展して今の西帰浦高等学校に変わったと僕は思っております。翰林には工業高校が今も残っておるんですけど、あの学校が成功した理由が電気と土木、建築というものを教えたでしょ。ですから済州島の開発部分に関係しながら色んな需要が起こって来たんです。官庁の方でもそういう人材が必要ですから、その学校の出身者が大量に輩出されると採用するでしょ。ですから、その工業高校は高校としての存在価値を持っておるんですけど、商業学校などは男女共学の商業学校が何カ所かあったんですけど全部なくなってしまいました。済州島自体は商業に対する体系がないところですから、この島はここで作ったものを売って得られた金よりも、外から買ってくる代金の方が高くつくところですから、商業というものが全然ないです。道で作った公立の女子商業学校一つだけ残っておるんです。あらゆる職業の事務を取るのに女子事務員が必要でしょ。それを養成するところがその学校ですから、それが今一つだけそのまま残っております。ですから地域の経済状況がどのように変わっていくかによって、学校の教育も変わって行くんじゃないかと思いますね。

【年表】
1931.5.21 済州島翰林近郊の村で誕生
1931.10頃　生後5カ月で日本に渡る。以後、大阪市生野区新今里を中心に在住
1938.4　東中川小学校入学
1944.3　同校卒業
1944.4　旧制生野中学校入学
1945.8　旧制生野中学校を2年1学期で帰国のため退学
1945.9　一家で済州島に帰国
1945秋　済州農業学校に編入学　半年後に退学　＊退学後、母親を助け農作業に従事
1950頃　朝鮮戦争で軍隊入隊　＊1年在籍し負傷のため除隊

1950年代前半　翰林里役場の書記に就任　その後、国民学校の事務職員に転任
1954頃　教員採用試験を受験し、国民学校准教員に就任
　　　＊済州市教育委員会、済州道教育委員会にも勤務し、教員退職時には済州市立南国民学校教頭
1962　醤油会社「泉票」済州島支店開設
　　　＊引退後、国立済州博物館日本語ガイドのボランティア～現在に至る

※インタビューをもとに筆者が作成。

【付記】

　本研究資料の作成に当たってはインタビューに応じていただいた梁秉柱さんに大変お世話になった。このような学校経験を記録し後世に残していくことは研究上大変に意義深いことではあるものの、非常に個人的な内容を公開することにもなりプライバシーに抵触する点で申し訳なさが付き纏う。梁秉柱さんはご自身の体験が「日韓両国の反省と愚かな偏見からの脱出に参考になれば光栄の至り」と仰ってご協力くださった。ここに記して深甚の謝意を捧げたい。済州島には2011年から2013年までの3年間、毎夏訪れた。その際、済州島での研究調査をいつもサポートしてくださったのが、大阪経済法科大学の玄善允さんと済州大学校耽羅文化研究所の安幸順さんである。お二人の協力がなければ限られた時間でのインタビューや研究調査は実現しなかった。また、梁さんのインタビューはICレコーダーに録音したものをすべて文字に起こしたうえで原稿化をしている。その作業は埼玉工業大学学生（当時）の藤田拓勸さんが担当してくれた。その他にも本研究資料の作成にご協力いただいた全ての方々に感謝したい。

【註】
1 インタビューは玄善允氏(大阪経済法科大学教授)の協力によって実現した。インタビュー当日は玄、佐藤のほかに3名の研究者が同行した。
2 済州農業高等学校総同窓会編『済農八十年史(Ⅰ)』(1990年)によれば、済州農業学校のルーツは1907年7月に郡守の尹元求が設立した中等教育機関の私立義信学校にあり、同校が1909年12月22日に学部告示第十五号により、勅令第五十六号実業学校令による公立済州農林学校として認可された。済州島内では唯一の公立中等学校である。日本統治下の1912年5月6日には朝鮮総督府告示第216号で同校は廃止、済州公立普通学校附設の簡易農業学校となった。さらに1920年10月22日には3・1独立運動後の文化政策の影響で3年制の済州公立農業学校に昇格している。1938年2月10日の朝鮮総督府官報に掲載された生徒募集記事をみると農科約30名、畜産科約20名の募集があったことがわかる。その後、1940年4月1日には5年制に昇格、1943年4月1日には4年制となる。(pp.104～112、pp.735～745参照。)
3 平野川の護岸工事や猪飼野地域に朝鮮人が集住した背景、状況については、東浜弘静「新平野川開削と耕地整理」上田正昭監修・猪飼野の歴史と文化を考える会編集『ニッポン猪飼野ものがたり』批評社, 2011年, pp.182～189、金賛汀『異邦人は君ヶ代丸に乗って-朝鮮人街猪飼野の形成史-』(岩波新書311)岩波書店, 1985年(第1刷)、2013年(第3刷), pp. 19～103に詳しい。特に金賛汀著には「猪飼野-そこは済州島の人々の街」の1節(pp.85～103)がある。『曺智鉉写真集　猪飼野　追憶の1960年代』(新幹社、2003年)の第1章「平野川」pp.12～49も参考になる。日本植民地教育史研究会では2015年3月16日に北川知子さんの企画で猪飼野フィールドワークが行われ、多民族共生人権教育センター「ぱだん」の文公輝さんからレクチャーを受けた。筆者にとっては梁秉柱さんが幼少期を過ごした街を実際に見学する貴重な機会となった。
4 「猪飼野川」と梁秉柱さんは記憶しておられるが平野川のこと。当時、同地を「猪飼野」と言ったのでその中心にある運河を「猪飼野川」と記憶していたのかもしれないという。
5 東中川小学校HP (http://swa.city-osaka.ed.jp/swas/index.php?id=e671488)によれば、「昭和14年(1939年)4月1日 大阪市立東中川尋常小学校として、大阪市小路尋常小学校(現在の大阪市立小路小学校)より分離開校、昭和14年(1939年)6月12日 新校舎が竣工する、昭和19年(1944年)奈良県生駒郡平群村(現在の平群町)へ集団疎開」(沿革＜学校概要)とある。(HP最終閲覧：2015年9月27日)
6 生野高等学校HP (http://www.osaka-c.ed.jp/ikuno/schoolinfo/gakuennnoennkaku.htm)によれば、旧制生野中学校は「大正9年4月2日 創立、4月6日 大阪府立第12中学校として大阪府立高津中学校内に併置開校(修業年限5年・生徒定員1,000名と定められる。)　7月31日 校舎建設敷地として大阪府東成郡生野村(当時)に校地を買収、大正10年4月1日 校名を大阪府立生野中学校と改称」(学校の沿革＜学校案内)とある。(HP最終閲覧：2015年9月27日)
7 創氏改名の政策により当時は「梁瀬」(やなせ)と名乗っていた。梁さんの

話では「1945年9月まで日本にいて帰って来たので、戸籍上でも名前が3度変わっております。日本名になった後に、終戦後、こちらが独立した後、創氏改名のために名前を変えた人はまた元のように戻しました」ということである。

8　1922年、尼ケ崎汽船によって開かれた済州島－大阪間の航路を就航した貨客船。この航路の開設により猪飼野地域の済州島出身者が激増した。

9　1948年4月3日、済州島での武装蜂起をきっかけに多大な犠牲者を出した事件。その全容については文京洙『済州島四・三事件「島（タムナ）のくに」の死と再生の物語』（平凡社，2008年）他を参照されたい。

10　日本統治下の朝鮮総督府の政策で済州島には中等教育機関が済州公立農業学校と公立農業実修学校の2校しかなかった。解放後、前者は済州公立農業中学校（1946.9.1）に、後者は西歸公立初級中学校（1946.10.3）になった。解放直後の社会的経済的混乱のなかでも済州島民の教育要求は高く、アメリカ軍政期には正規の中学校よりも認可の下りやすい私立の中学院を創設し、後に正規の中学校として認可を受けるという道を辿る場合が多かった。五賢中学校の場合は、アメリカ軍政下の1946年2月15日に済州第一中学院として出発し、同年10月22日に五賢初級中学校となっている。（済州特別自治道教育庁『近・現代済州教育100年史』2011年，pp.193～195参照。）

11　朝鮮戦争のこと。1950年6月25日に開始され1953年7月27日に休戦の合意に達した。

12　大韓民国の成立は1948年8月15日。

13　1961年5月16日未明に朴正熙ら陸軍士官が起こした軍事クーデター。

14　1946年8月1日済州島は道に昇格した。日本統治下では全羅南道の管轄下にあった。

15　1629年の「済州出陸禁止令」と思われる。（国立済州博物館『済州の歴史と文化』2005年，p.117「年表」）

16　済州島公立農業実修学校のこと。西歸浦にあったので「西歸実修学校」とも呼ばれていた。1935年の朝鮮総督府令第52号で改正された実業学校補習規程により、当初は1年制の学校だったが、1943年4月1日から2年制に昇格した。（済州農業高等学校総同窓会編『済農八十年史（Ⅰ）』1990年，p.744）。2年制昇格の時期を1941年4月と説明する資料もある。（済州特別自治道教育庁『近・現代済州教育100年史』2011年，pp.105～106）

V. 書評

書評

安川寿之輔著
『福沢諭吉の教育論と女性論
——「誤読」による〈福沢神話〉の虚妄を砕く——』

松浦 勉*

1.〈福沢諭吉神話〉の現在

　福沢諭吉は、『学問のすゝめ』(1875年)において、「天は人の上に人を造らず、人の下に人を造らず」という人間平等論(天賦人権論)を説いた近代日本の民主主義思想の偉大な先駆者であるというのが、21世紀現在の日本社会の一般的な理解である。これが国民的な常識として定着している。「最高の文化人」として、福沢諭吉が1984年以来依然として最高額面紙幣の肖像におさまっていることが、その有力な証左となろう。

　社会科学・歴史学関連の学界レベルではどうか。戦後日本の社会科学を代表し、福沢諭吉研究に圧倒的な影響を与えたのは政治思想史家の丸山眞男である。丸山は『学問のすゝめ』冒頭末尾の伝聞態を無視して、強引に福沢＝「典型的な市民的自由主義」者という神話を創作したのである。この丸山の福沢研究に追従して、近年「国民的な常識」を共有する成果を積極的に発表しているのは宮地正人である(『国民国家と天皇制』2012年)。また、確かに以下のような新たな一定の変化も生じている。しかし、全体としては、学界総体の福沢評価も基本的に国民的な常識のレベルを超えていない。

　小さくない新たな変化をつくり出しているのは、やや図式化していえば、福沢評価が相互に鋭く対立する二つの研究潮流である。

　一つは、学界の定説的な福沢理解や「国民的な常識」を〈福沢諭吉神話〉として厳密に検証・批判し、福沢の全生涯の思想と行動を徹底して内在

*八戸工業大学

的・批判的にとらえ直す研究の進展である。これは、著者の安川寿之輔の一連の福沢研究の成果に代表される。ここでは、「啓蒙」思想家と慶応義塾の創設者、「時事新報」社主・言論人としての福沢の三重の役割がトータルに究明・追及される。この基本線は、本書でも貫かれている。

著者の既発表の福沢研究のまとまった成果には、①『日本近代教育の思想構造―福沢諭吉の教育思想研究―』（新評論、1970 年、[増補版] 1979 年）、②『福沢諭吉のアジア認識―日本近代史像をとらえ返す―』（高文研、2000 年）、③『福沢諭吉と丸山真男―「丸山諭吉」神話を解体する―』（高文研、2003 年）、④『福沢諭吉の戦争論と天皇制論―新たな福沢美化論を批判する―』（高文研、2006 年）がある。

また近年、哲学・思想史家の杉田聡も精力的に、これに合流する成果を発表している（『福沢諭吉　朝鮮・中国・台湾論集―国権拡張・脱亜の果て―』明石書店、2010 年、『天は人の下に人を造る―「福沢諭吉神話」を超えて―』インパクト出版会、2015 年など）。

もう一つの潮流は、安川寿之輔や杉田聡らの、トータルな福沢批判と否定的な意味での福沢再評価の潮流を黙止し得ない存在と見做し、福沢を擁護する新たな研究動向である。つまり、国民的な常識となっている〈福沢神話〉を補強する動きである。例えば、日本近代政治外交（思想）史家の酒井哲哉は、「福沢諭吉（1834―1901）とアジアといえば、今日ほとんどの人は反射的に脱亜論を想起するであろう。」と指摘した上で、福沢の「脱亜論」（1885 年 3 月 16 日『時事新報』）の特異な解釈により、定説的な理解を批判し、福沢擁護論を展開している［酒井「福沢諭吉とアジア」（和田春樹ほか編『岩波講座　東アジア近現代史』第 1 巻、岩波書店、2010 年）］。「朝鮮近代史研究者」を自認する月脚達彦『福沢諭吉と朝鮮問題―「朝鮮改造」の展開と蹉跌―』（東京大学出版会、2014 年）は、この第 2 の潮流を代表する直近の「成果」となる。

第 2 の潮流の福沢（思想）の評価視角は、目新しいものではない。かつて丸山眞男が中国語訳された福沢研究の自著（『福沢諭吉と日本の近代化』）の序文で、〈脱亜入欧〉を福沢の造語・愛用語だとする「俗説」を批判する意図で行った、「脱亜」という言葉は「福沢のキーワードでなかった」という全く根拠のない弁明（安川、前掲③、参照）と通底する。1881 年の『時事小言』で「本編立論の主義は専ら武備を盛にして国権

を皇張するの一点に在り」と断言し、「強兵富国」路線を提示した福沢は、翌82年3月の論説「朝鮮の交際を論ず」で、「亜細亜東方の保護は我責任」であると表明し、日本＝東アジアの「首魁盟主」宣言まで行った。この発言以来晩年まで、アジア侵略の対外路線を提起し続けた福沢の数多ある重要論説のなかから強いて「脱亜論」だけを取り出し、福沢の〈脱亜入欧〉路線選択の宣言という定説的な理解に意義申し立てをすることに、積極的な意義はない。何よりも、自説と決定的に対立する把握と評価をとる本格的な福沢研究の成果に対して、なぜ真正面からの全面的な反批判・反証を回避して、このような姑息な言説をくり返すのか。

　月脚達彦は福沢の「朝鮮改造論」を、一方では、「今日の観点からすると侵略論である」と正しく認識し、福沢の対外侵略路線を確認している。ところが、月脚は他方で、「一部で誤解されている」福沢の「脱亜論」は、1884年12月4日に「朝鮮開化派」の金玉均らが漢城（ソウル）で惹き起こしたクーデター（甲申政変）の失敗に起因する、福沢の「朝鮮改造論」の「敗北宣言」で、その意味で「一時的・状況的発言」であったと把握する。これが「通説的な理解」だともいう。不誠実で不正確な研究の現状把握を前提とする、自家撞着の弁明史観に過ぎる。また、月脚が「一部で誤解…」云々といって匿名で矮小化する著者の成果は、月脚の前掲書の〈文献一覧〉から作為的にすべて排除されている。ところが、著者と杉田がその粗雑で強引に過ぎる研究手法とその成果に全面批判を加えている平山洋の、「新たな福沢美化論」の書『福沢諭吉の真実』（〔文春新書〕、2004年）以下の著作が3冊も掲載されている。著者の前掲②『福沢諭吉のアジア認識』に空疎な論難を加えているのが平山なのである。

　なお、〈福沢諭吉神話〉を補強する月脚達彦の著書全体の意義とそれ以上の大きな問題点については、社会思想史学会誌『社会思想史研究』第39号（藤原書店、2015年9月）収載の杉田聡の書評を参照してもらいたい。

2. なぜ本書は書かれたのか

　本書は、著者の福沢研究の総仕上げである。半世紀にわたって、丸山

眞男の福沢研究を筆頭とする戦後日本の社会科学とメディアが定着させた福沢評価の国民的常識や定説的な評価を、「丸山諭吉」神話＝〈福沢諭吉神話〉として一貫して批判し、反証を加えてきた著者の福沢研究にも大きな転機があった。著者は20世末以来、アジア太平洋戦争の日本の戦争責任と植民地支配責任を告発・追及した1990年代のアジア諸国民の声に応えて、自身の過去の福沢研究の見直しをはじめた。近隣のアジア諸国（民）との「和解と共存の道のり」の模索のはじまりである。最初の成果が前掲②『福沢諭吉のアジア認識』である。福沢が日本のアジア侵略とアジア蔑視思想の先導者であった事実を実証・解明した同書を読んだある高校の社会科教員の女性は、以下のような感想を書いた。

「……私は今まで何を学んできたのかと、自己嫌悪に陥ってしまった」。とりわけ福沢のあからさまなアジア蔑視発言には「ショックの連続……聞くに堪えないほどの下劣な表現には〝百年の恋〟も……消え失せ」た。「戦前の人びとがお上からのお達しはすべて正しいと信じ込み戦争へと邁進していったのと、私たちは変わらないのではないか、と深く反省」した。

福沢諭吉の実像と思想全体の、鋭利な視座からの究明と捉えなおしを意図した著者の、福沢に関する4冊目の著作となる本書は、自身の前掲②〜④の成果で得られた新たな知見と歴史認識を加え、事実（史実）と論理のみに基づいて論証をすすめることで、福沢の教育論と女性論が再構成されている。はじめにと本論全5章からなる以下の構成をとる。

はじめに／Ⅰ　戦後「福沢諭吉研究」を問い直す／Ⅱ　福沢諭吉の教育論／Ⅲ　福沢諭吉の女性論／Ⅳ　福沢諭吉の「独立自尊」を検証する／Ⅴ　近代日本の道のり総体の「お師匠様」

3. 本書の特徴と意義

本書の特徴と意義を4点指摘しよう。第1に、〈福沢神話〉の創作・存続に加担し、「アジア蔑視と侵略の先導者」となった福沢を、日本の最高額紙幣の肖像に押し上げる役割を果たした「戦後民主主義の時代」の社会科学と歴史学研究総体のあり方への根底的な批判が総括的に提起

された（本格的な検討は、前掲『社会思想史研究』第37号、2013年収載の著者稿「戦後日本社会における福沢諭吉研究の批判的総括」で展開されている）。著者によれば、「戦後民主主義」とその基盤となる自国中心主義的な日本の学問が、敗戦直後から目先の「民主化」の追求に追われ、総じて日清戦争以来の侵略戦争と植民地支配への日本の（特に国民の主体的な）責任の問題を放置・忘却してきた事実と、丸山眞男を筆頭にして、女性差別への批判的視座を決定的に欠落してきた事情が〈福沢神話〉の社会的定着の主要な要因となった。つまり、この二つの要因が粗雑で安直な福沢研究の創作と拡大の「決定的な原因」となったのである。

これを踏まえて、本書では、〈福沢神話〉の存続と補強に奉仕してきた福沢研究の代表的事例として、丸山真男や遠山茂樹の研究の系譜につらなる堀尾輝久の福沢教育論評価（『現代教育の思想と構造』1971年、『天皇制国家と教育』87年）と宮地正人の丸山流の福沢論、羽仁五郎や村上信彦以来の福沢女性論評価をとる中村敏子（編著『福沢諭吉家族論集』〔岩波文庫〕99年）と西澤直子（『福沢諭吉と女性』1911年）などが俎上にのせられ、安直で杜撰な研究手法と評価が厳しく批判されている。

第2に、すでに福沢が、アジア侵略の対外拡張路線とともに〈大日本帝国憲法＝教育勅語体制〉を受容するに至る思想的道のりを解明していた著者は、「福沢諭吉が教育勅語に賛成するはずがない」という、丸山眞男の「典型的な市民的自由主義」者福沢諭吉像（最大の福沢神話）に追従した歴史学と教育学の先行研究の定説的理解を覆す、「教育ニ関スル勅語」（1890年10月30日）への福沢の具体的な対応を史実で解明した。これは前掲③の成果である。帝国憲法を「完全無欠」「完美なる憲法」と絶賛し、その公布の翌年の明治天皇睦仁による教育勅語の「下賜」を「感涙」をもって歓迎した福沢は、学校での「仁義孝悌忠君愛国の精神」の貫徹を要求する社説（1890年11月5日）を、自身が社主・論説主幹を務める『時事新報』の石河幹明記者に書かせていたのである。

この決定的な史実は、福沢研究全体に根本的な再検討を迫る。かつて名指しで著者を批判した山住正己は『教育勅語』（朝日新聞社、1980年）の執筆段階でこの社説の存在を認識していたが、「丸山諭吉」神話への信奉は揺るがなかった。戦後日本の教育学研究も総じて、福沢の夥しい「愚民を籠絡する」詐術としての天皇制論を基本的に無視することで、

膨大な福沢の教育論の本質把握と評価を誤ってきた。福沢のアジア認識やセクシズム（男性中心主義・性差別主義）も、同様に無視された。

第3に、福沢は生涯、「男女の同権」や「女性の解放」を説きつづけた「男女平等」論者であるという定説的な福沢女性論評価の「虚構」性の全面的批判のうえに、福沢の家父長制的な差別的女性論が総体的に解明された。福沢女性論の内容として、①家事・育児を「天職」とする女性が「家政参与の権」を認められ、「男子を助けて居家処世の務め」につく性役割分業観や②女性の参政権と労働権の欠落以下、計8項目の性差別的な内容が解明・追及される。

福沢諭吉のもう一つの代名詞と理解されている「独立自尊」の中心理念を配置した有名な福沢（慶応義塾）の「修身要領」（1900年6月）で、福沢の女性論の到達点を確認しよう。福沢の直接的な指示で、当初の第1条の規定が「修身要領」全体を制約する重要な独立の前文とされ、その冒頭に「凡そ日本国に生々する臣民は男女老少を問わず、万世一系の帝室を奉戴して其の恩徳を仰がざるものある可らず」という天皇制規定が明記された。つまり、老若男女の「臣民」が自ら進んで「自動」的・自発的に「君に忠義を尽」くし、「親に孝行する」というのが「独立自尊」の含意である。この「要領」の男女関係を規律した第8、第9条では、福沢の差別的女性論に対応して、「男尊女卑」は「野蛮の陋習」で、「文明の男女」は「同等同位」、「一夫一婦制」が「人倫の始」とされているが、当然、男女の「同権」＝平等の規定はない。明治民法を「世道人心の革命」と擁護する〈並みの「明治の男」〉の一人に過ぎなかった福沢の「独立自尊」の名による男女不平等論を、帝国主義の世界史の中で見ると、「一身独立」できないまま他民族侵略の軍事行動に動員される帝国主義的な「臣民」の「男子を助けて居家処世の務め」にあたる女性の役割が「帝国意識」の発露として期待されていたのである。

第4の特徴と意義として、著者は明治「政府のお師匠様」を自認した福沢諭吉を、本人が自負していた以上に大きな存在と捉え、否定的な意味で日本近代の全生涯の「お師匠様」と位置づけなおした。著者は、「福沢神話」を創作した丸山眞男の日本近代史把握（〈明治前期の「健全なナショナリズム」vs昭和前期の「超国家主義」〉という二項対立史観）とこれを簡潔に図式化した「国民的作家」司馬遼太郎の〈明るい明治〉

と〈暗い昭和〉という分断史観への全面的な批判と反証の総決算として、〈明るい明治〉に〈明るくない明治〉を対置し、〈暗い昭和〉に収束する〈明るくない明治〉を生きた福沢の思想の筋道が追究される。「皇権拡張」の「大本願」の実現を追求した福沢の、〈天賦国権、国賦人権〉の国権主義的な近代化路線の選択以下、「強兵富国」のアジア侵略の対外路線の提示、アジア蔑視の「帝国意識」を近代日本人の「心性」にまで仕上げた最大の役割など、「暗い昭和」との連続性をしめす、全14項目の福沢の思想と行動の歩みが総括的に素描されている。

4．おわりに

　本書が出版されてから2年半あまりが経過した。しかし、本書を含めて、教育史学会をはじめとする教育関連学会誌に著者の前掲②『福沢諭吉のアジア認識』以降のまとまった成果に関する書評が掲載された形跡はない。日本教育学会誌『教育学研究』第81巻第3号、2014年9月の「図書紹介」欄で、米山光義が本書の「紹介」の労をとったのはほとんど唯一の例外であろう。しかし、米山の紹介はおよそ紹介の体裁をなしていない。なぜか。米山自身の福沢理解と評価も、基本的には〈丸山諭吉〉神話の深刻な影響下にあるからである。［米山「福沢諭吉の教育思想（1）」、同「（2）」（小室正紀編『近代日本と福沢諭吉』、慶応義塾大学出版会、2013年）］。これが「戦後70年」にあたる2015年段階の日本の教育史学の現状である。
　著者の戦後日本の社会科学研究に対する厳しい批判を重く受けとめたい。

（高文研、2013年）

書評

岡田泰平著
『「恩恵の論理」と植民地
——アメリカ植民地期フィリピンとその遺制』

松岡昌和*

　20世紀前半のアメリカ植民地期フィリピンの教育を取り上げた本書の「あとがき」において、著者は「日本に流布したスラム、バナナ、エンターテイナーというようなイメージとは異なる角度からフィリピン社会に迫りたかった」(319頁)という研究の決意を語っている。現在の日本社会においては、かつてに比べてフィリピン人エンターテイナーの存在感は薄れているように思われるが、それに対して存在感を増しているのが、英会話産業の担い手としてのフィリピン人ではないだろうか。評者の周囲にはかつて英会話講師を勤めていたフィリピン人留学生がいた。また、インターネット上の無料ビデオ通話を利用した英会話教室も近年増えているようである。さらに、語学留学先としてフィリピンが浮上している。イギリスや北米、オーストラリアよりも格安で、しかもセブなどのリゾート・イメージと相まって、フィリピンの英会話学校は多くの生徒を日本や韓国をはじめとした各地から集めているようである。
　それはアメリカによる植民地教育の「賜物」であり、一方で、植民地支配は多くの負の「遺制」もフィリピン社会にもたらした。植民地教育の「恩恵」とその「弊害」、どちらもその後のフィリピン社会を構成するものであり、いずれも否定できないところにアメリカ植民地期を語ることの「困難さ」がある。本書はそうした「困難さ」を改めて認識させる一冊となっている。

　本書の目的は標題にある「恩恵の論理」、つまり多くのフィリピン人が「アメリカ植民地主義を『恩恵』として理解」(30頁)するようになっ

＊日本学術振興会特別研究員・東京藝術大学

た背景とその過程を明らかにしていくことである。その際、著者はナショナリズムを補助線として引く。東南アジア史の文脈では、蘭領東インドや英領マラヤなどで見られるように、20世紀前半にナショナリズムが形成され脱植民地化を目指す運動が立ち上がっていった。しかし、フィリピンでは19世紀末に先駆的にナショナリズムが国民国家建設のための革命運動となったものの、その革命は挫折し、その後のアメリカ植民地主義のもとでは弱いナショナリズムしか作り出されなかった。著者はそこに植民地教育と歴史認識の問題を見出す。

本書は以下のような構成になっている。

序章　　アメリカ植民地期フィリピンと植民地教育を問い直す
第一章　アメリカ植民地主義と言語
第二章　制度としての「恩恵」
第三章　アメリカ人教員とフィリピン人教員
第四章　フィリピン人教員層と市民教育
第五章　抗争する歴史——植民地の地理・歴史教育
第六章　フィリピン学校ストライキ論
第七章　反フィリピン人暴動とその帰結
終章　　植民地主義は継続しているか
　　　　——二一世紀世紀のフィリピン社会とフィリピン人

以下、本書の内容について概観したい。

本論は全体で二つの部分に分かれており、前半の第一章から第四章で植民地教育の政策について論じられ、後半の第五章から第七章では植民地教育や「恩恵の論理」に関連した葛藤について論じられている。

第一章では、植民地教育、そして独立後のフィリピンにおいても教授言語として用いられている英語が主題となる。多言語社会フィリピンにおいて、社会全体での英語の使用は追求されなかった。しかし、英語教育は米比戦争期に軍事の一部として行われ、それはフィリピン人による「自発的同意」に基づくものと理解されるようになった。そこでは、英語は「文明化」するための言語として学ぶべきものとされた。英語の使用は植民地教育の理念とは逆に植民地社会における階級制を生み、言語

による国民統一の欠落をもたらした。また、この問題が、独立後フィリピンにおいても継続し、繰り返されてきた。

　第二章では、アメリカ植民地教育の限界を、学校制度の不十分さを明らかにすることによって指摘している。フィリピンにおけるアメリカ植民地教育は、行政が計画的に社会政策を行うアメリカ革新主義の理念に基づくものであった。そこでは教育政策によって、フィリピン社会の「後進性」の象徴であった「カシキズム」、つまり大衆がボスに盲従し富裕層の抑圧に甘んじるという政治文化が払拭され、植民地に「民主的」で「近代的」な社会が建設されるというのが、その理想であった。しかし、それは財政問題により失敗する。学校は不足し、就学率も思うように上がらなかった。そうした中で植民地教育行政は、中央集権的な少数のアメリカ人による教育行政を「民主的」であると読み替えていった。

　第三章では、アメリカ人教員とフィリピン人教員の間に待遇格差があったことが指摘される。アメリカ人教員は「民主」を体現しているという価値観、つまりアメリカ人に付随する属人的性格ゆえに、フィリピン人教員に比べて圧倒的に優遇された。しかし、そうした格差が危機的な問題になることはなかった。フィリピン人教員にとって植民地教育は社会の「発展」と自らの成功を可能にする仕組みであったのだ。

　第四章では、アメリカ植民地教育の限界を、フィリピン人教員たちのエリート文化と民衆文化との分断のなかに見出している。フィリピン人教員はアメリカ植民地主義への評価にかかわらず、教育を通じた「市民的理念」の普及を信じ、社会の変革を目指していた。それは植民地教育の学校文化を通じて形成されたエリート文化であった。しかし、教員たちによる「市民教育」は成功しない。「市民教育」では民衆思想にどのように対応するかは認識されず、一方の民衆は植民地教育に対して関心を持たなかった。植民地教育では「市民」という型枠は民衆世界に影響を及ぼさず、国民文化を形成し得なかった。

　第五章では、植民地の地理・歴史教科書を分析することで、どのような歴史認識が植民地社会で許容されたかを明らかにしている。そこでは、アメリカ白人による他人種の支配を正当化する「人種史」が強力な概念として機能している。またフィリピン史の記述においては、アメリカ人が「発展」をフィリピンにもたらしたことを「恩恵」として認めること

が必要条件になっていたことが明らかにされている。こうした歴史認識は現在でも主流研究に反映されている。一方で、授業外への地理・歴史教育の影響力の限界も指摘されている。

第六章では、1930年に発生したマニラの高校生による学校ストライキの過程を分析することで、植民地教育に対する異議申し立てが脆くも瓦解し「恩恵の論理」が修復されていく様子が描かれている。アメリカ人教員による差別発言とその後の生徒の行動に対する教育局の対応は、生徒のみならず、外部の諸勢力を巻き込んだ動きとなった。しかし、植民地教育行政は生徒の未熟さを根拠にそれを抑えこみ、かれらに「規律」を教えるという「市民的理念」を持ち出すことで、この動きを瓦解させた。

第七章では、アメリカにおける反フィリピン人暴動とフィリピン独立交渉を絡めて論じている。アメリカ人による在米フィリピン人に対する露骨な差別や暴力は「恩恵の論理」と矛盾するものであった。しかし、アメリカでアジア人移民排斥の動きが高まる中で、フィリピン側は独立交渉にあたって、アメリカとの良好な関係を保つ必要があった。それゆえ、アメリカ人の人種差別との対決は避けられ、「恩恵の論理」が保たれた。

本書では、アメリカの植民地教育がフィリピンに弱いナショナリズムしかもたらさなかった要因として、アメリカ革新主義による「市民的理念」への絶対的な信頼と、アメリカがフィリピン革命というナショナリズムの動きを破壊した歴史をあげている。その結果行われた植民地教育は必然的に倫理性を欠き、限定的な影響力しか持たなかった。そうしたなかで「恩恵の論理」は保ち続けられたのである。本書の射程は現代のフィリピンにまで及んでおり、現代において「恩恵の論理」や植民地教育の遺制について考える手がかりを提供している。

本書はアメリカ植民地期フィリピンという特定の時代の特定の地域を取り上げた研究であるが、植民地教育を考える上での多くの論点を提供してくれる。本書第五章ではアメリカ植民地期フィリピンの地理・歴史教科書について分析を行っている。そこで基調となっている「人種史」のナラティブ、「発展」の記述に彩られた宗主国の歴史などは、他の植民地の地理歴史教科書においてもその相似形が見られたのであろうか、

差異があるとすればそれは何によるものなのであろうか、など植民地教科書の比較対照を行う際のポイントとなるだろう。

　帝国日本における植民地教育を考える上では、植民地教育とナショナリズムの関係について注目できるだろう。本書の大きな問題関心は、フィリピンの場合に他の東南アジアの植民地教育と異なり、なぜそれが強力なナショナリズムを作り出せなかったのかという点にある。植民地教育はナショナリズム形成に強い影響を及ぼしたのか否か、またそれはどのような理由によるものなのか、帝国日本の植民地教育史研究はそれにどのように回答するのであろうか。

　また、帝国日本における植民地教育との関わりで言えば、東南アジアの植民地教育と第二次世界大戦期の日本による教育政策との関係性もまた日本植民地教育史に投げかけられるべき論点であろう。日本による東南アジア各地の占領は短期間に終わり、また戦時という特殊性や経済政策の問題などがあり、安定した文教政策を敷いたとは到底言えるものではない。しかし、それでも日本軍政が文教政策を策定する際に、それ以前の植民地教育や植民地におけるナショナリズムは影響力を持ったのであろうか。そうだとすれば、それはどのような影響を及ぼしたのであろうか。南方軍政における文教政策を語る際の一つの論点となろう。

　一方で、本書を読み進める中でいくつかの疑問点も生じた。第一に、学校以外における教育についてである。本書では、植民地教育の限界や植民地支配を肯定する心性について論じられているが、そこに至る経緯として語られているのはもっぱら学校教育であり、学校教員である。しかし、教育は学校のみで行われるものではなく、さまざまなメディアや娯楽などもまた、公式非公式の違いはあれ、教育としての機能を果たす。映画や音楽は娯楽として消費されながらも、社会教育のツールとして用いられることもあれば、「目指すべきあこがれの対象」を人々に示すことで、教育的効果を発揮することもある。本書第四章では、植民地教育の限界として、民衆のエリート文化に対する醒めた反応や、英語が農民や町の行政職に広がらなかったことを挙げている。本章でも学校で映画上映やコンサートが行われたことが言及されているが、それら娯楽の浸透力はどの程度であったであろうか。確かに、娯楽は直接的に「市民的

理念」といった植民地教育において重視された価値観を直接示すものではない。しかし、アメリカ植民地支配を肯定的に受け止める心性の形成には、それらは少なからぬ影響があったのではないだろうか。

第二に、本書では植民地教育に積極的に貢献したエリートや、在米フィリピン人の苦境に関心をもちえなかった中間層、そしてエリート文化を受容しなかった大衆といった、フィリピン内部の階層による心性の差異については述べられている。しかし、地域やエスニシティの違いによる植民地教育や植民地支配に対する向き合い方の差異はどうだったのであろうか。植民地教育によって強いナショナリズムが形成されなかった背景には地域やエスニシティの多様性があったのではないだろうか。

本書の題目にもある「恩恵の論理」は、植民地について語る上で非常に「厄介なシロモノ」である。これをそのまま受け止めることは、著者が本書の冒頭で述べた「近代植民地主義が甚大な暴力と現地社会の破壊をともなったこと」(2頁) に目を閉ざすことになる。しかし、「恩恵の論理」の作為性を論じてアメリカ植民地支配を否定してしまうと、著者が終章で述べているように「現在のフィリピンの教育制度の否定につながって」(314頁) しまいかねない。

評者はシンガポールを主たる研究の対象にしてきたが、シンガポールはフィリピンとは異なった形で「恩恵の論理」が極端な形で展開した国といえるだろう。シンガポールは旧宗主国イギリスの言語を国家の共通語とし、法律や社会制度など植民地時代の遺制を利用しながら、フィリピンとは対称的な強力な行政システムを構築した。そこでイギリス植民地支配は根本的な批判の対象とはならず、現行の歴史教科書においてもイギリス帝国の自由貿易政策を肯定的に描き出している。シンガポールは英語や自由貿易政策といった植民地の遺制を「利用」することで、ASEANで最も豊かな国になっていった。シンガポールの歴史を語る際、破壊と混乱をもたらした日本軍政を批判的に語ることは「容易い」が、イギリス植民地支配を根本的に批判することは容易ではない。それはシンガポールの歴史教科書から読み取れる。

本書は「恩恵の論理」について、その是非を問うのではなく、なぜそのような心性が育まれ、維持され、そして植民地教育のもたらす矛盾を

覆い隠していったのかということを丁寧に解きほぐしている。「恩恵の論理」は帝国日本の植民地教育を論じる際にも「厄介なシロモノ」として登場してくることがある。そこで歴史研究に問われているのは、本書が行ったように、そうした心性を丁寧に解きほぐしていくことであろう。本書の基となっているのは、一橋大学大学院言語社会研究科に提出された博士論文「関係性の歴史学にむけて——アメリカ植民地期フィリピンの植民地教育をめぐる制度史、史学史、心性史」である。植民地教育研究においては、制度史のみならず、この原題に現れているような「史学史、心性史」といったアプローチがこれから求められているのであろう。

（法政大学出版局、2014 年）

VI. 旅の記録

台湾教育史遺構調査（その8）
公学校とその母体となった宗教施設

白柳弘幸*

1　明志書院、孔子廟と新竹公学校・新竹小学校

　新竹市へは台北駅から在来線の自強号で約70分、台湾高速鉄道（以下、高鉄）にて約30分、高鉄新竹駅と台鉄新竹駅とは六家線と内湾線にて約20分で結ばれている。新竹国民小学（旧新竹公学校）へは台鉄新竹駅前の中華路二段から興学街へ徒歩で10分ほど。

　台湾総督府は統治開始の翌年、全島14ヶ所に国語伝習所を設置、その1校が新竹国語伝習所であった。国語伝習所は「本島人ニ国語ヲ教授シテ其日常ノ生活ニ資シ且本国的精神ヲ養成スルヲ以テ本旨」と規定された。生徒は甲科と乙科に分けられ、甲科は15歳から30歳以下、乙科は8歳から15歳以下の者を対象とした。

　新竹国民小学所蔵『沿革誌』（以下、沿革誌）中、学校設置について、

　　本校ノ前身タル新竹国語伝習所ハ明治二十九年三月三十一日勅令第九四号台湾総督府国語伝習所官制ニ依リ同年五月二十日府令第四号ニテ設置セラレタルモノナリ
　　五月二十一日新竹支庁長桑原戒平、所長心得ニ、六月教諭書記等ノ任命ヲ見タレドモ校舎其他ノ設備未ダ成ラザルヲ以テ開所スルニ至ズ
　　九月九日陸軍衛戍病室ニ仮用セラレシ西門ノ旧明志書院ノ建物ノ引渡ヲ受ケ更ニ隣接地楊渓水ノ家屋ノ一部ヲ借入レ……十一月二十五日教授ヲ開始ス

---
*玉川大学教育博物館

とある。新竹国語伝習所設置は決まったが、当初は「校舎其他ノ設備未成ラザルヲ以テ開所スルニ至ズ」の状態であった。『芝山巌誌』中に見られる「国語伝習所は位置が指定されただけで、学校の影も形もなかった」ことを裏付ける記述である。6ヶ月後、市内の明志書院と民屋の一部を借り受けて11月25日より授業が開始された。1898（明治31）年10月1日の公学校令施行後、国語伝習所は新竹公学校となる。8年後に新竹街東門孔子廟を修繕後移転し、1937（昭和12）年1月9日に現在地に再度移転した。

明志書院は1781（天明元）年に現在の新北市泰山区から当地に移転。当地の最高学府であったので国語伝習所を設置するに相応しいと総督府が判断したのだろう。その後、総督府が道路敷設のために明志書院を撤去。現在駐車場としての名のみが残り、孔子廟は東区中山公園へ移転した。しかし、当地へ移転前の泰山明志書院は再建されて今も残る。

現在の泰山明志書院（写真①）

前号で彰化国語伝習所に小学科を設置し、日本人子弟が就学したことについてふれた。本『沿革誌』にも1897（明治30）年の記事として「十月一日附設小学科ヲ開設シ児童十三名ヲ入学セシム」と載る。その翌年のこととして、

附設小学科校舎新築ニ着手ス敷地七五〇坪建物九八・五坪、地所買上費一二〇円建築費五、三一八円、六月十日竣功、三十日ヨリ教授ヲ行フ
　　　十月一日公学校令施行ト同時ニ本所ハ廃止セラル、甲科ハ九月府令第九四号ニ依リ新竹公学校速成科ニ、乙科ハ公学校各学年ニ編入、又本所ニ属スル設備ハ新竹公学校ニ、附設小学科ニ属スル設備ハ新竹小学校ニ譲与セラル

と、記述されている。本『沿革誌』に書かれていないが、国語伝習所に日本人子弟の小学科を設置する立案は新竹県知事が行った。『台湾教育沿革誌』に、明治30年8月19日、新竹県知事桜井勉より総督府へ内地人学齢児童教育に関する上申が下記のように載る。

　　　当管下新竹街ニ寄留致居候内地人学齢期児童之儀ニ付調査ヲ遂ゲ候処既ニ学齢ニ達シタル児童数十五人ニ達シ何レモ保護者ニ於テ教育方苦心致シ居リ加之此ガ就学ノ途開ケザルガ為家族携帯致サザル向モ多ク有之趣ニ候仍テ差当リ新竹国語伝習所内ニ之ガ小学ヲ仮設シ同所教官ヲシテ兼チ其教授ヲ担当セシムル事ニ致シ候ヘバ前陳ノ事情ニ対シ便益ヲ与ヘ内地人移殖奨励ノ一手段トモ相成候ノミナラズ土人児童国語伝習ヲ経タル者ヲシテ漸次内地同一ノ学課ヲ学得セシムルノ端緒ヲ開キ候ハバ土人教育上ニ於テモ少ナカラズ裨益ヲ与ヘ候義ト被認候尤モ同所ニ就キ之ガ施設ニ関シ詳細取調候処敢テ差支ノ廉モ無之別段経費ヲモ不要候ニ付来十一月一日ヨリ開始致度候条右御承認相成候様致度此段及上申候也

　これに対して総督府は「経費を要せず、又何等差支の廉もない」と許可し、新竹国語伝習所は小学科を置き日本人子弟の教育を開始した。その後、他伝習所にても小学科設置が広がり、公学校制度発足後も各地公学校で継承された。新竹公学校はその後、新竹第一公学校、新興国民学校等の改称を経て、現在、新竹国民小学となった。日本人子弟の学んだ小学科は公学校令施行と同時に新竹尋常小学校となり、現在、新竹市東

門国民小学となっている。同校での調査は新竹市在住の新竹東門国民小学元教員であった黄崑河氏が尽力してくださった。御礼申し上げたい。

（新竹市興学街 106 号　2010 年 11 月 29 日訪問）

2　孔子廟と台南第一公学校

　台南市へは台北駅から高鉄で約 2 時間、高鉄台南駅と台鉄台南駅は新竹同様に支線にて 20 分程で結ばれている。国立台南大学附設実験国民小学(旧台南第一公学校)へは台鉄台南駅前北門路一段を車で 10 分ほど。台南市は台北市に首府が移されるまで台湾の政治文化の中心の町であった。そのため今でも市内に統治前の寺廟や統治期の建築物が残され、奈良や京都と比せられている。

　国立台南大学附設実験国民小学所蔵『第一公沿革誌』（以下、一公沿革誌）に「現在校舎新築次第」が載る。

　　当校ハ明治三十一年十月一日国語伝習所ノ後ヲ承ケテ開校シ校舎ハ孔子廟及海東書院ヲ仮用セリ。然レドモ元来其ノ目的ニアラザル建物ナレバ教授上ノ困難尋常ニアラズ

　　且ツ二百余年前ノ建物ナレバ朽廃危険ノ場所多ク年々応急ノ修繕ヲナスニ二千余金ヲ投ゼリ而モ尚且雨ノ日ハ漏水甚シク児童ハ机ヲ抱キテ彼方ニ避ケ此方ニ位置ヲ変ジ……一度乾燥期ニ入ランカ不完全ナル校舎ハ吹キ巻ク黄塵ヲ防グニ術ナク教師モ児童モ万丈ノ砂烟ノ中ニ奮闘スル惨状……些カノ風、微カナル地震ニモ軒傾キ柱歪ミ、屋根頽レ不安ノ中ニモ教授ヲ続ケシ

　本文の「国語伝習所ノ後ヲ承ケテ開校シ」の一文から、台南国語伝習所が台南第一公学校に移行した事が伺える。現在も残される孔子廟は学校設置当時既に築 200 年以上経過し老朽化が否めず「教授上ノ困難尋常ニアラズ……漏水甚シク」等と惨状が述べられている。

現在の台南孔子廟（写真②）

　『一公沿革誌』は後年書き直しを行ったと思われ、創立初期の国語伝習所や設置されたと思われる附設小学科の記録は欠けている。そうした中、学務委員らの「児童募集方法」の記事が興味深い。

　　　明治三十二年十月二十七日書房教員秀才梁瑞図ヲ本校雇ニ採用セラル同雇其生徒三十名ヲ率ヒテ来リ命ヲ拝ス当時児童募集ニ如何ニ若心セシカヲ見ルベシ
　　　明治四十一年マデハ或ハ学務委員ニ命ジ教員自身父兄ノ家庭ニ付勧誘ス
　　　明治四十二年度ヨリ警務課ニ交渉シ学齢簿ヲ作リ其就学シ得ベキ資産アルモノヲ撰択方ヲ警務課ニ依頼シテ候補生ヲ定メ其内ニ就テ学務委員及各教員勧誘ス
　　　大正元年度ニハ右ノ方法ニヨリ勧誘ハ学務委員ニ一任ス
　　　大正四年度　時勢ノ進運ニ伴ヒ当局ノ熱心ナル経営トニヨリ新教育ノ必要ヲ感ズルモノ益々多キヲ加ヘ自ラ進ンデ其児童ヲ入学セシムルモノ多ク予定人員ヲ超過スルコト八十余名ニ達シタル……

本記事より、学務委員が児童募集に相当の労力を注いでいたことを知る。学務委員の努力の結果、大正期には児童募集の苦労がなくなった。学務委員については、台湾公学校令（明治31年7月勅令第百七十八号）第十条に「公学校設置区域内ニハ二名以上ノ学務委員ヲ置クヘシ其ノ職務ニ関スル規程ハ知事庁長之ヲ定ム」と規程され、「其設置区域内ニ住居スル学識名望アル者ノ中ニ就テ弁務署長ノ推薦ニ依リ」知事庁長が命じた。台北県学務委員職務規程には「生徒ノ就学出席督促、基本財産、寄附金募集、授業料、協議費、校費ノ収支、校舎ノ営繕及校具ノ調製」の7項目があげられている。児童募集については、従来教員らの努力のみが語られたが、学務委員の役割も評価するべきであろう。
　台南第一公学校はその後台南師範学校設置時に代用附属公学校、台南師範附属公学校となり、現在は国立台南大学附設実験国民小学となった。学校が孔子廟から現在地に移転後、台南庁が1917（大正6）年7月より孔子廟改修工事を行った。
　同校での調査は台南市在住の国立台南二中元教員の葉崑玉氏が尽力してくださった。お礼申し上げたい。
（2014年6月20日訪問　台南市樹林街2段31号）

3　水仙宮と台南第二公学校

　台南第二公学校は台南第一公学校同様に台南市内に開校した。当校へは台鉄台南駅前成功路から西門路2段を徒歩で約20分。台南第二公学校設置については台南市立人国民小学所蔵『沿革誌』（以下、二公沿革誌）に載る。

　　本校ノ創立ハ始メ公学校実施以前ニ於テ既ニ区内有志ノ協議アリテ国語ノ普及ヲ計ランガ為メ台南国語伝習所分教場ヲ設置セントスルノ計画アリタルモ終ニ其運ニ至ラズ公学校令実施ノ期ト共ニ之カ創立ヲ見ルニ至レリ……明治三十一年十月二十二日台南市外宮后街十八番戸水仙宮ニ於テ開校ス

台南第二公学校は公学校令施行時に台南第一公学校と同時に台南市内の水仙宮に創立した。水仙宮は清朝時代の台南七寺八廟の一つで、現在直轄市古蹟に指定されている。それなりに格式があった廟であった。『二公沿革誌』中、明治 31 年度記事に台南の町の様子が載る。

現在の水仙宮（写真③）

　　本市ハ台湾最古ノ都府ニシテ鄭氏ヨリ清国ニ引続キ二百年来中央政府ノアリシ所ナルニ依リ比較的文化ノ度合高ク読書人ナル漢文学者頗ル多シトス然リトモ其弊ヤ保守的思想旺盛ニシテ徒ニ旧来ノ陋習ヲ重シ古ヲ貴テ今ヲ卑トシ世ト推移スルコトヲ知ラス……一旦ハ入学スルニ至リタルモ幾程モナク彼等ハ曰ク漢文教授ノ時間僅少ニ失セリ一日宣ク五時間以上トナスヘシ云々又曰ク公学ニ於テモ書房ノ如ク授業時間ハ日出ヨリ日没マテナラサルヘカラス云々等種々ノ難問題ヲ提唱シテ是等口実ノ下ニ多ク欠席又ハ退学

　台南は「比較的文化ノ度合高ク読書人ナル漢文学者頗ル多」いが、陋

習に固執し入学後に口実をつけて欠席や退学があるとのこと。1901（明治34）年度の「学事」に、当地の書房は旧暦正月に入学を済ませるために4月入学の公学校に応じる児童が少ないことが悩みであったことについてふれている。そのため、

　当学区内域内ニ於ケル書房教師ヲ招集シ台南教育ノ為メ互ニ協力シテ其振興ヲ図ルヘキコトヲ説諭シタルニ彼等モ之ヲ諒トシ……各書房ヨリ数人ツヽノ生徒ヲ送リ来タリテ四十又余名ノ生徒ヲ新ニ入学セシムルコトヲ得タリ

と、生徒確保のため学区内書房教師との協力関係を築いていることを述べている。台南第二公学校はその後、宝公学校、台南市北区第一国民学校等となり、現在は台南市立人国民小学となった。台湾同化会でローマ字運動を行ったことで知られる蔡培火の氏名が1912（明治45）年4月から4年間、『二公沿革誌』に載る。どのような担任ぶりであったのだろうか。
　同校での調査は台南市在住の台南市永福国小元教員の魏鑑源氏が尽力してくださった。お礼申し上げたい。

（2013年11月12日訪問　台南市西門路3段41号）

＊本稿の一部に差別用語とされる不適切な語句があるが歴史研究上の意義を考え使用している。

【参考史料／図書】
『沿革誌』新竹国民小学所蔵
『第一公沿革誌』台南大学附設実験国民小学所蔵
『沿革誌』台南市立人国民小学所蔵
『台湾学事法規』台湾総督府民政部総務局学務課
『台湾教育沿革誌』台湾教育会／南天書局復刻

日本統治期台湾の高等女学校訪問記（その1）

滝澤佳奈枝*

はじめに

　1945年8月現在、台湾全土に公立の高等女学校が計20校設けられていた。各州庁における学校数は、台北州6校（台北第一高女・台北第二高女・台北第三高女・台北第四高女・蘭陽高女・基隆高女）、新竹州1校（新竹高女）、台中州3校（台中第一高女・台中第二高女・彰化高女）、台南州4校（台南第一高女・台南第二高女・嘉義高女・虎尾高女）、高雄州3校（高雄第一高女・高雄第二高女・屏東高女）、台東庁1校（台東高女）花蓮港庁1校（花蓮港高女）、膨湖庁（馬公高女）である。各高等女学校が設立された歴史的経緯をふまえ、元となる学校が最初に設立された年代別にみると、1890年代1校、1900年代1校、1910年代4校、1920年代6校、1930年代2校、1940年代6校となっている。これらの公立高等女学校の多くが戦後に行われた統廃合を経て、今日の女子高級中学または高級中学として引き継がれており、廃校となったのは台北州立台北第二高等女学校並びに台北第四高等女学校の2校のみである。
　本稿では、台北州立台北第三高等女学校（以下、台北第三高女、現台北市立中山女子高級中学）と台南州立虎尾高等女学校（以下、虎尾高女、現国立虎尾高級中学）について取り上げる。これから数回に分けて、旅の記録として、各高等女学校の歴史を振り返りつつ、高等女学校が設立された地域の特色等を写真とともに紹介していきたい。

＊お茶の水女子大学大学院博士後期課程

1．台北州立台北第三高等女学校

　台北第三高女の歴史は、1897年に台湾北部の士林街に設けられた台湾総督府国語学校第一附属学校女子分教場（以下、女子分教場）にまで遡ることができる。女子分教場は、台湾人女子教育の嚆矢となる学校でもあるため、日本統治期の台湾人女子教育を歴史的に振り返ろうとする場合、台北第三高女の歴史と重なりあう部分があるのはそのためである。女子分教場は、その後、幾度かの改称や改変を経て、1919年に公布された台湾教育令を受けて国語学校から独立した3年制の台北女子高等普通学校となり、1922年には改正された台湾教育令を受けて4年制の台北第三高女へと昇格することになる。

　筆者が台北第三高女に関心を寄せるようになったのは、淡江大学国際研究学院日本研究所修士課程に在学していた2001年まで遡る。今日に至っても台北第三高女への関心は高まるばかりである。振り返れば、台北第三高女と出会って既に10年以上経っているが、筆者が初めて台北市立中山女子高級中学（以下、中山女子高級中学）を訪問したのは、2011年秋のことであった。

　中山女子高級中学の校門を抜けた真正面に建っている校舎は、台北第三高女時代に建てられたものであり、台北市の3級古跡の指定を受けている。歴史ある校舎の廊下を通り抜けると、眼前に校庭が広がり、校庭を挟んだ反対側には戦後に建てられた新しい校舎が建っている。3級古跡の指定を受けている校舎の一角には、女子分教場時代に使用されていた梵鐘が今でも残されている。新しい校舎には、両開きの扉の上に「校史室」と大きな文字が掲げられた立派な校史室が設けられている。扉の先には台北第三高女の歴史を彩る様々な資料が展示保管されており、壁一面に、女子分教場から現在までの学校の歴史を記したパネルが写真と共に飾られている。資料の多くは、卒業生からの寄贈によるものであるが、いずれも貴重な資料群であるといえる。台北第三高女で使用されていた教科書類、卒業アルバム、賞状類、学校の歴代の制服を復元したもの等が展示されていた（写真1・写真2・写真3）。その他にも額装の刺繍作品などの展示物も飾られている。筆者の目を引いたのは、生徒が和裁の授業で縫った紋付の着物（昭和13年度卒業生寄贈）であった。校史

室の歴史資料は、学校の歴史を語る重要な役割を果たしているこいえる。

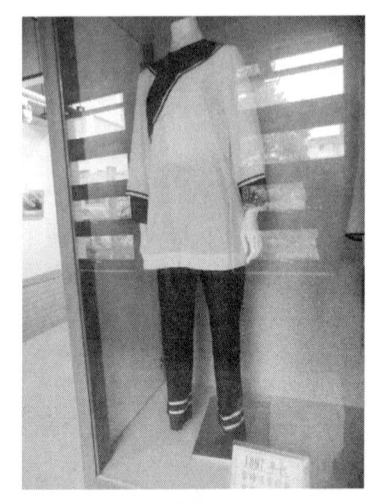

写真1

写真2

写真3

　台北第三高女の学校史については、玉川大学教育博物館の白柳弘幸先生が「台湾教育史遺稿調査（その4）」で触れられている。そちらも合わせて参照いただきたい。
（2011年11月17日訪問／写真は筆者撮影）

2．台南州立虎尾高等女学校

　虎尾高女は、1940年に台湾南西部の虎尾（現雲林県虎尾鎮）に設けられた。虎尾高女は、かなり以前から関心を寄せていた高等女学校の1つであり、2012年の秋に念願かない虎尾を訪問することができた。台北駅から台湾鉄道の自強号で斗六まで行く途中で嘉南大圳を渡る。斗六から虎尾まではバスで約40分の道程である。虎尾には、戦前、大日本製糖株式会社の虎尾製糖所が設けられていたことから、製糖の街として栄えてきた。大日本製糖虎尾製糖所は、台湾糖業公司虎尾糖廠として今日でも現役で稼働している。工場内には、資料館が設けられており、虎尾製糖所に関する資料が展示されている。また、敷地内には「藤山雷太」「奉献」の文字が刻まれた燈篭も残されているが、上部が取り外され土台の右手奥に置かれている（写真4・写真5）。筆者が訪問した時には既に使用されていなかったが、虎尾渓に架かる鉄橋を甘蔗を乗せた汽車が走っていたという（写真6）。甘蔗だけではなく、虎尾に通う生徒たちも汽車に乗って通学していた。また、大日本製糖会社の社宅が現在も残されており、当時の様子をうかがい知ることできる。社宅は、虎尾渓側から役職ごとに序列化されて立ち並び、社宅の間を碁盤の目の様に道路が走っていた（写真7・写真8）。

写真4

写真5：取り外された燈篭の上部

写真6

写真7

写真8

写真9

　このような製糖の街に虎尾高女が1940年に設立された。虎尾高女が設立される以前は、虎尾周辺の女子生徒の進学先は嘉義高等女学校だったそうだ。虎尾高女へは、虎尾渓を渡って汽車で通ってくる生徒も少なくなく、製糖会社の正門近くに虎尾駅があり、そこから徒歩で通っていた（写真9）。実際に歩いてみたが、駅から学校まで20分程度の道程であった。虎尾高女は、今日、国立虎尾高級中学に引き継がれている。校史室に保存されていた資料は、戦後のものがほとんどであり、虎尾高女に関するものとしては、校旗と校舎を増築（「校舎増築割烹室官舎炊事夫宿舎」とあり）した際の2メートルほどの木札が残されていた（写真10・写真11）。札の裏には「昭和十八年十月十五日上棟祭執行齋主王問曆神社社掌住吉昌一」と墨書きされている。
　虎尾を訪問することで、台北とは異なる地方の高等女学校が設けられた街の雰囲気を肌で感じることができた。更に、学校と生徒そして製糖工場が日常的に関わりを持っていた様子もうかがい知ることもできた。文献や資料から想像を巡らせるのではなく、実際に足を運んでその街を

写真 10

写真 11

肌で感じることの大切さを教わった訪問となった。
（2012 年 11 月 7 日訪問／写真は筆者撮影）

おわりに

　これまで高等女学校、特に台北第三高女に関する研究を進めてきた。聞き書き調査も台北市内の高等女学校の卒業生を中心に行ってきた。虎尾高女について調べる機会があり、虎尾会の方達から戦前の虎尾の話をうかがう機会に恵まれた。自分なりに街並みを想像してみるものの、実際の虎尾渓の大きさであるとか距離感というものは、なかなか想像することが難しい。実際に足を運んで街を訪れてみると、想像していた以上に虎尾渓が大きいことに驚かされ、整然と立ち並ぶ社宅の街並みに驚かされた。戦後に書き起こされた地図に描かれた街が眼前に広がっており、製糖会社を中心に街が形成されている様子を目の当たりにした。資料調査や取集のために現地に赴くことは、重要なことである。各学校が設けられた街がどのように発展してきたのか、産業はどのようなものであるのか等、そういった学校を取り巻く環境を肌で感じることは、想像だけでは理解できない部分にリアリティーをもたらしてくれる。活字になる機会はないかもしれないが、肌で歴史を感じることも重要な研究の一つ

であると考える。

　最後に学校訪問に際し、中山女子高級中学並びに虎尾高級中学の校長先生はじめ諸先生方、卒業生の皆様、虎尾鎮公処鎮長の林文彬氏、同秘書の陳向陽氏、虎尾会の皆様、そして、筆者を各学校に紹介してくださった各方面の関係者の皆様方には大変お世話になりました。深く感謝致します。

【参考文献】
台湾教育会『台湾教育沿革誌』1939年（復刻　台北：南天書局、1995年）
国立虎尾高級中学『国立虎尾高級中学校史』2001年
山本禮子『植民地台湾の高等女学校研究』多賀出版、1999年
白柳弘幸「台湾教育史遺構調査（その４）」『植民地教育史研究年報』第14号、皓星社、2012年
滝澤佳奈枝「台南州立虎尾高等女学校と生徒たちの終戦前後―大日本製糖株式会社と学校及び生徒たちの関わりを中心に―」『旧外地の学校に関する研究―1945年を境とする連続・非連続―』平成23年度～25年度科学研究費補助金研究成果報告書、2014年

Ⅶ. 気になるコトバ

戦争・漫画／マンガ

松岡昌和*

　戦争と漫画／マンガ（以下「マンガ」に表記を統一）の関係は深い。マンガは主として成長していくこどもに向けて、何らかのメッセージを図像という直接感覚に訴える形で発信するという意味で、すぐれて教育的なメディアである。戦争とマンガの関わりについて考えることは、すなわち戦争をどのような形で教育しようとしてきたのかを考えることになる。

　戦争とマンガとの関わりは大きく二つの形で説明できよう。一つは戦争や戦時を描くマンガ、いわゆる「戦争マンガ」、いま一つは戦争に動員されるマンガである。戦争とマンガの関係について取り上げる際にはこの二つの方向性で論じられてきた。戦争とマンガの関係については特に20世紀末からさまざまな形で論じられるようになってきた。そうした成果のなかでも代表的な著作としてあげられる、夏目房之介『マンガと「戦争」』（講談社現代新書、1997年）は前者の立場から、櫻本富雄『戦争とマンガ』（創土社、2000年）は後者の立場でそれぞれ論じられている。

　戦争や戦時を描くマンガについては、戦時・平時を問わずマンガ史上多く生み出されてきた。日本においては、1930年代の田河水泡『のらくろ』が先駆け的存在としてあげられる。戦後には、手塚治虫『紙の砦』、中沢啓治『はだしのゲン』、水木しげる『総員玉砕せよ！』、小林よしのり『戦争論』など、第二次世界大戦を取り上げた多くの戦争マンガが描かれた。戦争マンガで描かれたのは第二次世界大戦だけではない。戦後に生み出された戦争マンガは古今東西のあらゆる戦争を題材としてきた。そこでは古代・中世の戦争、戦国時代、日清・日露戦争といった日

＊日本学術振興会特別研究院（PD）、東京藝術大学大学院音楽研究科

本の戦争のみならず、古代中国の三国時代やヨーロッパ、さらには冷戦、ベトナム戦争や中東戦争といった同時代の戦争もまた、マンガの題材となった。さらに、マンガにおける戦争の舞台は未来世界や宇宙にまで及ぶ。手塚治虫の『来るべき世界』、『AKIRA』、『新世紀エヴァンゲリオン』など架空の世界を舞台としながら戦争に生きる人間の姿が描き出されている。

　このようにマンガというメディアはその黎明期から現代に至るまで、さまざまな形で戦争を描いてきた。それは戦争を美化するものもあれば、戦争を戯画化するもの、また反戦の思想を示すものまでその立場も多様である。いずれにしても、戦争マンガは主としてこどもたちに読まれることで、戦争についての教育を行うという機能を果たしてきた。

　以上触れたような戦争マンガについては、マンガ史においてこれまでも多く語られてきた。日本マンガ学会では 2005 年に「マンガと戦争」のテーマで分科会が組まれたが（その詳細は『マンガ研究』第 8 号、2005 年参照）、そこでは「戦時下におけるマンガ・漫画家」と並んで、「戦後の戦記マンガブーム」について取り上げられており、『マンガ研究』第 8 号には「戦後の戦争マンガ」リストが掲載されている。近年では、京都国際マンガミュージアムにおいて 2015 年に戦後 70 年を迎えて「マンガと戦争展」が開催され、主に戦後の「戦争マンガ」を特集している。これら戦争マンガの詳しい紹介や分析については、戦争マンガを論じた書物に委ねたい。

　ここでは、もう一つの戦争とマンガの関わり、戦争に動員されるマンガについて特に見ていきたい。総力戦体制へのマンガの動員のされ方は多様で、国内の戦意高揚をはかるものから、占領地の教育や住民教化をはかるものまで幅広い。前者の例としては、ジョン・ダワー『容赦なき戦争』でも取り上げられた、「敵」と「自己」を描いた一連のマンガがあげられる。ダワーは、戦時期の日本のマンガが自己を「若々しくけがれなき純粋な存在」として描く一方で、敵である英米人を「年老いた、凋落していく勢力」として描いていることを指摘した。こうした描写は日本内地におけるメディアのみならず、占領地における現地住民向けメディアにも見出すことができる。たとえば、日本占領下シンガポールにおいては、漫画家吉野弓亮が英字紙 *Syonan Times* や華字紙『昭南日報』

に、若々しく力強い日本と、衰えていく英米の指導者の姿をたびたび描いている。

ダワーが取り上げたマンガは、こども向けというよりは成人向けのものが多いが、こども向けのメディアにも、強制的・自発的問わず、読み手を戦時体制に順応させていくようなマンガが多く掲載された。そのメディアの一つとしてあげられるのが、大日本雄弁会講談社（現講談社）より刊行されていた『少年倶楽部』である。同誌に見られる外国人表象について研究を行ったカール・イアン・ウィ・チェン・チュアによれば、満洲事変から日中戦争期にかけて、敵対する中国人は「恐ろしい」敵でありながら同時に「愚鈍」で、日本兵に必ず敗れる存在として描かれていた。「面白くて為になる」を編集方針としていた『少年倶楽部』の娯楽性をもった作品を通じて、読者を大陸での戦争へと向けさせていった。

占領地の教育や住民教化のために動員されたマンガについても見てみたい。1941年以降、国民徴用令にもとづいて多くの文化人が軍によって徴用され、後に南方占領地となる東南アジア地域に送られた。かれらの任務は占領地の住民に対する宣伝宣撫、対国内報道、作戦軍将兵の啓蒙であった。南方占領地へと送り込まれた漫画家の中でも、特に現在その作品が残されている人物として、ジャワに赴いた小野佐世男や横山隆一、シンガポールに赴いた倉金良行、松下紀久雄、吉野弓亮らがあげられる。かれらは南方の様子をヴィジュアル・メディアで伝えるために多くのマンガやイラストレーションを描き、画集を出版するなどした。1944年に刊行された松下紀久雄『南を見てくれ』や横山隆一『ジャカルタ記』、1945年に刊行された小野佐世男『小野佐世男ジャワ従軍画譜』は、それぞれ一人の日本人漫画家が見た現地の様子とかれらの南方観を伝えてくれる。また、これらの画集をはじめ、日本語メディアに掲載されたかれらの作品に見られる南方イメージが、当時の日本においてリアルな南方像として消費されていたことであろう。

占領地に赴いた漫画家たちには現地住民の宣伝宣撫が任務とされていた。それはどの程度の「効果」があったのであろうか。従軍漫画家が現地で描いたものは多岐にわたり、その意味と機能を一概に論じることはできないが、一例として、ダワーが『容赦なき戦争』で取り上げた戦時期日本の戦争表象に類似した形式で作品を描いた吉野弓亮の例を見てみ

たい。吉野は現地紙に戦争をテーマとしたイラストレーションを多く残した。そこでは、日本や日本人については若々しく力強い、そして高い精神性を持った存在として描かれている。英米・英米人は日本人によって退治されるべき鬼や、もはや覇権を失って世界のパワーゲームから退場していく老いた存在として描かれている。そして南方占領地の住民は日本兵に対して信頼を寄せる無邪気な子ども、あるいは「未開な土人」として描かれることが多い。

こうした戦争表象は、敵意と戦争の図像学について読み解いたサム・キーン『敵の顔：憎悪と戦争の図像学』の諸類型と対照させると際立って特異である。そこには古今東西の戦争で描かれてきた敵意や憎悪のパターンが見られない。吉野の事例は、占領地における漫画家の作品が、見るものの英米に対する敵意の喚起という点において限界を持っていたことを示唆する。

しかしながら、戦争を明確に意識した力強い図像以外にも、多くの戦争に関する図像がこの時代の漫画家によって描かれ、それらの持つインパクトが無視できないケースも多々ある。再び日本内地のメディアに視点を戻し、雑誌『少年倶楽部』に掲載された娯楽テイストを持つマンガ作品にそれを見出したい。前述のように、満洲事変から日中戦争期にかけて多くの中国を舞台とした作品が『少年倶楽部』に掲載された。そこでは「恐ろしく」、一方で「愚鈍」なキャラクターが、泥鰌髭に見られるようなアメリカのフー・マンチューのイメージで描き出されていた。こうした「敵対する中国人」のビジュアル・イメージは戦後になっても描き出され続ける。

戦時においては、動員されるマンガと、動員の有無にかかわらず戦争や戦地を題材とする戦争マンガとの境界線は極めて曖昧になる。娯楽性や商業性などを追求した作品がかえって「動員された」マンガ以上に戦争への関心を高めたり、敵のステレオタイプを強化したりするケースも多く見られる。マンガに限ったことではないが、戦時における上からの動員についてはその限界が多く指摘されている。その一方で、娯楽や商業の持つ動員力についてさらに検討されていくべきではないだろうか。特にマンガというメディアは多くがこども向けに製作され、それは非公式の教育メディアとして機能する。「戦争」と「マンガ」に、「植民地」

や「ジェンダー」、「文化帝国主義」といったキーワードを加えることによって、教育をめぐる社会史や文化史がさらに展開していくのではないだろうか。

【参考文献】
Cheng Chua, Karl Ian Uy. 2010. *Gaijin: Cultural Representations through Manga, 1930's – 1950's.* PhD dissertation (Hitotsubashi University).
サム・キーン（佐藤卓己・佐藤八寿子訳）. 1994.『敵の顔：憎悪と戦争の心理学』柏書房.
櫻本富雄. 2000.『戦争とマンガ』創土社.
ジョン・ダワー（猿谷要監訳、斎藤元一訳）. 2001.『容赦なき戦争』平凡社ライブラリー.
夏目房之介. 1997.『マンガと「戦争」』講談社現代新書.
『マンガ研究』第8号. 2000.
京都国際マンガミュージアム「マンガと戦争展」
http://www.kyotomm.jp/event/exh/manga_and_war.php

VIII. 彙報

2014 年 12 月から 2015 年 11 月までの本研究会の活動を報告する（文中、敬称略）。

（1）組織・運営体制
　本研究会には、会則 7 条によって本『年報』奥付に記載の役員が置かれている。運営委員の任期は 3 年、『年報』編集委員の任期は 2 年である（第 9 条）。本年は運営委員・編集委員ともに改選の時期となり、以下の新体制が発足した。

代表：井上薫
運営委員
〇通信部：（議事録・通信・WEB 更新支援）北川知子・小林茂子・清水知子
〇研究部：（年次研究テーマ＜科研＞・定例研究会・国際交流等）上田崇仁・佐藤広美・佐野通夫
〇宣伝・販売部：（年報の販路拡大・ブックレット企画など）白柳弘幸・西尾達雄（1 年任期）
　　事務局長：（総務・渉外・各部との連絡調整）岡部芳広
　　事務局員：（HP 担当）山本一生／（研究業績作成）滝澤佳奈枝
　　（会計）白恩正／（会計監査）合津美穂・丸山剛史（10/31 ～）
　年報編集委員会：（委員長）一盛真（委員）有松しづよ・中川仁・松岡昌和・山本一生

本年の主な活動は以下の通りである。
1）研究会総会（年 1 回、研究大会時に開催）
　　2015 年 3 月 14 日（土）大手前短期大学
2）運営委員会（研究大会準備、日常的会務のために 3 回開催）
　　①3 月 14 日（土）大手前短期大学（第 18 回大会・総会準備等）
　　②6 月 27 日（土）相模女子大学（第 19 回研究大会準備等）
　　③10 月 31 日（土）こども教育宝仙大学（第 19 回研究大会準備等）
3）研究部（研究例会を 2 回開催、企画、運営）
　①6 月 27 日（土）相模女子大学

②10月31日（土）こども教育宝仙大学
4）編集委員会
　①6月27日（土）相模女子大学
　②10月31日（土）こども教育宝仙大学

5）事務局
事務連絡、会員入退会処理、会計、HP管理等を行った。

（2）第18回研究大会の開催

　第18回研究大会は、2015年3月14日（土）・15日（日）に、兵庫県伊丹市の大手前短期大学で開催された。テーマは、「植民地教育支配とモラルの相克」で、佐藤広美会員がコーディネーターとなった。1日目は、佐藤広美会員のコーディネート／司会のもと、井上薫会員の《朝鮮総督府学務官僚、大野謙一の植民地教育・植民地支配観を中心として》、李省展会員の《朝鮮ミッション教育事業の展開と神社参拝問題～「信教の自由」を巡る総督府とミッションの葛藤》、一盛真会員の《生き残ったもの（教師）のモラル－仲宗根政善の思想－》、田中寛会員の《「満州」－戦争体験・記憶・責任　思索する言葉の力と想像力》の報告があり、活発に討議が行われた。2日目は、自由研究発表として、山本一生会員の《私立青島学院の教育課程における商業教育の意義と編成方法－「日支共学」の理念の実施に注目して－》の研究発表があった。

（3）第18回研究大会の準備

　第19回研究大会は、2016年3月5日（土）・6日（日）に、東京家政学院大学（東京都千代田区）で行うこととなった。シンポジウムのテーマについては、運営委員会で検討され、「植民地の近代化・産業化と教育」に決定し、コーディネーターは井上薫会員が担当することとなった。

（4）年報『植民地教育史研究年報』の発行

第17号『植民地教育と身体』を、皓星社から2015年3月23日付で出版した。特集は前年度の研究大会として、2014年3月22日に相模原市立市民・大学交流センター　ユニコムプラザさがみはら」で行われたシ

ンポジウム「植民地教育史と身体」であった。この他、研究論文2本、研究講演と研究ノート2本、旅の記録、書評、図書紹介、気になるコトバ、彙報で構成した。

(5)「研究会通信」の発行

　研究会通信「植民地教育史研究」は、第47号（2014年12月24日付）、第48号（2015年2月20日付）、第49号（2015年5月25日付）、第50号（2015年9月30日付）の4号が発行された。

　第47号では、大手前短期大学での第18回研究大会の概要が予告、自由研究発表者の募集、第48号では、第18回研究大会の案内・シンポジウム趣旨・自由研究発表の紹介、『年報』第17号の紹介などが掲載された。第49号では相模女子大学での第33回定例研究会の案内、第18回研究大会・総会の報告などが掲載された。第50号では、こども教育宝仙大学での第34回定例研究会の案内、第33回定例研究会の報告が掲載され、別紙として、会員の研究業績一覧、会員名簿が添付された。

(6) 科研進捗状況

　『日本植民地・占領地教科書にみる植民地経営の「近代化」と産業政策に関する総合的研究』の最終年度で、定例研究会に合わせて研究会を開催した。また、2014年10月25日におこなった中国遼寧省教育庁研究員斉紅深氏特別講演会の講演録を出版予定である。

　また、次期申請のための検討会議を、2015年9月13日（日）東京家政学院大学佐藤広美研究室にておこなった。

(7) 定例研究会

　定例研究会の日程、発表については以下の通り。
【1】第33回定例研究会
2015年6月27日（土）相模女子大学
　①赤木奈央：《大正後期から昭和初期の台南師範学校附属公学校作成の話し方科の教育実習用教材について》
　②船越亮介：《「満洲」国民科大陸事情の教科書にみえる民族協和》
　③田中寛：《戦時下帝国日本の国語・日本語政策の一断面－『教育週報』

掲載記事を例に－》

【2】第 34 回定例研究会
2015 年 10 月 31 日（土）こども教育宝仙大学
　①滝澤佳奈枝：《日本統治期台湾の裁縫科教育－高等女学校を事例として－》
　②合津美穂：《政治的教材を観点としてみた台湾公学校「国語科」教科書の「近代化」》
　③丸山剛史：《「満州国」技術員・技術工養成と国民高等学校工科に関する覚書》

（8）ブックレット
　『植民地教育史ブックレット』を皓星社より順次発行していくこととなった。2015 年度内に 4 点のブックレットを発行予定である。

（9）国際交流
　韓国独立運動紀念館から「光復 70 周年 終戦 70 周年 韓日修好 50 周年記念・日韓両国の歴史教育関係者と青少年のふれあいの会」への参加依頼があり、佐野通夫会員、北川知子会員を派遣した。(8/10 ～ 8/11)

（10）その他
　①運営委員会及び年報編集委員相互の日常の諸連絡や検討事項については、それぞれのメーリングリストによって行われている。
　②会員企画で、2015 年 3 月 16 日、研究大会翌日に、オプショナルツアーとして「猪飼野（大阪市生野区）コリアンタウン見学」を行った。

（事務局長・岡部芳広）

編集後記

　2015年8月14日、安倍内閣は「戦後70年談話」を発表しました。私は、戦後70年の「節目」に発表したこの談話に対して、日本政治家のみならず日本人の、アジアの民衆に対するモラルの問題性を感じました。

　「過去の克服」とは、戦後ドイツにおいて培われた概念です。石田勇治さんによると「具体的には、①ナチ不法の被害者にたいする補償、②ナチ体制下の犯罪に対する司法訴追、③ネオナチの規制、④現代史重視の歴史教育などの政策・制度面での実践と、これらをささえる精神的、文化的活動の総体」を意味するそうです。近年の「植民地責任」の基本的な原則では、①事実の検証、②謝罪、③原状回復、ただし完全な原状回復は時間的・物理的に不可能なため、賠償という形で具体化する。④再発と忘却防止のための啓発と教育、特に教科書の記述が重要です。

　過去の責任を背負うということは、謝罪のみでは成立しません。ドイツでは2015年になって旧ソビエト軍捕虜に対する賠償の取り組みが始まっています。さらに、再発しない誓いの継続という意味では、子や孫が背負っていくべき課題です。テッサ・モーリス＝スズキによれば、その国家に住む市民が背負っていく課題だともいいます。

　平和教育は、普遍的な戦争悪をまず語るのではなく、あるいは日本の被害を語ることに終始するのではなく、侵略したのは誰であり、どこが戦場になり、その戦場で何があったのか、またその結果、植民地支配が誰が誰に対して行なったのかということを明確にするカリキュラム編成が問われています。例えば、日清戦争の戦死者は朝鮮人が最も多かったことなどをどのように語っていくのかが、「70年談話」を読む限り痛感しました。

　1945年の秋、ヤスパースは、ハイデルベルグ大学の講義で「贖罪論」を語っています。その講義は「戦後ドイツの『過去の克服』の原点」になったと言われます。ヤスパースはユダヤ人の妻との離婚をナチから勧告されていたいたものを再三はねのけ、1937年に大学を追われます。ゲシュタポにマークされていた彼は、万一に備え自殺用のカプセルを携帯していたそうです。その彼が、ナチス体制をドイツ人自らが打倒できなかた事実に向き合い、ドイツ人自身の罪を明示しました。そのなかの「道徳上の罪」と「形而上学の罪」をここでは触れておきます。前者は、あらゆる個人の行動について、自己の良心にかけて内面から向き合い告発し、自己が背負う罪です。後者は、自己が関わる範囲内で不法が行われた時に、それを生命の危険を冒してでも、それを阻めなかった時に生じる罪で、この罪は、生きながらえる間は持続されるものとしました。

　かつて東京裁判を分析した丸山真男が、「無責任の体系」と言いましたが、今回の「70年談話」は、日本の社会が罪に対し内面的に向き合い、罪を後悔するという回路が未成熟である点で、1945年のヤスパースの問題提起とははるか彼方にあります。ヤスパースはドイツ人自らが内面的な転換を図る糸口を提示しました。その個々の内面的展開の集積が、ナチズムを否定する憲法へのアイデンティティ（憲法パトリオティズム）となり、周辺諸国との関係の構築の基礎になっています。

　植民地教育史支配とモラルの相克というテーマは、たんに植民地期の問題として受けとめるのではなく、現在の日本の社会に連綿と続く問題として私たちは葛藤を迫られているのだと私は受け取りました。

（一盛　真）

著者紹介

有松しづよ
志學館大学専任講師。教育史専攻。「植民地朝鮮の大和塾と日本語教育」(『国際教育文化研究』9、2009)、「日本統治末期の朝鮮女性と日本語教育」(『飛梅論集』9号、2010) など。

李省展
恵泉女学園大学・大学院教授。「『文化政治』と朝鮮―1920年代を中心として」(趙景達編『植民地朝鮮―その現実と解放への道』、東京堂、2011)、「キリスト教と社会―ミッションスクールとナショナリズム」(『東アジア近現代通史―アジア研究の来歴と展望』別巻、岩波書店、2011)、「帝国・近代・ミッションスクール―ピョンヤンにおける「帝国内帝国」と崇実学校―」(駒込武・橋本伸也編『帝国と学校』、昭和堂、2007)、『アメリカ人宣教師と朝鮮の近代』(社会評論社、2006) など。

一盛真
鳥取大学地域学部教員。「4・28『主権回復の日』と倫理的想像力」(教育科学研究会編『教育』No.812、かもがわ出版、2013年9月)、「日本国憲法と沖縄―『日本人』の問題として」(歴史教育者協議会編『歴史教育・社会科教育年報2013年版』三省堂、2013年)、「沖縄の子どもを見据えるということ」(『教育』No.824、2014年9月)、「『日本人』の自己認識と民族問題」(日本社会教育学会編『アイヌ民族・先住民族教育の現在』東洋館出版、2014年)、「魚湧く海の記憶といのちの思想―水俣病事件の命濁から教育を考える」(『教育』No.830、2015年3月)、「『日本人』の自己認識と多文化共生」(『教育』No.834、2015年7月) など。

井上薫
釧路短期大学教員。「日本統治下末期の朝鮮における日本語普及・強制政策」(『北海道大学教育学部紀要』73、1997)、「日帝下朝鮮における実業教育政策」(渡部宗助・竹中憲一編『教育における民族的相克』東方書店、2000)「人間形成をめぐる普通教育と職業教育の展開―二つの国民の創出・再生産―日帝下朝鮮における実業教育の一断面から」(『日本の教育史学』45、2005) など。

岡部芳広
1963年大阪市生まれ。相模女子大学教授。神戸大学大学院総合人間科学研究科博士後期課程修了。博士(学術)。台湾近現代音楽教育史専攻。『植民地台湾における公学校唱歌教育』(明石書店、2007)、「台湾の小学校音楽教育における1962年改訂国民小学音楽科課程標準の意味」(『音の万華鏡音楽学論叢』藤井知昭・岩井正浩編、岩田書院、2010) など。

斉紅深
1945年生まれ。瀋陽七方教育研究諮詢中心(情報センター)研究員。南開大学卒業。主な研究分野は地方教育史志、少数民族教育、日本植民地教育。主な著作(共著を含む)に『教育志学』『中国教育督導綱鑑』『東北地方教育史』『東北民族教育史』『東北教育家評伝』『漢族教育史』『中国古代北方民族教育文化研究』『遼寧省志・教育志』『遼寧教育人物志』『遼寧教育志』『日本侵略東北教育史』『東北淪陥期教育研究』『日本侵華教育史』など。

佐藤広美
東京家政学院大学教授。1954年。日本近代教育思想史、博士(教育学)。『総力戦体制

と教育学』(大月書店、1997)、『興亜教育全8巻』(監修、緑陰書房、2000)、「国定教科書と植民地」)『植民地教育史研究年報』9、皓星社、2007)など。

佐藤由美
埼玉工業大学教員。教育史専攻。日本統治下台湾・朝鮮における教育政策とその実態を研究。最近の研究に「日本統治下台湾からの工業系留学生―林淵霖氏の場合―」(『埼玉工業大学人間社会学部紀要』第8号、2010)、「植民地教育令の理念と制度―朝鮮教育令の制定をめぐって―」(『教育人間科学の探求』学文社、2008)がある。

白柳弘幸
玉川大学教育博物館　日台近代教育史　自校史(玉川学園史)。「台北高等学校と成城高等学校―「自由」な校風と3名の教育者―」『台北高等学校創立90週年　国際学術研討会論文集』国立台湾師範大学台湾史研究所　2014年。「台湾における小原國芳の教育行脚―昭和4年の訪台を中心として―」『全人教育研究センター　年報』1号　玉川大学教育学部全人教育センター　2015年。「植民地統治下台湾原住民子弟公学校の教育活動―瑞穂公学校『学校沿革誌』より―」『玉川大学教育博物館紀要』第12号　玉川大学教育博物館　2015年。

滝澤佳奈枝
お茶の水女子大学大学院博士後期課程在学中。日本統治期台湾の女子教育について研究を進めている。「植民地台湾における技芸教育の実態と変遷―台北第三高等女学校を例として―」(『女性歴史文化研究所紀要』14、2006)、「台湾州立台北第三高等女学校における裁縫科教育と女子教員の養成―国語学校附属学校時代から1920年代を中心に―」(『植民地教育史研究年報』16、皓星社、2014)など。

田中寛
大東文化大学教員。博士(文学)。1950年生まれ。専門は日本語・日本語教育学、対照言語学、日本語教育史研究。著書に『戦時期における日本語・日本語教育論の諸相』(ひつじ書房)がある。2004年、2016年英国ロンドン大学学術訪問員。

陳虹彣
平安女学院大学准教授。教育史・比較教育。博士(教育学)。「日本の中等教育」(『各国中等教育』所収、2004)、「日本植民地統治下の台湾教育会に関する歴史的研究」(『近代日本の中央・地方教育史研究』所収、2007)、「1937年以降における台湾人初学年生徒用の国語教科書について」(『植民地教育史研究会研究年報』第10号、2008)など。

芳賀普子
1941年仙台生まれ。2010年一橋大学大学院言語社会研究科博士課程卒。朝鮮戦争時北朝鮮人民軍動員についての論文で博士(学術)。一橋大学言語社会研究科特別研究員。出版社自営。

松浦勉
八戸工業大学教員。『日本近代教育と差別―部落問題の教育史的研究』(安川寿之輔・一盛真との共著、明石書店、1998)、『差別と戦争』(渡邊かよ子共著、明石書店、1999)、「『総戦力体制』の形成と日本の教育学―阿部重孝の教育改革・学制改革の思想とその特質―」(『八戸工業大学』紀要第24号、2005年3月)、「海後宗臣の中国占領統治＝植民地主義教育の政策構想」(『八戸工業大学紀要』第32号、2013年3月)、「アジア・太平洋戦争と日本の〈講壇教育学〉―海後宗臣とその〈化育所〉構想を中心に―」(『八戸工業大学紀要』第33号、2014年3月)など。

松岡昌和

日本学術振興会特別研究員（PD）。1979年生まれ。専門はメディア文化政策史研究。研究テーマは日本と東南アジアの文化交流史。「娯楽か日本化教育か？―日本占領下シンガポールにおける音楽―」（『植民地教育史研究年報』17、2015）、「『大東亜建設』と『日本音楽』―第二次世界大戦期における音楽プロパガンダ構想についての一考察―」（平井達也ほか編『グローバリゼーション再審―新しい公共性の獲得に向けて―』時潮社、2012）など。

山本一生

東京大学大学院教育学研究科教育学研究員、立正大学・日本大学・成城大学非常勤講師。教育史。博士（教育学）。『青島の近代学校－植民地教員ネットワークの連続と断絶－』皓星社（2012）、「私立青島学院の生徒像―商業学校（一九二一―四五）『学籍簿』の基礎的考察―」（『アジア教育史研究』第24号、アジア教育史学会、2015）など。

渡部宗助

日本大学文理学部（非常勤）。「日本近代教育史―植民地・留学生・戦後教育―」（編著『日中教育の回顧と展望』国立教育研究所、2000）、『教育における民族的相克』（編、東方書店、2000）「教員の海外派遣の政策史と様態」（小島勝編著『在外子弟教育の研究』玉川大学出版部、2003）、『教育刷新委員会／教育刷新審議会会議録』全13巻（編著、岩波書店、2007）、「1910年前後の日本の歴史教育―その状況・教育課程・教科書―」（『植民地教育史研究年報』13、皓星社、2011など。

『植民地教育史研究年報』投稿要領

投稿要領
①投稿の申し込み締め切り日は、毎年7月31日とする（編集委員会必着）。
②投稿は、葉書、または、メール、または、ファックスにより、以下を記入の上、編集委員会に申し込む。
　名前、標題（30字以内）、区分（研究論文、研究ノート等）、連絡先
③申込・提出先（編集委員会）は、研究会事務局に問い合わせること。
④投稿原稿提出の締め切り日は、毎年9月30日とする（編集委員会必着）。
⑤研究論文等の投稿は、会員に限る。
⑥応募原稿は未発表のものに限る。ただし口頭で発表したものは、この限りでない。
⑦掲載原稿の著作権は、研究会に帰属する。ただし著者は、研究会に連絡して、転載することができる。
⑧投稿原稿は日本語によるものとする。

執筆要領
⑨原稿の分量は次のとおりとする（本文・注・図・表などすべてを含む。分量厳守のこと）。
　研究論文：20,000字、研究ノート・研究方法・研究動向：8,000字
　旅の記録・史資料探訪：6,000字、気になるコトバ：4,000字
⑩投稿原稿等の提出要領（掲載される・されないに関わらず以下の項目を提出すること）
　1. A4判40字×30行（1行目に標題のみを記載）、ページ番号を付した出力原稿：3部
　2. 別紙に以下の項目を書いて添付すること。
　　(1) 標題・著者名・所属（和文・外国語で表記のこと）、(2) 著者紹介（最近の研究業績は2本以内）、(3) 連絡先（住所、電話番号、ファックス番号、メールアドレス）
⑪執筆者による校正は一度（初校）限りとする。校正時の大幅な修正は認めない。

編集委員会
⑫原稿の採否は編集委員会が決定する。
⑬研究論文と研究ノートは、別に定める審査要領に基づく審査を経て、編集委員会が採否を決定する。
⑭書評は、別に定める書評選考規程に基づいて、編集委員会が採否を決定する。
⑮編集委員会は原稿の内容・表現等について、著者に修正・書き直しを求めることがある。また、編集委員会で用字・用語等について、修正・統一をすることがある。
⑯編集委員会は必要に応じて、会員、非会員に原稿執筆を依頼することができる

CONTENTS

Forward: Approaching 80 years of the post-war ·············· WATANABE Sōsuke 3

I. Symposium: Colonial education management and conflicts of morals

Colonial education management and "conflicts of morals" ············· SATŌ Hiromi 10

Issues surrounding "freedom of religion" in modern Korean education history
  : Colonial education management and the conflicts of morals········ LEE Sung jeon 31

Korean Government General officials: Ōno Ken'ichi's views on colonial education
  and colonial rule ··· INOUE Kaori 48

Conflicts of morals in American-occupied Okinawa—Considering the novel *Guard*—
  ·· ICHIMORI Makoto 64

Historical experience and Emotional Memory of *Manshū*: Overcoming the legacies
  which consider the "conflicts of morals" ··················· TANAKA Hiroshi 82

Summary and impressions of the symposium ····················· SATŌ Hiromi 103

II. Special article

The connection between Manzhouguo textbooks and "industrial development"
  —with an emphasis on the "Second Manchurian Industrial Development"
  and the "New Education System"— ························ QI Hongshen 108

III. Research paper

"Training" non-school attending children in the Yamato Juku in colonial Korea
  —focusing on the "National Language Short Course"—··· ARIMATSU Shizuyo 132

IV. Research materials

School experiences in Korea under Japanese rule—The case of CHUNG JAE-CHUL—
  ···················· SATŌ Yumi, HAGA Hiroko, LEE Sung jeon 156

School experiences in Korea under Japanese rule—The case of Yang Pyongchu—
  ··· SATŌ Yumi 173

V. Book reviews

Yasukawa Junosuke *Fukuzawa Yukichi's Theorie's on Education and Women: Breaking down the false "Fukuzawa Myths" caused by misreadings.*
  ··· MATSUURA Tsutomu 192

Okada Taihei, *"The Logic of Benevolence" and colonialism: The American colonial period in the Philippines and its legacy.* ··········· MATSUOKA Masakazu 199

Ⅵ. Field work reports

Research on the Remains of Taiwan Education History (8): Public schools and the religious facilities that sprang from them ············· SHIRAYANAGI Hiroyuki 208

A record of a visit to a Taiwan higher girls' school from the Japanese colonial period (1) ····························· TAKIZAWA Kanae 216

Ⅶ. Words at Issue

War and Manga ··· MATSUOKA Masakazu 224

Ⅷ. Miscellaneous ·· OKABE Yoshihiro 229

植民地教育史研究年報　第18号
Reviews of Historical Studies of Colonial Education vol.18

植民地教育支配とモラルの相克
Colonial education management and conflicts of morals

編集
日本植民地教育史研究会運営委員会（第Ⅵ期）
The Japanese Society for Historical Studies of Colonial Education

代　　表：中田敏夫
副代表：井上薫（代表代行）
運営委員：井上薫・北川知子・小林茂子・佐藤広美・上田崇仁・
　　　　　李省展・中川仁・白柳弘幸・西尾達雄
事務局長：岡部芳広
事務局員：松岡昌和・山本一生・白恩正・滝澤佳奈枝・岡山陽子・
　　　　　合津美穂
年報編集委員会：一盛真（委員長）・中川仁・有松しづよ・
　　　　　山本一生・松岡昌和
事務局：神奈川県相模原市南区文京2-1-1
　　　　相模女子大学学芸学部岡部研究室

TEL 042-713-5017
URL http://blog.livedoor.jp/colonial_edu/
E-Mail y-okabe@star.sagami-wu.ac.jp
郵便振替：００１３０－９－３６３８８５

発行　2016年3月25日
定価　2,000円＋税

発行所　株式会社 **皓星社**
〒101-0051　千代田区神田神保町3-10 宝栄ビル6階
電話：03-6272-9330　FAX：03-6272-9921
URL http://www.libro-koseisha.co.jp/
E-mail：info@libro-koseisha.co.jp
郵便振替　00130-6-24639

装幀　藤林省三
印刷・製本　㈲吉田製本工房

ISBN978-4-7744-0608-4 C3337